立德崇能

财务会计类专业大数据课程系列规划教材

主 审 李 辉

Python在财税中的应用

主编 张文惠 张 伟 邢如意

图书在版编目(CIP)数据

Python 在财税中的应用/张文惠,张伟,邢如意主编. —苏州:苏州大学出版社,2022.5(2025.7重印)
ISBN 978-7-5672-3926-5

Ⅰ.①P… Ⅱ.张… ②张… ③邢… Ⅲ.①软件工具-程序设计-应用-财税 Ⅳ.①F810-39

中国版本图书馆 CIP 数据核字(2022)第 063766 号

Python 在财税中的应用
张文惠 张 伟 邢如意 主编
责任编辑 王 亮

苏州大学出版社出版发行
(地址:苏州市十梓街 1 号 邮编:215006)
镇江文苑制版印刷有限责任公司印装
(地址:镇江市黄山南路 18 号润州花园 6-1 号 邮编:212000)

开本 787 mm×1 092 mm 1/16 印张 12.75 字数 302 千
2022 年 5 月第 1 版 2025 年 7 月第 5 次印刷
ISBN 978-7-5672-3926-5 定价:48.00 元

图书若有印装错误,本社负责调换
苏州大学出版社营销部 电话:0512-67481020
苏州大学出版社网址 http://www.sudapress.com
苏州大学出版社邮箱 sdcbs@suda.edu.cn

序言

以“互联网+”、大数据、云计算、人工智能、物联网、区块链、移动支付为代表的信息技术正在进一步推动企业组织的变革和工作效率的提升，也正在从根本上改变着会计的环境和工作方式，会计行为发生了巨大变化。企业内生动力驱使财务转型，集团财务共享中心的迅速发展、财务机器人的出现、智能会计的广泛应用等已成为当下会计界一道亮丽的风景线。拥抱大数据，既是现代会计发展进程中的一种理性选择，也是会计人才新需求开始发生颠覆性变化的客观体现。

2021 年 3 月，教育部公布的《职业教育专业目录（2021 年）》中，将会计专业改为大数据与会计专业，也由此拉开新一轮会计职业教育改革的大幕，会计职业教育的课程体系和教学内容也应随之变化或调整。结合江苏联合职业技术学院已经推进的管理会计课程改革，提出其变化的核心就是把“财务会计+管理会计”的双核心专业课程体系转化为“财务会计+管理会计+大数据”的三核心专业课程体系。构建“财务会计+管理会计+大数据”的三核心课程体系，并不是简单地在以“财务会计+管理会计”为中心的专业课程体系中增加大数据课程就可以解决问题，而是需要在对“财务会计+管理会计”双核心专业课程体系进行调整和优化的基础上，精心论证、正确设计大数据与会计的课程和大数据与会计专业技能训练项目课程体系。2021 年 3 月，江苏联合职业技术学院会计专业协作委员会组建了“江苏省五年制高职大数据与会计专业课程构建专题研发组”，对大数据背景下高职会计类专业课程体系的重构和会计专业技能项目化训练课程的开发进行了调研、论证、研究和实践。研发组立足于全球视野，前瞻未来，以顶层设计、整体开发的思路，既科学研判了“大智移云物区”对会计提出的新需求，也充分考虑了经济全球化、经济转型发展对会计提出的新要求，同时还研究了技术进步、制度创新、组织形式变革背后的文化力量对会计的影响，力求建立一套适应学生的学习基础，实务操作性强，与企业、单位实践相向而行的模块化、体验式、标准化、可组合、可扩展的网络化技能训练教学项目系统，并形成以下研究和实践成果。

一是对高职会计类专业课程体系进行模块化重构，构建了“财务会计+管理会计+大数据”的三核心课程模块体系。专业课程设置了财务会计基础课程模块、财务会计核心课程模块、财务会计技能训练项目化课程模块、管理会计基础课程模块、管理会计技能训练项目化课程模块、会计大数据基础课程模块、大数据会计实务课程模块、大数据会计专业技能训练项目化课程模块。

二是对专业技能训练进行项目化改革与建设，按照会计核算专业技能训练、管理会计专业技能训练和大数据会计专业技能训练三个实践教学链路构建专业技能训练项目化实训课程。其中，会计核算专业技能训练项目化课程模块优化为“经验积累性”专业训练项目化课程，通过对专业技能的反复训练和技术的反复运用，以实现专业技能经验的积累。管理会计技能训练和大数据会计专业技能训练项目化课程模块按照“体验积累性”专业训练项目化课程进行建设，通过对学生进行专业技能体验式训练，提升其运用专业知识、技术解决问题的专业能力。

三是大数据会计专业技能训练项目化课程的开发。根据我国目前中小微企业信息化应用现状和“大智移云物区”对会计提出的新需求，对高职大数据与会计专业的大数据课程进行系统构建，主要包括会计大数据基础课程模块、大数据会计实务课程模块和大数据会计专业技能训练项目化课程模块三部分。其中会计大数据基础课程模块主要包括“会计大数据基础”“Python在财税中的应用”两门课程；大数据会计实务课程模块主要包括“大数据会计实务”“大数据财务管理与分析”“大数据审计实务”三门课程；大数据会计专业技能训练项目化课程主要包括“大数据会计综合实训”“大数据财务管理与分析综合实训”“大数据审计综合实训”三门课程。

高职大数据与会计专业的大数据课程具有以下特点。

一是适应我国会计实践领域发展要求。进入21世纪第二个十年以来，新一代信息技术如雨后春笋般涌现并迅速应用于社会经济各个领域，云计算、大数据、移动互联、人工智能、物联网、区块链等看起来与会计十分遥远的技术一转眼已经化为会计身边的财务云、电子发票、移动支付、数据挖掘、数字签名、电子档案、在线审计、区块链发票、财务专家系统……新时代呼唤新人才T型能力结构，财务有深度：包含会、税、审、管、投融资；业务有广度：包括供产销过程、工艺流程。新时代呼唤新人才数据分析能力：数据的整理、采集、分析、可视化展示、决策支持。新时代呼唤新人才智能应用能力：智能工具应用、大量重复可规范工作总结、智能工具设计、数据看板设计。新时代呼唤新人才爱岗敬业、终身学习。

二是适应学生现状。高职学生具有好奇心强、接受新事物快、可塑性高、喜欢动手等优势，同时也有理解能力、抽象思维能力、自学能力等方面的不足之处。大数据会计知识系统性强，逻辑思维要求高，如果按照常规教学方法，学生学习大数据会计系统性知识的难度会非常大。本项目适应学生的学习基础，实务操作性强，模块化、填充式、标准化、可组合、可扩展的网络化技能训练学习方式能够破解大数据课程的理论基础要求高、知识系统性强和专业术语多的教学难题。

三是专业技能训练目标明确。大数据基础课程模块主要侧重于大数据知识的学习，培养学生的大数据思维，使其掌握基础的大数据知识；大数据会计实务课程与大数据会计实务技能训练项目化课程模块主要侧重于大数据与会计的融合，重点在于应用。

四是信息化水平高。与本套项目化教材对应，与厦门九九网智科技有限公司合作研发了“会计大数据系列课程及训练云平台”，项目实训可在信息化平台上进行线上、线下训练，同时发挥“互联网+”的教育功能，减少记忆，使学习时空碎片化，实现自主学习、愉悦训练。

五是训练项目模板化。对专业训练项目提供阅读、分析、判断、总结、提炼的实训示范引导，通过训练案例报告实现模板文本，让学生运用示范引导，在报告模板的基础上，采用填空、选择等方式进行专业技能点的实训，形成完整的阅读、分析或决策建议报告文本。

本套项目化训练教材和“会计大数据系列课程及训练云平台”符合教育部门对高职高专教育教学要求，深度适中，实际材料丰富，便于教学和专业技能训练，实务操作性强，与企业、单位大数据会计实践相向而行。其项目内容的模块化、填充式、标准化、可组合、可扩展的特色充分体现了“做中学、学中做”的要求，可强化学生大数据会计基本技能的训练，提升其学习的针对性和应用性，在专业能力训练体系构建上有创新、有探索，理论与实践结合得比较紧密，内在逻辑关系清楚，编排合理，层次分明，结构严谨，文字规范，图表美观。

本套项目化训练教材和“会计大数据系列课程及训练云平台”主要适用于五年制高等职业教育大数据与会计类专业的课程教学，也适用于三年制高等职业教育、中等职业教育的财经类专业课程教学，还可以用于会计从业人员的学习、培训。

江苏联合职业技术学院会计专业建设指导委员会

2021 年 4 月

前言

如何构建与大数据背景相适应的大数据会计项目课程体系是江苏联合职业技术学院会计专业建设指导委员会2021年度所确定的课程建设重点课题。课题组在调研的基础上，根据五年制高职教育的基本特点和培养目标定位，结合大数据在会计领域的应用，科学研判了“大智移云物区”对会计提出的新需求，研究了技术进步、制度创新、组织形式变革背后的文化力量对会计的影响，力求建立一套适应学生的学习基础，实务操作性强，与企业、单位实践相向而行的模块化、体验式、标准化、可组合、可扩展的网络化技能训练教学项目系统。“Python在财税中的应用”就是本套大数据会计专业项目化课程体系中的基础项目课程。

“Python在财税中的应用”是一门知识性和应用性都很强的会计类专业的基础性课程，从实际需求出发，引入实用案例，利用Python来分析和处理财务、税务中的相关业务。在财税界“业财融合”不断发展、业财税一体化深度融合的大趋势下，本课程重在培养学生从业务出发，善用工具、方法去发掘和处理分析对象的思维与技能，使学生能够拥有从财务视角理解业务和分析数据的能力。本书是“Python在财税中的应用”课程的配套教材，其主要内容包括：

(1) 项目一在分析大数据技术对财税的影响基础上，介绍了Python处理业财数据的优势及其在财税工作中的应用场景。

(2) 项目二介绍了应用Python进行业财数据分析的基本方法，并依次介绍了对采购业务、存货业务、固定资产业务、职工薪酬业务、销售管理业务、财务报表分析业务等进行数据分析的方法与过程，利用案例实战，使学生熟练掌握用Python进行数据分析的基本方法。

(3) 项目三介绍了Python在税务管理中的应用，具体有电子发票批量下载、自动识别处理电子发票信息、企业增值税信息数据分析等场景。

(4) 项目四结合行业，利用Python对案例企业从数据收集、数据清理、数据分析到分析报告撰写的全过程进行处理，具体介绍了如何批量下载行业研究报告、对下载的数据进行清洗及整理、进行可比公司财务数据分析及可视化展示，最后对案例企业与同行业指标进行对比分析并出具分析报告。

(5) 项目五由浅入深介绍了财税业务中五个不同的真实分析需求场景，详细讲解如何利用 Python 根据需求对数据进行分析处理，发掘数据内部的关系和规律。让学生通过操作，不断反思与总结，进一步强化逻辑思维与编程能力，从而解决实际应用与开发过程中的各种问题。

五个项目由浅入深，适应学生的学习基础，实务操作性强，以财会工作结合实际案例为导向，构建实际的应用场景，引出教学知识点，吸引学生注意力，培养学生学习兴趣，让学生在做中学，在学中做。

另外，课题组与厦门九九网智科技有限公司合作研发了与纸质教材配套的“Python 在财税中的应用教学云平台系统”，该系统无须搭建编程环境，即可在平台内进行线上训练，同时充分发挥“互联网+教育”的功能，所有项目训练结果在线运行，实时反馈及纠错，使学习效率得到充分提高，从而实现自主练习、愉悦训练。

本项目化训练课程纸质教材由江苏联合职业技术学院徐州财经分院张文惠、张伟和邢如意老师担任主编，制定编写大纲，设计教材体例，提出编写方案，并统稿、总纂。具体分工如下：项目一由张文惠和厦门九九网智科技有限公司李荃编写；项目二、项目三由邢如意，邯郸科技职业学院张杰，厦门九九网智科技有限公司张红英、戴泽阳编写；项目四、项目五由张伟，黔南民族职业技术学院刘天和，厦门九九网智科技有限公司阳嫔虹、陈玲编写。全书由江苏联合职业技术学院徐州财经分院李辉教授主审。江苏理工学院商学院陈国平副院长对本书进行了审阅并提出了很好的指导意见，学院会计专业建设指导委员会对本书进行了论证。案例资料的收集得到了徐州市企业财务管理学会的大力协助和支持，本书的编写也得到了苏州大学出版社薛华强同志、厦门九九网智科技有限公司梁华同志的指导和支持，在此一并感谢。

恳请使用本教材的学校、老师、学生和相关单位提出宝贵意见，以使本书更加完善、实用、适用。联系电子邮箱为：pxddlh@ 126.com。

2022 年 3 月

CONTENTS

目录

项目一

Python在财税中的应用概述

项目描述

数字技术时代的到来,使得越来越多的企业走上数字化转型之路,而财务作为衡量企业经营成果的重要方面,也迫切需要突破传统的方法和技术手段,进行重大变革。在数字化转型过程中,大数据、人工智能、移动互联网、云计算、物联网、区块链等数字信息技术在财务领域不同场景中不断地得以创新应用,这对财务工作提出了全新的挑战和革命性的要求。财务工作者需要主动进行职能转换,以完成财务工作的自动化、智能化、数字化转型。

不同的数字技术对财务工作的影响及其在财务工作中的应用场景各不相同,由此带来的变革有大有小。这里我们将重点阐述大数据及其技术对财务的影响,探索和学习如何运用Python这门编程语言解决财务信息获取方式、存储方式、分析方式的变革,拓宽财务对于有用决策信息的获取渠道、获取范围,增加对业务信息的处理、分析和挖掘应用,实现财务工作的自动化,提升财务决策支持功能的有效性,帮助在职财务工作者及未来从事财务工作的人才迈出数字化财务工作的第一步。对本项目的学习有助于学习者了解大数据及其技术对财务的影响,以及运用Python处理业财数据的优势和局限性,并熟悉Python在财税工作中的应用场景。

学习目标

1. 了解大数据及其技术对财务的影响。
2. 了解运用Python处理业财数据的优势和局限性。
3. 熟悉Python在财税工作中的应用场景。

任务一　了解大数据及其技术对财务的影响

任务描述

对于大部分企业而言，开展大数据应用的目的是简化企业工作流程。对于大量重复性的工作，利用大数据技术、借助机器进行处理，能够提高工作的效率，达到降本增效的效果。

对于财务领域而言，随着数据类型由过去相对单一的结构化数据向半结构化数据和非结构化数据的拓展，数据来源由企业内部财务部向企业业务部门以及企业外部上下游、行业和宏观数据来源拓展，财务数据的附加价值不断提高，能够为决策提供更精准的预测。同时，随着财务数据的实时性和精确性的提高，数据也将成为企业资产的一部分。

如何有效应对大数据及其技术带来的变化和挑战，对财务管理模式进行重新定位和创新，降低财务管理风险，提升财务数据质量，提高财务工作效率，提升财务人员对信息技术的应用能力，等等，是当前及未来的财务工作者们应该思考的问题。

案例导入

2015 年，国务院印发《促进大数据发展行动纲要》，从国家层面宣布了数据是中国基础性的国家战略资源，大数据成为推动经济转型发展的新动力。随着大数据技术的不断发展，我国在越来越多的公共领域应用大数据，数据的价值也越来越重要，而且越来越多的企业也在逐步将数据作为一种战略资源，重新定义和挖掘其价值。

知识储备

一、大数据及其技术相关基础知识

大数据具有海量、多样、准确、时效性强、价值密度低的特征，因而大数据的规模和复杂性都是我们传统的数据分析方法所不能处理的。要想存储、分析、挖掘、应用这些海量且多样的数据，并发现其中的规律和潜在关系，进而提取出有用的信息，就需要依赖大数据技术来实现。

（一）合理且充分的财务大数据

大数据很强大，甚至在当下的时代很容易让人着魔，唯数据是从。然而数据只是材料，如果不考虑数据质量、不结合数据应用目的地滥用数据，就很容易被数据牵着鼻子走，造成大数据虚假繁荣的场景，也容易因数据的错误而引发决策失误。

如何获取合理且充分的数据集呢？其根本还是要围绕我们对业务活动的理解和数据的应用场景。我们需要明确应用数据的目的，比如在进行销量预测时，以往财务和业务人员都依赖传统的商品种类、门店位置等因素，现在还可以加上时间、天气，甚至某些热点话题、宏观环境的影响因素等，而这些数据现在已经可以通过大数据技术方便地获取。大数据技术也解决了过去抽样数据带来的局限性，方便地实现了所需数据的全覆盖。充分的财务大数据集，不但要有量，还要有丰富的类型，除了传统的凭证、发票、账簿、报表等加工过的财务数据之外，还需要结合供应链、产品、生产、研发等相关的业务数据，以及行业、市场环境、宏观经济相关的外部大数据。

（二）大数据技术简介

大数据技术贯穿整个数据价值挖掘过程，涉及数据采集、数据整理、数据存储、数据分析、数据展示和数据挖掘等技术。

1. 数据采集技术

数据采集技术涉及传感器，比如刷脸、扫二维码等物联网技术，同时，物联网也是大数据主要的数据来源，所以大数据与物联网的关系非常密切。作为财务人员，在大数据技术入门阶段，我们主要熟悉通过爬虫工具获取互联网上的数据。

2. 数据整理技术

数据整理技术主要是指对已采集的数据进行辨析、抽取、清洗等操作。在启动数据分析工作项目时，我们从收集各种数据集开始，但是并非获得的所有数据都与数据分析目标相关。为了将相关数据与无关数据分开，我们需要使用 Pandas 进行数据整理。换句话说，我们可能需要删除或修改列、删除重复值、处理缺失值和异常数据等；我们可能还需要对数据进行标准化和缩放，以使其适合某个范围。数据整理还包括通过使用图形和统计函数将数据可视化的过程，通过这一过程可以找到“底层数据”，也称为“均值”“中值”“范围”“分布”等。

3. 数据存储技术

数据存储技术主要是指用存储器把采集到的数据存储起来，建立相应的数据库，并进行管理和调用的技术。

4. 数据分析技术

数据分析技术是大数据技术体系的核心环节之一。数据分析需要根据不同的数据类型采用不同的分析技术，目前主要的数据分析技术包括统计学分析技术和机器学习技术。掌握一定的算法知识和编程知识是数据分析的前提，对于初学者来说，可以从 Python 语言开始学起，进而学习如何采用 Python 语言完成算法实现和训练。

5. 数据展示技术

在财务工作中，大数据展示主要是基于商业信息的展示。市面上有大量成熟的商业智能软件可用于数据展示，多数为收费的软件。财务工作者也可以用 Python 第三方库来写程序实现数据的展示。

6. 数据挖掘技术

数据挖掘的技术方法很多，包括预测模型发现，数据总结、聚类、关联规则发现，序列模式发现，依赖关系或依赖模型发现，异常和趋势发现，等等。数据挖掘涉及的内容和技术难度较大，财务工作人员在大数据分析入门阶段可只做了解。

二、大数据对财务工作的影响

大数据对财务工作以及财务数据的获取、存储、使用的影响是广泛且具有革命性的。大数据及其技术的应用颠覆了传统的财务预算与财务分析思维模式，推动企业建立新型财务系统，即财务中台。财务中台的应用，打通了企业各业务系统，帮助企业逐步实现财务共享、人力共享、采购共享、销售共享等管理模式，使企业运营管理过程中产生的各种数据、交易记录不断汇集，进而逐步构建成企业统一的共享数据中心。现在越来越多的公司特别看重应聘者的业务数据分析能力，并且不仅在财务岗位，还在其他多种岗位的招聘中都提出了“具备数据分析能力”“熟悉 Python”这样的要求。

（一）业财深度融合

在大数据技术应用的背景下，业务数据与财务数据的界线逐渐模糊，业务系统信息与财务系统信息逐步实现高度共享和融合。由此，企业各职能部门之间的信息孤岛被打通，财务人员可以更多地获取业务信息，参与经济业务活动的全过程，更好地支撑企业经营管理；而业务部门因为财务人员的参与，可以更多地依赖财务人员提供的数据分析结果，指导业务发展方向，规避业务风险，实现互联互通、全局一盘棋的企业管理模式。

（二）财务组织的变革

随着信息技术的发展和管理流程自动化的实现，财务基础工作岗位逐渐向虚拟化和智能化方向发展，财务组织也不再局限于企业内部的财务部门，财务工作职能不断向外延伸，财务工作的外包以及财务共享、云端化、智能化正在成为主流。特别是由于大数据技术的应用，财务组织的内涵已超出传统的财务部门的范围，其实质在发生变化，因而合理利用业务部门和信息化部门，管理好数据资产，为财务部门的工作增效，是财务工作者的必修课。

（三）财务工作效率和财务信息质量的提高

在传统的财务工作中，财务人员获取数据是滞后的，同时也很难实现实时汇总需要分析的数据，特别是在缺乏技术支持的情况下，他们常常把很多精力耗费在基础的统计、运算工作中。大数据技术的应用，提高了财务工作的效率和财务信息的质量。比如，可以用 Python 编写一些小程序来自动执行运算和统计工作，也可以通过建设大数据信息平台，实现实时统计分析和可视化查看业财信息。

（四）财务工作者能力的转变和提升

在数字化时代，财务工作者需要具备的能力也在不断转变和提升，其中包括人机协同，掌握会计信息处理逻辑，管理、维护财务机器人，流程自动化设计，知识库管理，对企业和行业的财务信息（甚至是宏观经济信息、政府监管部门信息）进行深度分析和利用，建立企业业财数据分析标准、规范，需求分析，应用场景研究，分析方法研究，等等。

随着技术的不断发展,大数据对财务工作的影响将会越来越全面和深远,财务工作者唯有紧跟时代步伐,修炼好自身功夫,才能在未来适应社会对人才的需求。

任务二 运用 Python 处理业财数据

任务描述

财务部门是企业的“数据中心”,大数据技术在财务工作中的应用非常广泛。大数据入门,我们将选择大家广为熟知的 Python。在本书中,我们将重点学习如何运用 Python 来提高工作效率,解决我们在数据整理和应用中的一些常见问题。

案例导入

很多财务人员都会说,用 Microsoft Office 中的 Excel 就可以很方便地处理数据了,为什么还要学习 Python 呢？由于 Microsoft Office 已经是非常成熟的软件,因而几乎所有 Excel 的使用技巧我们都可以在相关的论坛里找到并应用。如果数据量不大,且数据以数值为主,处理简单的计算逻辑,Excel 基本就够用了。而当我们需要更强大的一些功能时,就有可能被 Excel 的“not responding”(无响应)折磨得非常痛苦,浪费大量的时间与精力。例如,当我们需要对多张数据表进行灵活切换、分组、聚合、索引、排序,并且要结合各种函数的使用,或采用一些比较复杂的财务模型、统计方法时,则可学习利用 Python 的 Pandas 库进行更高阶的表格处理。

知识储备

一、运用 Python 处理业财数据概述

通过研究机构对企业和市场发展的调研数据可以得出:在各个行业中利用大数据技术来分析行业状况和事件趋势已成为共识并得到广泛应用。随着数据信息资源的不断增加,提高大数据分析技术显得尤为重要。Python 是大数据应用辅助工具,它功能强大,操作简单,逻辑语法通俗易懂。从企业发展情况出发,大数据也成了企业发展的核心关注点,对大数据信息的分析可以利用 Python 程序有效完成。因此,将 Python 应用于大数据挖掘、清洗、分析和可视化是非常有必要的。

在进行财务数据分析的时候,Python 对数据的分析和解释能够为企业的发展提供重要支撑,并且 Python 在数据可视化图表展示方面非常灵活方便。数据可视化对于发现数据和展示结果是非常重要的,图形可以更加直观地展现分析结果,能够帮助数据使用者抓取数据本质。Python 语言在数据可视化方面有很多功能强大的库,比如 Pyecharts。使用编程语言相比使用现成的软件的好处就在于更灵活，可以更好地适应个性化、特殊的需求。Python 的其他库，如 Plotly 和 D3 可以将数据可视化为交互式图表和图形，这些图表和图形比 Excel 中的图表和图形更具创意，并且具有更好的视觉效果。

基于 Python 在数据分析方面的可移植性和可读性特点，人们不需要对这一程序的任何数据加以修改就可以直接在其他的程序和平台上实现数据操作和有效处理，同时 Python 程序还可以提供给更多系统接口，也包含独立运行的小程序。由于具有相比其他语言程序更显著的优势，因而无论是市场衍生产品还是大数据产品，Python 程序都有着重要的作用，可以实现与其他数据平台的无缝衔接。

运用 Python，可以很轻松地实现对 Excel、Word、PowerPoint、PDF 等文件的批量操作。例如，运用 Python 可以很方便地处理 Excel 表格数据，对表格进行读取、写入、批量修改格式等操作。同时，在财务工作中，我们也经常需要写一些工作总结、分析报告之类的文书，通过 Python 可以对 Word 和 PowerPoint 文件进行批量读写和生成。随着电子发票的普及，很多业务中都会涉及通过电子邮件收取发票，像这样大量重复的日常工作，财务人员也可以用 Python 实现自动化收取。

二、运用 Python 处理业财数据的优势

相比于其他编程语言，Python 是一种简单易上手的编程语言，其门槛低，对非技术人员很友好。

Python 功能强大，有丰富的第三方库，因而在人工智能、网页开发、机器学习等很多领域被广泛应用。同时，用 Python 进行数据处理，有成熟的工具如 Pandas、Numpy，且很多问题都有比较成熟的方案可以参考，从而可以降低学习和使用成本。

将 Python 应用于财务工作，可以帮助财务人员提高工作效率，提升数据分析能力，打开通往业务领域的新空间，真正有效地支持业务决策，在企业中提升财务话语权。财务的本质就是数据，而 Python 是数据分析利器，由于 Python 在各类编程语言中入门相对容易，因而非常适合零基础的财务工作者学习。

三、运用 Python 处理业财数据的局限性

对于编程人员来讲，Python 有一定的局限性。比如：

1. 速度慢

由于 Python 是解释型语言，所以它的运行速度会比 C 语言之类的语言慢一些，但是不影响使用。

2. 强制缩进

相比 C 语言或 Java 语言，Python 的强制缩进一开始会让人有点不习惯，因而我们在初学 Python 代码时，会很容易因为缩进问题而导致代码错误。不过，当我们习惯了 Python 的缩进语法后，又会觉得它看起来很整齐，并且层次清楚。

不过，对于财务工作中的应用，Python 的局限性可以忽略不计，基本上是一种完美的语言选择。

任务三 熟悉Python在财税工作中的应用场景

任务描述

了解和熟悉Python在财税工作中的应用场景，有助于我们更好地借助便捷的技术手段来解决工作难题，提高工作效率。

案例导入

目前，教育部已将Python正式纳入了小学课程，并将Python加入全国计算机等级考试二级考试。在各个企业不同岗位的招聘中，“熟悉Python优先”已经成为常见的招聘要求。

如果财务人员每天还是将大把时间花在贴发票、写报销单等简单又重复的事务性工作上，而没有自己的核心竞争优势，那么只能面临被无情淘汰的境地。

知识储备

Python在财税工作中的应用场景

通过前面对Python处理业财数据的优势的了解，我们知道用Python来处理业财数据有非常多的便捷之处。其中，最直观的应用莫过于对大量数据的统计、计算和可视化展示。例如，在对采购业务、存货业务、固定资产业务、职工薪酬业务、销售业务及财务报表数据的分析中，可以充分应用Python来实现流程自动化，一键计算，一键统计，还可进行丰富、多维的可视化展示；可以应用Python进行税务管理的相关流程自动化及数据统计分析工作，比如批量获取邮箱中的电子发票信息、进行企业增值税信息分析等；可以应用Python爬虫技术获取行业数据并进行分析及可视化展示；等等。

众所周知，Python是一个非常便捷的工具，要想把它应用好，最主要的还是要先了解业务。在具体的应用场景中，我们可以根据实际的业务需要，从问题出发，或者从管理需要出发，来进行数据计算、统计、分析及流程自动化。

1. 在财务工作中的应用

企业供产销、库存、固定资产、职工薪酬都是企业经营中非常重要的业财信息，我们可以运用Python完成以下财务工作：对采购渠道、供应商、采购成本等进行统计分析；对库存成本、安全库存等方面进行统计分析；对固定资产折旧、固定资产结构等进行统计分析，并制作固定资产卡片；对职工薪酬整体水平、岗位平均工资等数据进行统计分析，提高工作效率；从客户、市场、地域等多个维度对销售数据进行统计分析；对财务报表项目、财务指标进行横向或纵向分析;等等。

2. 在税务管理中的应用

除了在财务工作中的应用之外,Python 应用于企业税务管理的场景也非常多,包括进行发票电子台账的制作、税费信息的分析、历史纳税数据分析等。

3. 在行业数据分析中的应用

当我们在经营决策中需要外部数据支持时,Python 爬虫发挥了很重要的作用,在财税工作中,最常见的莫过于爬取行业财务数据和国家宏观经济数据。运用 Python 爬虫技术,我们可以很轻松、高效地获取各类行业财务数据和国家宏观经济数据;同时,我们还可以应用 Python 对获取的数据进行清洗、分析及可视化展示。

任务实施

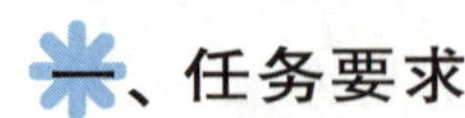

一、任务要求

往来对账是非常常见的一项财务工作,如果客户量大,对于财务人员来讲,这就是一项简单又烦琐的工作。我们一起来看看如何通过 Python 简单处理这项工作。

根据客户应收账款明细表,对有应收账款余额的客户制作电子对账单,给每个客户发送本月的对账单。

二、任务操作

许多邮箱提供商出于安全考虑,当用户使用第三方程序发送邮件时,需要其提供用户名和授权码。授权码不是用户的邮箱密码,需要先使用邮箱用户名和密码登录邮箱后进行设置获取。下面以 QQ 邮箱为例,讲解如何获取授权码和自动发送对账单。

1. 获取授权码

(1) 登录网页版 QQ 邮箱,进入邮箱后单击“设置”,如图 1-1 所示。

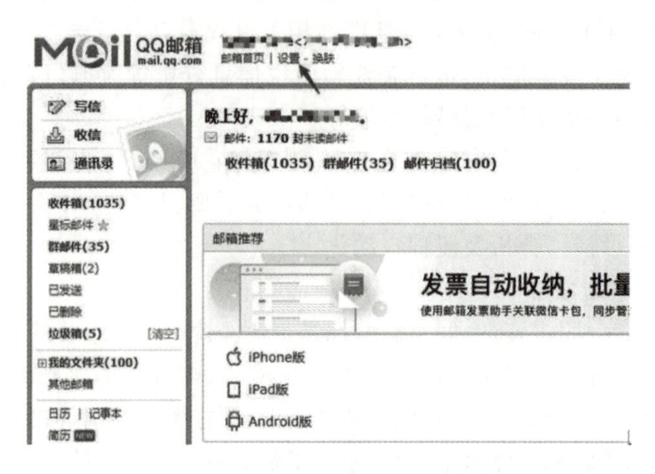

图 1-1 进入邮箱进行设置

（2）在“邮箱设置”页面，单击“帐户”，如图 1-2 所示。

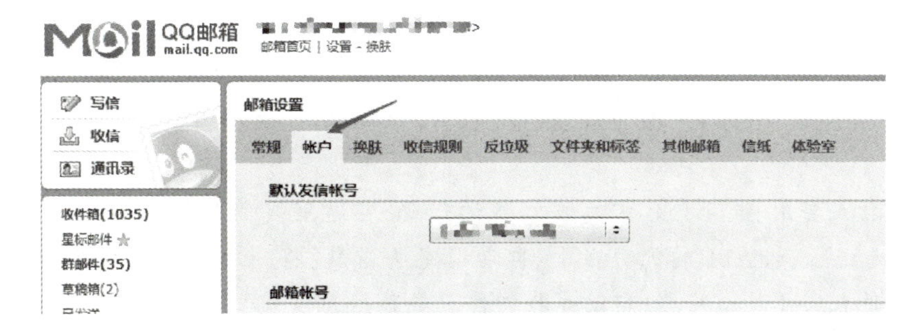

图 1-2　单击“帐户”

（3）在“帐户”页面下方找到“POP3/SMTP 服务”，并把“POP3/SMTP 服务”设置为“已开启”，然后单击下方“生成授权码”，根据提示操作，如图 1-3 所示。

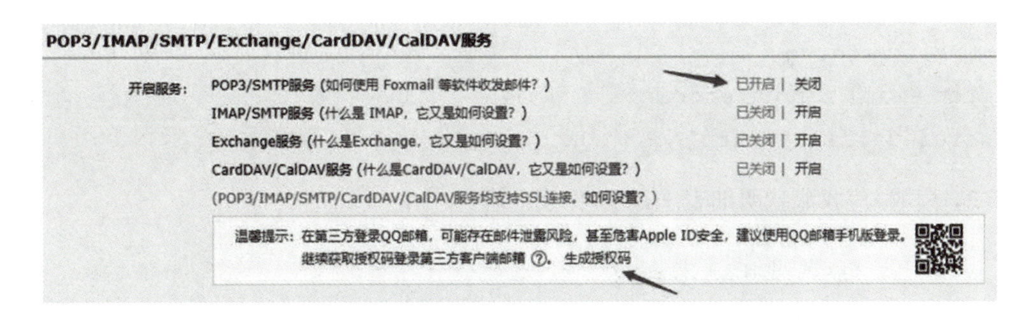

图 1-3　开启 POP3/SMTP 服务，生成授权码

（4）在“生成授权码”界面，复制并保存好授权码，以备使用，如图 1-4 所示。

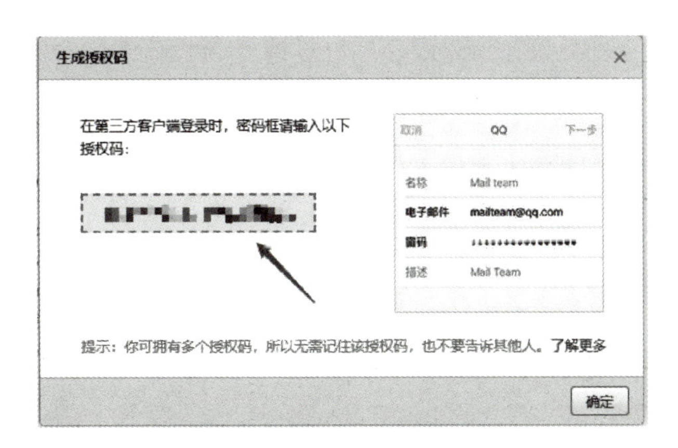

图 1-4　复制并保存好授权码

2. 自动发送对账单

准备好发送邮件的相关信息后，使用 Python 来编写自动给客户发送对账单的程序。

(1) 导入所需的库。

```
import pandas as pd  #导入 pandas 库
import datetime  #导入日期时间模块
from docxtpl import DocxTemplate  #导入 Word 文件库
'''
以前多数人会用 smtplib 编写发邮件的代码,在这里我们介绍一个新的发邮件方
  法:zmail。zmail 的优势在于:自动填充头信息;将一个字典映射为 email,构
  造邮件相当于构造字典;自动寻找邮件服务商地址及端口号,自动选择协议;只依
  赖 Python 3
'''
#导入邮件库
import zmail
import os
import warnings
from email import encoders
warnings.filterwarnings('ignore')
```

(2) 读取“应收账款明细表.xlsx”工作表内容。

```
path='应收账款明细表.xlsx'
df=pd.read_excel(path,header=1)
df
```

(3) 读取“客户信息表”内容。

```
df2=pd.read_excel(path,sheet_name ='客户信息表')
df2
```

(4) 根据“客户名称”将 df1 表与 df2 表进行拼接。

```
df3=pd.merge(df1,df2,on='客户名称',how='left')
df3
```

(5) 创建自定义函数,将小写金额转换为人民币大写金额。

```
def numToBig(num):
    dict1={1:'壹',2:'贰',3:'叁',4:'肆',5:'伍',6:'陆',7:'柒',8:'捌',9:
      '玖',0:'零'}
    dict2={2:'拾',3:'佰',4:'仟',5:'万',6:'拾',7:'佰',8:'仟',1:'元',9:
      '角',10:'分',11:'整'}
```

```
money=''  #最终大写数字
flag=False  #去掉多余的"拾""佰""仟"
flag2=False  #增加"零"
ifint=False  #增加"整"
count=0
count2=8
#num=11324
strnum=str(num)
aa=strnum.split('.')
bb=list(str(aa[:1])[2:-2])
cc=list(str(aa[1:])[2:-2])
#此处控制:无小数时输出"xxx元整"
#若要求一位小数也带"整",即"xxx元整"并且"xxx元x角整",则修改下方0为1
if len(cc) <= 0:
    ifint=True
else:
    ifint=False
#整数部分
for i in reversed(bb):
    count=count+1
    if(int(i)==0):
        if(flag==True):
            if(count!=5):
                continue
            else:
                money=dict2[count]+money
        else:
            if(flag2==False):
                money=dict2[count]+money
            else:
                if(count!=5):
                    money='零'+money
                else:
                    money=dict2[count]+'零' +money
        flag=True
    else:
        flag=False
```

```
            flag2=True
            money=dict1[int(i)]+dict2[count]+money
    #小数部分
    for i in cc:
        count2=count2+1
        money=money+dict1[int(i)]+dict2[count2]
        if(ifint==True):
            money=money+'整'
        return money
df3['人民币大写']=df3['期末余额'].map(numToBig)
df3
```

（6）根据做好的“应收账款对账单”Word 模板需要填充的内容及顺序，筛选出需要的数据列。

```
df4=df3[['客户名称','客户电话','客户地址','年','月','日','期末余额','人民
  币大写','催款说明','客户邮箱']]
df4
```

（7）批量生成 Word 对账单并发送邮件。

```
for i in range(len(df)):  #遍历每一行客户信息
    #以字典形式存储模板中需要更新的关键信息
    contxt=dict(df4.iloc[i])
    #获取姓名，作为文件名
    filename=contxt['客户名称']
    '''
    获取邮箱地址，文档中的邮箱都是虚拟的，如果需要验证，可以将 Excel 文件下
      载后，将客户邮箱改为真实的可以接收邮件的邮箱，就可以进行验证了
    '''
    youxiang=contxt['客户邮箱']
    #打开模板文件
    tpl=DocxTemplate('模块一 应收账款对账单.docx')
    #渲染(更新)模板文件生成新文件
    tpl.render(contxt)
    #保存文件
    #判断对账单文件夹是否存在，不存在就创建
    if not os.path.exists('对账单文件夹'):
```

```
        os.makedirs('对账单文件夹')
    tpl.save('对账单文件夹/'+filename+'.docx')
    #设置邮件主题
    subject='对账单'
    #设置邮件内容
    content='尊敬的客户,您好! 感谢贵公司对我司的支持与信赖,附件为本期
      对账单,请查收核对,确认无误后盖章回传。谢谢!'
    #设置邮件附件
    attachment=filename+'.docx'
    #设置邮件信息
    mail={'subject':subject,'content_text':content,'attachments':
      attachment}
    '''
    设置发件邮箱,这里是我们用于发送邮件的邮箱号和授权码,如果要测试发送
      是否成功,需要设置自己的邮箱,并且修改发送邮箱号为自己的邮箱,按实际
      生成的授权码填写
    '''
    server=zmail.server('123456@ qq.com','kkkkkkcjydrwbhgj')
    #发送邮件
    server.send_mail(youxiang,mail)
    print('第'+str(i+1)+'封邮件已发送成功')
print('邮件已全部发送成功')
```

项目二

Python 在财务中的应用

项目描述

随着大数据技术的发展,数据资产越来越受到重视。财务人员是掌握企业的信息流、物流、资金流数据最全面的人员,如何应用好数据资产进行数据分析、挖掘数据资产价值,是当前企业财务人员所面临的一个重要考验。

本项目主要培训财务人员应用 Python 进行日常经济业务的财务分析,日常经济业务包括采购业务、存货业务、固定资产业务、职工薪酬业务、销售管理业务、财务报表业务等。

学习目标

1. 掌握应用 Python 分析采购业务数据的基本方法。
2. 掌握应用 Python 分析存货业务数据的基本方法。
3. 掌握应用 Python 分析固定资产业务数据的基本方法。
4. 掌握应用 Python 分析职工薪酬业务数据的基本方法。
5. 掌握应用 Python 分析销售管理业务数据的基本方法。
6. 掌握应用 Python 分析财务报表业务数据的基本方法。

任务一　应用 Python 分析采购业务数据

任务描述

随着企业数字化转型升级,企业的各项经营业务也在走向数字化,企业的采购模式也越来越多地采用了“互联网+”的采购模式。线上采购、电子化招标等采购方式大大提高了采购效率,有效降低了采购成本,同时也产生了大量的采购数据。利用大数据分析手段和分析

思维，整合多维采购数据，通过挖掘、分析，可以帮助企业进一步发挥采购数据价值，优化采购方案和模式，为企业经营增效。那么如何利用好采购数据，应用这些数据进行分析呢？这就需要先了解采购分析的维度、数据来源，然后学习应用 Python 对采购数据进行分析的方法和思路。

案例导入

数据来源和数据有效性对于后期的数据分析是非常重要的，因此成熟的企业大多有自己的采购管理信息系统（MIS）、企业资源计划（ERP）系统和供应链管理平台，用以管理企业运行过程中产生的大量采购数据，从而形成有效的数据源。企业对这些数据进行分析，通过提升采购效率、节约采购成本来达到采购管理的目标。

海尔集团作为白色家电领域的领头羊，从一开始的需求寻源到最后的交付订单、财务结算，其整个流程全部通过全生命周期进行数字化管理，并且使用质量策略、模块策略、交付策略、成本策略、绩效策略等进行多维度数据服务，从而达到生产数据即时显示的目标，包括成本数据挖掘、精准营销、采购指数和其他数据的挖掘等都是以大数据来进行服务。例如，电缆是海尔集团众多产品都要使用的部件，海尔集团通过对空调、洗衣机、电冰箱等产品所用到的电缆采购、耗用数据进行分析后，重新进行了统一设计，将所采购的电缆由原来的几百种减少为十几种。采购产品种类减少后，海尔集团实现了原材料集中采购。仅此一项改进，就使得海尔集团在电缆采购上节约了大概 20% 的成本。通过集中和批量采购，海尔集团最终达到降低采购成本的目标。

从上述案例可以看到，合理恰当地应用采购数据做分析，能帮助企业找到降低采购成本、提高采购效率、消除采购风险的解决方法。

知识储备

一、采购业务数据分析相关基础知识

在实际工作中，采购业务数据的分析包括多种维度，如公司整体、门店采购、供应商、材料或商品、采购部门、采购员等不同维度。分析的具体内容包括采购历史价格趋势变动、前 n 大供应商采购金额、采购部门采购效率、采购退货率、应付款资金收益、订单交期及时率等。

（一）采购分析的主要目标

进行采购业务分析的第一步是确定采购分析的主要目标（图 2-1）。一般而言，通过对采购业务数据进行分析，可以找到降低采购成本、提高采购效率、消除采购风险的解决方法。

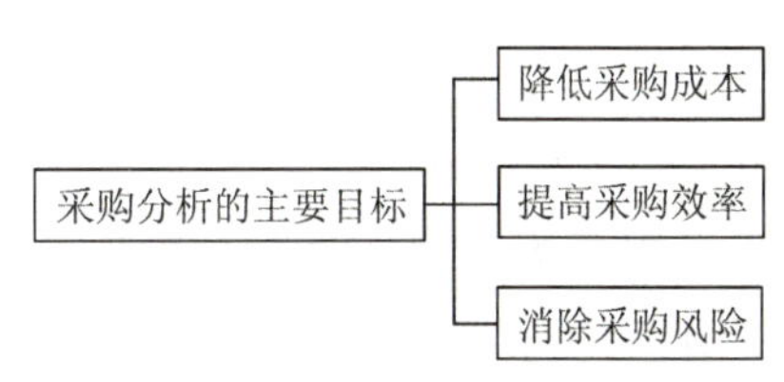

图 2-1 采购分析的主要目标

（二）影响采购的因素

影响采购成本的因素有很多，包括采购价格、采购数量、物品市场因素、供应商等。影响采购效率的因素也有很多，包括采购计划执行周期、采购人员执行效率、供应商供货速度、物资库存策略等。造成采购风险的因素也有很多，有来自供应商的，有来自企业内部控制的，还有物流运输等都可能造成采购风险，如图 2-2 所示。在对采购业务数据进行分析之前，还应遵循数据分析的一般步骤，首先是基于要解决的问题或想要取得的效果，确定需要采集的数据源和分析维度。

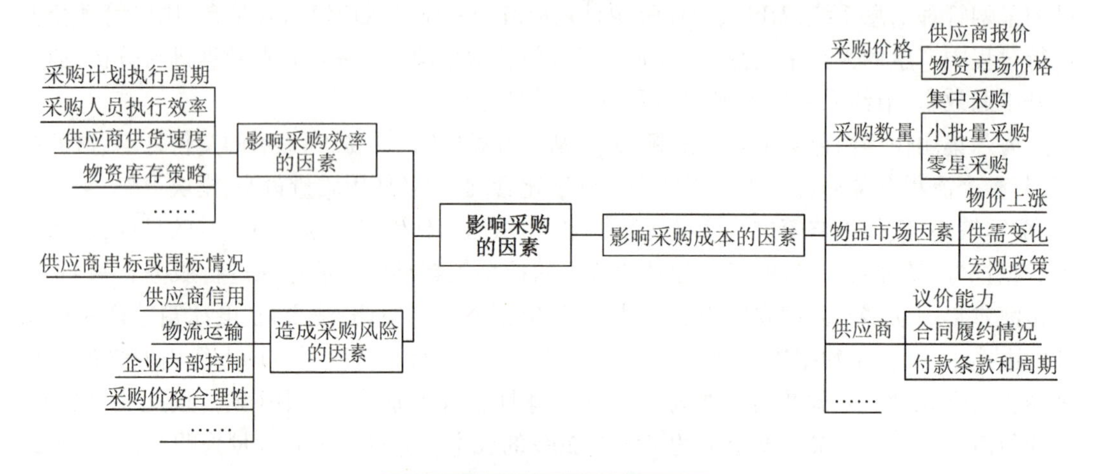

图 2-2 影响采购的因素

（三）采购分析的数据采集渠道

结合采购分析目的，开展采购数据分析的第一步是采集采购业务数据，那么采购业务数据从哪里来呢？完整、可靠的数据资源离不开采购的信息化和电子化，常见的数据采集渠道如图 2-3 所示。

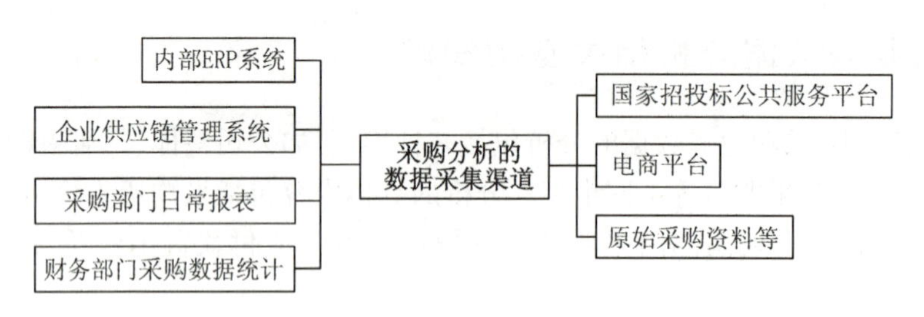

图 2-3 采购分析的数据采集渠道

基于不同的采购业务数据分析目的，可以总结出企业常见的采购数据源，如图 2-4 所示。

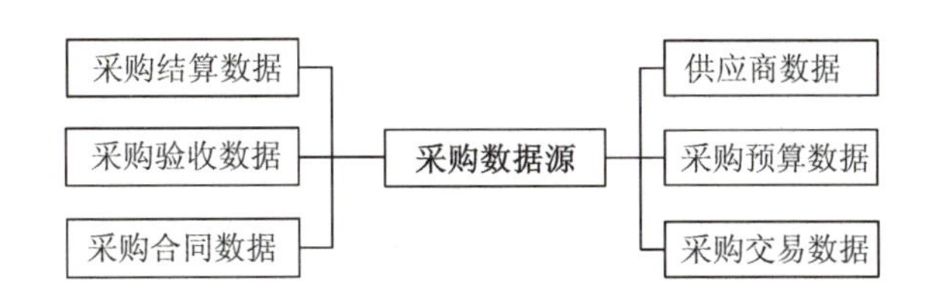

图 2-4 采购数据源

那么可以从哪些具体的指标去进行采购业务数据的分析呢？还是基于采购数据分析的目的进行梳理，如图 2-5 所示。

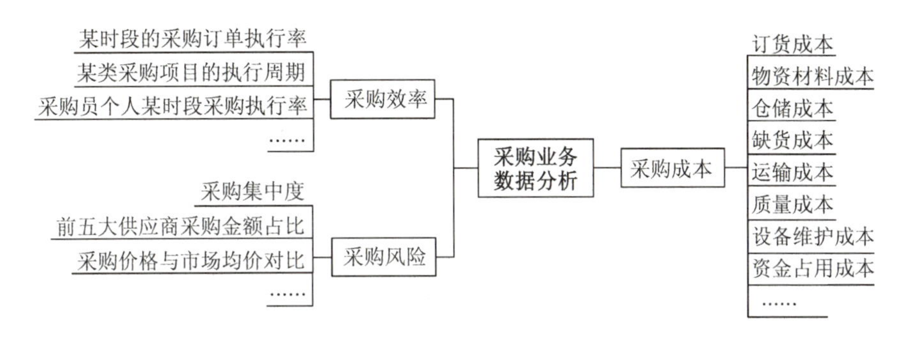

图 2-5 采购业务数据分析

那么采购分析的维度有哪些呢？

从时间的维度，可按年、月、周等，对不同时期的物资采购及供应商采购情况进行分析；从采购方式的维度，对采购金额占比、采购趋势变化等进行分析，如竞价采购、单一来源采购、竞争性谈判、询价采购、公开招标等；从采购指标的维度，对一定时段的采购金额、采购订单量、采购申请量、成本节约率进行分析；等等。

通过对不同指标的分析，得出相应的分析结论，提出改进方案。

二、相关函数及数据处理方法

1. head( ) 函数

有时候数据源表格中有成千上万条数据，为了观察数据方便，常用 head( ) 函数来显示部分表格。

2. 缺失值的处理

在进行数据处理时，经常会碰到有数据缺失的情况，因此需要对缺失值进行处理。需要注意的是，在 Pandas 中空值和缺失值是不同的。在 Pandas 中的空值是“ ”。若是在 DataFrame 中，缺失值可以表示为 nan 或者 naT(缺失时间)；若是在 Series 中，则缺失值可以表示为 none 或者 nan。

处理缺失值常用的方法有两种：一种是删除(dropna)，另一种是填充(fillna)。在后面的任务案例中，主要用到的是第二种方法——填充。

fillna( ) 函数语法如下：

```
1   DataFrame.fillna(
2     value=None,
3     axis=None,
4     method=None,
5     inplace=False,
6     limit=None,
7     downcast=None,**kwargs
8   )
```

各参数含义如下：

第 2 行 value 参数：用于指定替换缺失值的“新值”，可以是标量、dict、series 或 DataFrame 中的一种。

第 3 行 axis 参数：指定填充维度，从行(0)开始或是从列(1)开始。

第 4 行 method 参数：指定填充缺失值所用的方法，可取值为 backfill、bfill、pad、ffill，默认为 None。

第 5 行 inplace 参数：若为 True，则表示直接在原数据上修改，否则将生成新的值。

第 6 行 limit 参数：确定填充的个数，若 limit=2，则只填充两个缺失值。

第 7 行 downcast 参数：默认为 None，可取值为 downcast='infer'，实现将类型 float64 向下转换为 int64，此参数一般不用填写。

任务实施

一、任务要求

某制造企业想要了解公司前五大供应商在公司采购总额中的占比情况，以便分析采购供应商集中度，对重要供应商做出评估，同时确定企业采购风险。现在请根据财务人员采集到的 2019 年、2020 年公司采购材料汇总表，按照任务操作步骤要求完成操作。

二、任务操作

(1) 导入 Numpy 及 Pandas 包。

```
import numpy as np
import pandas as pd
```

(2) 导入“供应商信息.xlsx”，并打印前 5 行，观察数据格式，结果如图 2-6 所示。

```
1   df=pd.read_excel('excel/SD 财务数据分析案例集/供应商信息.xlsx')
2   df.head()
```

代码详解：

第1行：调用Pandas库提供的read_excel方法读取外部Excel文件，将读取到的数据填充为DataFrame对象并赋值给df变量。

第2行：显示df对象中的前5行数据。

	序号	供应商名称	采购材料名称	年份	金额
0	1	安阳千树化工有限责任公司	Q444	2019年	445300.0
1	2	北京京淮机械制造有限责任公司	G254	2019年	4444400.0
2	3	北京鹏泰电子股份有限公司	Q444	2019年	4537700.0
3	4	北京叁点零电子有限责任公司	Q444	2019年	68400.0
4	5	北京兆兴博拓电子有限责任公司	M302	2019年	114500.0

图2-6 数据源示例

（3）汇总2019年、2020年该公司主要外购材料采购总金额，要求有合计，缺失值用0填充，结果如图2-7所示。

```
1  df_wide=df.pivot_table(index=['采购材料名称'],columns=['年
     份'],values='金额',aggfunc=np.sum,fill_value=0,margins=
     True,margins_name='合计')
2  df_wide.columns.name=''
3  df_wide
```

代码详解：

第1行：调用DataFrame提供的pivot_table方法实现数据透视操作，此方法返回新的数据透视表（DataFrame对象）。本例使用df_wide保存返回的数据透视表。

pivot_table方法的参数含义如下：

index参数：用于指定在新DataFrame中“索引”上进行分组的列。本例为使用“采购材料名称”列的值作为数据透视表中的索引列。

columns参数：用于指定在新DataFrame中“列”（columns）上分组的列。本例为使用“年份”列的值作为数据透视表中“列”的值。

values参数：用于指定要聚合的列。本例为对“金额”列进行聚合操作。

aggfunc参数：表示聚合操作。本例为对年份的值进行求和。

fill_value参数：指定出现空值时填充的值。本例为使用0填充缺失值。

margins参数：指定是否添加汇总行、汇总列。本例中margins参数的取值为True，即添加汇总行和汇总列。

margins_name参数：指定汇总行、汇总列的名称。本例为使用“合计”作为汇总行、汇总列的名称。

第2行：设置df_wide中列的名称为空。

第3行：显示df_wide数据。

采购材料名称	2019年	2020年	合计
D404	0.00	2413800	2413800.00
G152	518527.00	630027	1148554.00
G159	4180107.00	8497828	12677935.00
G254	4830005.00	3227044	8057049.00
K722	333823.00	0	333823.00
M302	1505211.00	14035652	15540863.00
Q444	6429789.87	17149181	23578970.87
S843	4460559.00	11814321	16274880.00
W392	3625939.55	3389554	7015493.55
合计	25883961.42	61157407	87041368.42

图 2-7　采购材料汇总结果

（4）将公司 2019 年、2020 年主要外购材料的采购金额用条形图展示，结果如图 2-8 所示。

```
1  from matplotlib import pyplot as plt
2  plt.rcParams['font.family']='SimHei'
3  plt.rcParams['axes.unicode_minus']=False
4  plt.rcParams['font.size']=22
5  df_wide[['2019 年','2020 年']].drop('合计').plot(kind='bar',fig-
     size=(18,6),title='主要外购材料 2019 年与 2020 年采购金额对比',
     rot=0)
```

代码详解：

第 1 行：从 matplotlib 库中导入 pyplot 模块并命名为 plt。

第 2 行：指定中文字体为黑体，以保证中文能够正常显示。

第 3 行：设置坐标轴刻度标签正常显示正负号。

第 4 行：设置图表中文字大小为 22。

第 5 行：从 df_wide 中取出 2019 年、2020 年两列的数据，并丢弃最后一行“合计”数据后绘制条形图。plot 方法中，kind 参数指定图表类型为条形图，figsize 指定图表大小，title 指定图表的标题，rot 表示图表标签的旋转角度，取值 0 表示不旋转。

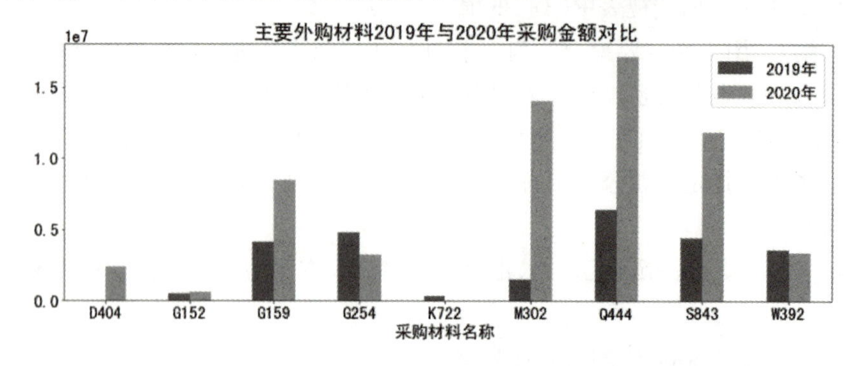

图 2-8　主要外购材料 2019 年与 2020 年采购金额对比条形图

（5）列出 2019 年、2020 年该公司前五大供应商名称、采购金额、占年度采购总额比例，结果如图 2-9 所示。

```
1  df_total_arr=[]
2  for year,_df in df.groupby(['年份']):
3    _sum=_df['金额'].sum()
4    _sub =_df.groupby(['年份','供应商名称']).sum().sort_values(by=
       '金额',ascending=False)
5    _sub['占年度采购总额比例']=_sub['金额']/_sum
6    _sub=_sub.head(5)
7    _sub.loc[(year,f'{year}前五合计'),:]=_sub.sum()
8    _sub ['占年度采购总额比例'] = _sub ['占年度采购总额比例'].apply
       (lambda x:format(x,'.2% '))
9    df_total_arr.append(_sub)
10 df_total=pd.concat(df_total_arr)
11 df_total
```

代码详解：

第 1 行：创建一个空列表，名称为 df_total_arr。

第 2 行：对 df 数据表按“年份”进行分组，使用 for 循环遍历每个分组，用 year 表示当前遍历分组的年份、_df 表示当前遍历分组的数据集。

第 3 行：计算当前遍历分组中“金额”列的总和，将结果保存在_sum 中。

第 4 行：对当前遍历分组数据集根据“年份”“供应商名称”两列进行分组，并对金额求和，然后按金额大小倒序排列。

第 5 行：为当前遍历分组数据集新增列，名称为“占年度采购总额比例”。列的值为每一行金额列的值除以总额。

第 6 行：只取当前遍历分组数据集的前 5 行。

第 7 行：为当前遍历分组数据集追加 1 行，用于当前分组各列值的汇总求和。

第 8 行：使用匿名函数 lambda 将“占年度采购总额比例”列的值改为百分比写法，并保留 2 位小数。

第 9 行：将当前计算后的分组数据集添加到 df_total_arr 列表中。

第 10 行：将 df_total_arr 列表中数据纵向合并为 DataFrame 对象，名称为 df_total。

第 11 行：输出显示 df_total。

年份	供应商名称	序号	金额	占年度采购总额比例
2019年	北京鹏泰电子股份有限公司	3.0	4537700.0	17.53%
	北京京淮机械制造有限责任公司	2.0	4444400.0	17.17%
	福州夜澜电子有限责任公司	10.0	2726500.0	10.53%
	合肥昌达联金属制品有限责任公司	14.0	2241000.0	8.66%
	杭州锦华纸业有限责任公司	13.0	1650560.0	6.38%
	2019年 前五合计	42.0	15600160.0	60.27%
2020年	合肥依诺电子有限责任公司	55.0	6752500.0	11.04%
	北京鹏泰电子股份有限公司	37.0	6062200.0	9.91%
	福州夜澜电子有限责任公司	50.0	4341400.0	7.10%
	合肥昌达联金属制品有限责任公司	54.0	4210100.0	6.88%
	大庆后启电子有限责任公司	47.0	3347200.0	5.47%
	2020年 前五合计	243.0	24713400.0	40.41%

图 2-9　2019 年、2020 年前五大供应商采购金额及比例统计

(6) 列出 2019 年、2020 年该公司前五大供应商所有材料各自的采购总金额,结果如图 2-10 所示。

```
1  df_product=df.pivot_table(index=['年份','供应商名称'],columns=
     '采购材料名称',values='金额',aggfunc=np.sum,fill_value=0).
     applymap(lambda x:format(x,'.2f'))
2  df_top5=pd.merge(df_total,df_product,left_index=True,right_
     index=True,how='left').fillna('-')
3  df_top5
```

代码详解:

第 1 行:在数据集 df 上创建数据透视表 df_product。其中,index 参数表示使用“年份”“供应商名称”作为透视表中的“索引”列,columns 参数表示使用“采购材料名称”作为透视表中的“列”,values 参数表示对“金额”进行聚合,aggfunc 参数表示进行求和操作,fill_value 参数表明缺失值使用 0 表示,applymap( ) 函数的作用是应用匿名函数将所有金额保留 2 位小数。

第 2 行:使用 merge( ) 函数将 df_total 和 df_product 进行左连接,并将结果保存在 df_top5 中。merge( ) 函数中, left_index 参数表示是否使用左侧行索引作为连接键;right_index 参数表示是否使用右侧行索引作为连接键;how 参数指定连接方式,取值 left 表明为左连接。fillna( ) 函数指定缺失值使用短横线代替。

第 3 行:输出打印 df_top5。

年份	供应商名称	序号	金额	占年度采购总额比例	D404	G152	G159	G254	K722	M302	Q444	S843	W392
2019年	北京鹏泰电子股份有限公司	3.0	4537700.0	17.53%	0.00	0.00	0.00	0.00	0.00	0.00	4537700.00	0.00	0.00
	北京京淮机械制造有限责任公司	2.0	4444400.0	17.17%	0.00	0.00	0.00	4444400.00	0.00	0.00	0.00	0.00	0.00
	梧州夜澜电子有限责任公司	10.0	2726500.0	10.53%	0.00	0.00	2726500.00	0.00	0.00	0.00	0.00	0.00	0.00
	合肥昌达联金属制品有限责任公司	14.0	2241000.0	8.66%	0.00	0.00	0.00	0.00	0.00	0.00	0.00	2241000.00	0.00
	杭州锦华纸业有限责任公司	13.0	1650560.0	6.38%	0.00	0.00	0.00	0.00	0.00	0.00	0.00	0.00	1650560.00
	2019年 前五合计	42.0	15600160.0	60.27%	-	-	-	-	-	-	-	-	-
2020年	合肥依诺电子有限责任公司	55.0	6752500.0	11.04%	0.00	0.00	0.00	0.00	0.00	6752500.00	0.00	0.00	0.00
	北京鹏泰电子股份有限公司	37.0	6062200.0	9.91%	0.00	0.00	0.00	0.00	0.00	0.00	6062200.00	0.00	0.00
	梧州夜澜电子有限责任公司	50.0	4341400.0	7.10%	0.00	0.00	4341400.00	0.00	0.00	0.00	0.00	0.00	0.00
	合肥昌达联金属制品有限责任公司	54.0	4210100.0	6.88%	0.00	0.00	0.00	0.00	0.00	0.00	0.00	4210100.00	0.00
	大庆后启电子有限责任公司	47.0	3347200.0	5.47%	0.00	0.00	0.00	0.00	0.00	0.00	0.00	3347200.00	0.00
	2020年 前五合计	243.0	24713400.0	40.41%	-	-	-	-	-	-	-	-	-

图 2-10 2019年、2020年前五大供应商所有材料各自的采购总金额

（7）将“公司前五大供应商所有材料各自的采购总金额.xlsx”数据表导出。

```
df_top5.to_excel('公司前五大供应商所有材料各自的采购总金额.xlsx')
```

任务二 应用Python分析存货业务数据

任务描述

作为企业的一项非常重要的资产，存货也被称为企业的利润源泉，它在企业的生产经营活动中扮演着至关重要的角色。伴随着社会经济的发展和企业规模的不断扩大，更多的企业经营者开始意识到了存货管理的重要性，纷纷对存货管理的方法进行探索，许多存货管理方法由此先后被提出，其中应用比较广泛的有ABC分类法、经济批量订货模型、准时制和供应商管理库存等。同时，随着大数据时代的到来，不断发展的“互联网+”信息技术使得单个企业不再是孤立的个体，企业与企业之间有了更多交流协作的机会，而“互联网+”信息技术的日益发展也带来了管理的变革，为企业存货管理带来了新的思维方式。

案例导入

京东商城作为现代网络销售的龙头企业之一，拥有巨大的销售量。其库存管理是非常重要的一个方面。作为网络销售的典范，京东商城在数据收集方面拥有得天独厚的优越性，其所有的销售均来自网络订单，而这极大地方便了数据的收集，使京东具备天然的大数据实施基础条件。

目前京东商城结合了大数据的库存管理体系已基本形成，主要由5部分组成：销量预测、补货系统、健康库存、供应商管理、指挥选品及定价。

京东商城将大数据应用于库存管理的每个环节，而对这些大数据的分析使得京东商城能够最大限度地减少库存量，提高企业销售量，进而增加企业的销售利润。

知识储备

一、存货业务数据分析相关基础知识

（一）传统存货管理的现状及缺陷

在实际工作中，存货业务是进销存中的重要环节。传统的存货采购，主要是对供应商的选择。企业需要选择合适的供货商，并且商品质量要符合企业的采购标准。企业对于供货商的选择，不管是初步筛选还是实地考察，相对而言主观性比较大，更多的是参考供应商本身的情况，以及市场的口碑、信用度、经验等。选择供应商虽然也有一些客观的标准，比如质量、价格、规格等，但这些标准不能形成一个全面的供应商综合评价体系，不能对供应商做出全面、具体、客观的评价。

对于存货而言，还有一个很关键的管理，即仓储管理。仓储管理是指企业对仓库和仓库中储存的物资进行管理。仓库是连接供应和需求的桥梁，作为商品流通中心的仓库必须要以最大的灵活性和及时性来满足需求。传统意义下的仓储管理首先要保证仓库安全，保障企业物资不外流；其次要尽力提高发货效率，由此可以提高保管效率，有效利用仓库内的容积量，根据出库的频率确定摆放位置等。

传统的存货分为两种：生产存货和产品存货。生产存货一般是为了满足生产的正常供给，企业多以生产供给的经验速度来控制进货数量和频率，因而人为的控制性较大，而经验判断也经常会带来一些问题。销售企业主要的存货为待销商品，由于企业无法准确预估销售量，因而可能导致存货过多或者过少。过多的存货会增加企业的仓储管理费用，存储产品时间过长也可能造成产品过时，导致滞销；过少的存货会使企业错失机会，无法获得理想的销售额。

从以上分析来看，传统的存货管理虽然对企业存货有一定的管理成果，但管理较为粗糙，总体上有以下几个缺点：首先，不管是企业供应商的选择还是企业存货数量、销量等都没有太具体的选择标准，主要还是以经验为主，人为主观性较大，可能会因为个人的判断影响整个企业的发展；其次，管理不够精准，对于进货数量和销货数量这些数据只能做一个大概的估量；最后，为了保证生产的正常进行和销售合同的履行，存货往往需要保持在较高的水平，以防止生产停滞或者合同违约，这样会导致企业存货存储成本和风险太高。

（二）大数据对企业存货管理的影响

1. 提高预测准确性，为决策提供基础

大数据不仅是技术，也是一个“数据源”，大数据技术可为企业创建一个庞大的“信息数据池”，为企业提供多方面且真实有效的数据，如消费者数据、供应商数据等。

例如，对消息者数据的处理。运用大数据技术可以将消费者的个性化需求等信息反馈给后台，后台程序经过分析处理绘制出用户群体画像。用户画像为企业满足用户多元化需

求提供了参考依据和决策基础。这无疑给企业决策带来了巨大的变革。管理者依托大数据平台可以对企业现状形成全面的认识,从而判断企业在存货管理中可能存在的问题,进而制定相应的战略和对策。图 2-11 展示了用户画像案例。

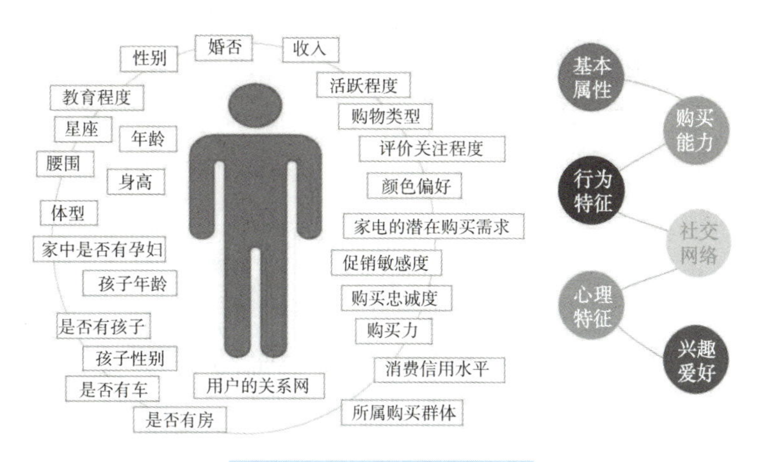

图 2-11 用户画像案例

2. 提高企业运行效率

基于大数据技术的运用,企业对存货的管理效率可得到显著提升。传统仓储库存管理需要投入大量的人力,包括部门主管、分组组长、调度员、基层操作人员等不同职责权限的岗位。传统仓储库存管理涉及人员分工协同等问题,各层级的人员需要各司其职、紧密配合才能发挥出最大的工作效率。若分工合作出现不协调或矛盾,则会在实际工作中产生各种问题,企业也会面临人员、部门协调与企业管理制度方面的挑战。这些问题是企业存货管理中亟须解决的问题,并有可能成为影响企业健康发展的顽疾。

使用大数据等信息化技术,则可以利用机器人作业方式完成存货入库验收、在库管理、出库配送等一系列流程。这种高度智能化处理的措施可以减少人工操作带来的失误,显著提升仓储管理的工作效率,同时,可以大大加快存货的周转速度,缩短存货的周转期。图 2-12 展示了智能化仓储场景中机器人的作用与分类。

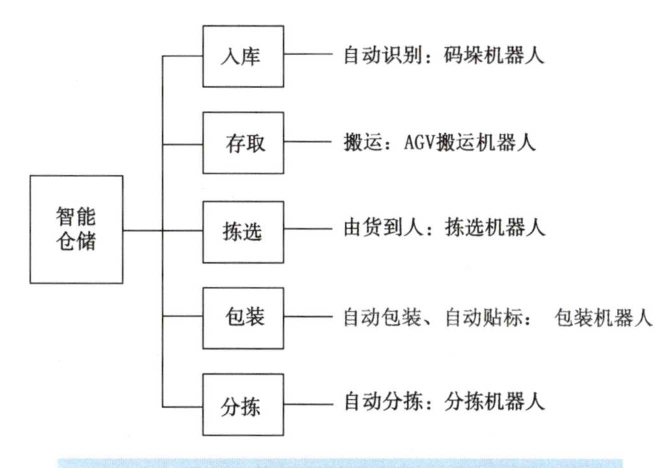

图 2-12 智能化仓储场景中机器人的作用与分类

3. 提高存货安全性

提高存货的安全性是指企业可通过建立标签化信息库，实时上传存货信息和跟踪监控库存商品，实现精准化、智能化管理。基于信息化的存货管理，将各项数据进行信息化存储，不仅安全可靠，而且方便集中统一管理调度，可大大节约人力成本，将存货管理中产生的成本控制到最低，同时可避免人工操作带来的失误。图 2-13 展示了射频识别（RFID）电子标签的运行原理。图 2-14 展示了某企业基于 RFID 的生产线系统应用案例。

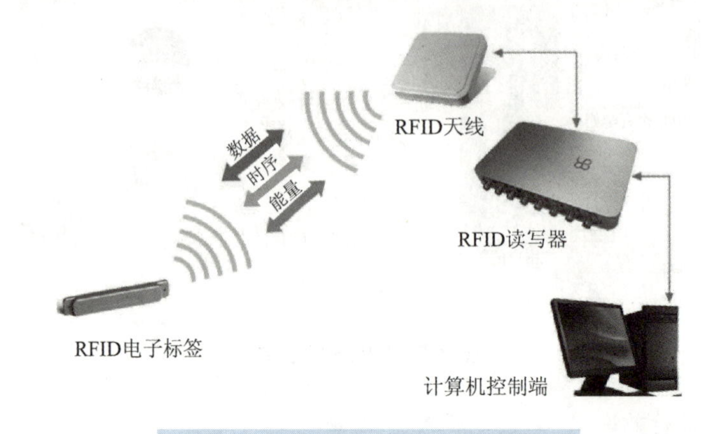

图 2-13 RFID 电子标签的运行原理

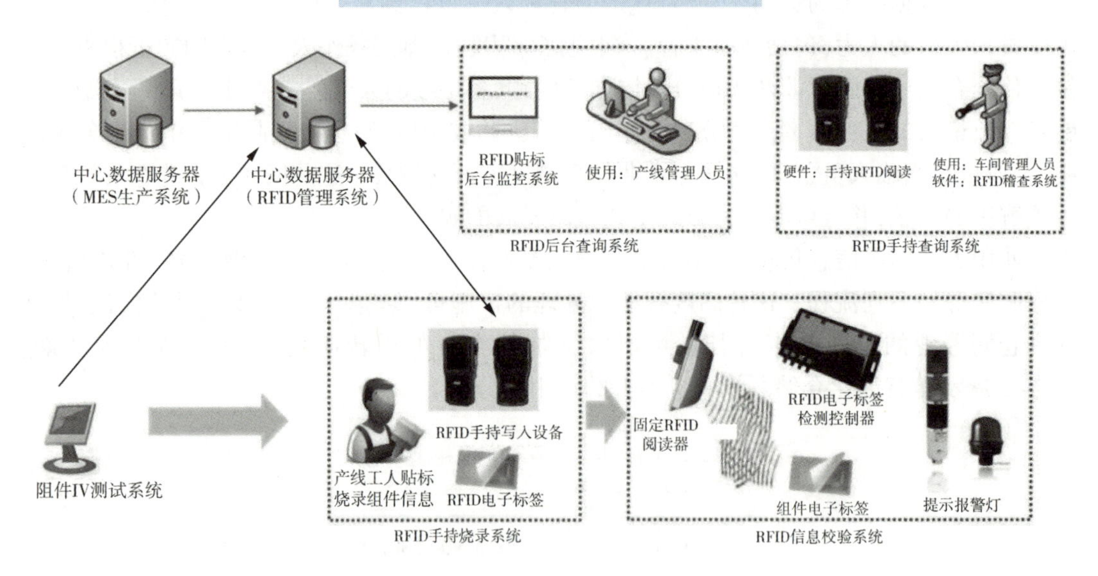

图 2-14 基于 RFID 的生产线系统应用案例

企业通过分析用户的各项消费数据，可以发现季节、地域等因素产生的影响，及时调整存货的种类和数量，以应对大众消费市场的瞬息万变。企业以市场调研和数据处理为基础，采取科学的智能调价措施，促进销售，减少存货周转天数，可以降低存货积压在仓库的风险，避免存货管理带来的额外成本。

二、相关函数及数据处理方法

1. 相关库与模块

(1) openpyxl 库。

openpyxl 是使用最广泛的、用于处理 Excel 文件的第三方库，其提供了读写 xlsx、xlsm、xltm、xltx 等 Excel 格式文件的功能，同时还能处理单元格格式、图片、表格、公式，以及进行筛选、批注、文件保护等操作。

使用 openpyxl 库，需要先安装，代码如下：

```
pip install openpyxl
```

openpyxl 库提供了大量操作 Excel 文件的方法，其中 load_workbook 可用于读取外部 Excel 文件并返回 Workbook 对象，使用 load_workbook 方法须先从 openpyxl 库中导入，代码如下：

```
from openpyxl import load_workbook
```

(2) os 模块。

os 模块是 Python 标准库中的模块，无须单独安装。os 模块提供了通用和基本的操作系统相关操作，具体包括路径相关操作、进程管理、获取环境参数等。

程序中使用 os 模块，须先使用 import os 语句进行导入。

2. iloc[ ]函数

DataFrame 提供的 iloc[ ]函数支持使用数字作为索引进行数据筛选，使用方法为：iloc[行索引、列索引]。iloc[ ]函数支持使用切片形式进行筛选。例如：df.iloc[:]表示筛选所有数据，df.iloc[:3]表示筛选前 3 行。

与 iloc[ ]函数相似的是 loc[ ]函数，loc[ ]函数支持使用轴标签进行数据筛选。例如：df.loc['viper']表示将 viper 作为行标签进行筛选，df.loc['cobra','shield']表示同时使用行标签和列标签进行筛选。

任务实施

一、任务要求

某机械制造有限责任公司主要生产纺织生产设备，仓库管理人员每天会记录原材料的出入库情况，但企业管理者无法从库存材料明细表中快速得知当月具体材料每天的出入库情况。请根据该公司提供的库存材料明细表，分类汇总该公司各种原材料在 6 月份每天的出入库数量及金额，便于后续计算 6 月份各种原材料的总出入库数量及金额，从而规范该公司原材料出入库制度，以此提高该公司的仓储管理水平。请根据任务操作步骤要求完成操作。

二、任务操作

(1) 导入包。

```
1  import pandas as pd
2  from openpyxl import load_workbook
3  import os
```

代码详解:

第 1 行: 导入 Pandas 库并命名为 pd。

第 2 行: 从 openpyxl 库中导入 load_workbook 函数。

第 3 行: 导入 os 模块。

(2) 读取文件“库存材料明细表 1.xlsx”,并显示前 5 行数据,结果如图 2-15 所示。

```
1  data=pd.read_excel('excel/SD 财务数据分析案例集/原材料出入库 1/
     库存材料明细表 1.xlsx')
2  data.head()
```

代码详解:

第 1 行: 调用 Pandas 提供的 read_excel 函数读取外部文件,并将结果(DataFrame)赋值给变量 data。

第 2 行: 显示 data 前 5 行。

	序号	日期	材料类别	材料名称	入库数量	入库金额	出库数量	出库金额
0	1	2021-06-02	110111	RS01	1440	33264.0	0	0.0
1	2	2021-06-02	110112	RS02	0	0.0	1220	18300.0
2	3	2021-06-02	110113	RS03	1200	3300.0	0	0.0
3	4	2021-06-02	110114	RS04	1140	62700.0	1200	66000.0
4	5	2021-06-02	110115	RS05	960	9600.0	1250	12500.0

图 2-15　原材料明细表案例数据

(3) 查看 data 数据类型,结果如图 2-16 所示。

```
data.dtypes
```

```
序号                int64
日期       datetime64[ns]
材料类别            int64
材料名称           object
入库数量            int64
入库金额          float64
出库数量            int64
出库金额          float64
dtype: object
```

图 2-16　原材料明细表中数据类型

(4) 调整“日期”列的数据类型,从 datetime 转换为 date 类型,结果如图 2-17 所示。

```
data['日期']=data['日期'].dt.date
data.head()
```

	序号	日期	材料类别	材料名称	入库数量	入库金额	出库数量	出库金额
0	1	2021-06-02	110111	RS01	1440	33264.0	0	0.0
1	2	2021-06-02	110112	RS02	0	0.0	1220	18300.0
2	3	2021-06-02	110113	RS03	1200	3300.0	0	0.0
3	4	2021-06-02	110114	RS04	1140	62700.0	1200	66000.0
4	5	2021-06-02	110115	RS05	960	9600.0	1250	12500.0

图 2-17　原材料明细表中日期类型转换

(5) 将库存材料明细表中的数据按材料名称进行分组，并将各分组数据保存至各自的 Excel 文件中。例如：将材料名称为“RS01”的明细记录保存到 RS01.xlsx 文件中。代码执行结果如图 2-18 所示。

```
1   for name,df in data.groupby('材料名称'):
2     print(name)
3     if os.path.exists(f"excel/SD 财务数据分析案例集/原材料出入库 1/
        {name}.xlsx"):
4         workbook=load_workbook(filename=f"excel/SD 财务数据分析
            案例集/原材料出入库 1/{name}.xlsx")
5     else:
6         print(f"excel/SD 财务数据分析案例集/原材料出入库 1/{name}.
            xlsx 不存在")
7         continue
8     sheet=workbook.active
9     df=df.iloc[:,1:]
10    df=df.drop(['材料类别','材料名称'],axis=1)
11    sheet.delete_rows(idx=4,amount=1000)
12    for row in df.values.tolist():
13        sheet.append(row)
14        print(row)
15    print(f"保存到{name}.xlsx 文件中")
16    workbook.save(filename=f"excel/SD 财务数据分析案例集/原材料出
        入库 1/{name}.xlsx")
17    workbook.close()
```

代码详解：

第 1 行：将 data 数据表根据材料名称分组，循环遍历每个分组数据，并用 name 表示当前遍历的分组材料名称、df 表示当前遍历的分组数据。

第 2 行：打印输出当前遍历的材料名称。

第 3 行：判断当前遍历的材料明细记录文件是否存在，若存在则执行第 4 行，否则执行第 5 行。

第 4 行：使用 load_workbook 函数读取材料明细 Excel 文件，将数据封装为 workbook 对象，并赋值给 workbook 变量。

第 6—7 行：输出文件不存在的提示信息，并继续执行下次循环。

第 8 行：获取工作簿的默认（激活的）工作表，保存至变量 sheet 中。

第 9 行：使用 iloc[ ]函数删除 df 数据表中第 1 列。

第 10 行：删除 df 数据表中的“材料类别”和“材料名称”两列。

第 11 行：删除默认工作表中从第 4 行开始的 1 000 行数据。

第 12 行：将当前分组的数据表 df 转换为数组后再转换为列表，并循环遍历列表。

第 13—14 行：将从列表中遍历取出的数据行追加到工作表中，并打印输出数据行。

第 15—17 行：输出提示信息，将工作簿保存至材料明细 Excel 文件中，最后关闭工作簿。

补充：上述案例需要预先为每个材料创建好 Excel 文件，若希望程序能够自动创建 Excel 文件，则须执行下述两步操作：

① 在顶部导入 Workbook( ) 函数，代码为

```
from openpyxl import Workbook
```

② 修改第 6—7 行代码为

```
workbook=Workbook()
```

完成以上两步操作后，将会在第 1 次运行时自动创建每个材料的明细表 Excel 文件。

```
RS01
[datetime.date(2021, 6, 2), 1440, 33264.0, 0, 0.0]
[datetime.date(2021, 6, 4), 1900, 35910.00000000001, 0, 0.0]
[datetime.date(2021, 6, 5), 2130, 49203.0, 1200, 27720.0]
[datetime.date(2021, 6, 6), 1160, 24360.0, 1180, 24780.0]
[datetime.date(2021, 6, 8), 1100, 23100.0, 0, 0.0]
[datetime.date(2021, 6, 10), 600, 12600.0, 0, 0.0]
[datetime.date(2021, 6, 11), 800, 16800.0, 360, 7560.0]
[datetime.date(2021, 6, 13), 1250, 28875.0, 0, 0.0]
[datetime.date(2021, 6, 14), 750, 14175.000000000002, 0, 0.0]
[datetime.date(2021, 6, 15), 1220, 28182.0, 1300, 30030.000000000004]
[datetime.date(2021, 6, 18), 600, 13860.0, 0, 0.0]
[datetime.date(2021, 6, 19), 850, 17850.0, 1420, 29820.0]
[datetime.date(2021, 6, 20), 520, 10920.0, 1710, 35910.0]
[datetime.date(2021, 6, 22), 1440, 27216.000000000004, 800, 15120.000000000002]
[datetime.date(2021, 6, 23), 1240, 26040.0, 0, 0.0]
[datetime.date(2021, 6, 24), 1200, 22680.000000000004, 1160, 21924.000000000004]
[datetime.date(2021, 6, 25), 0, 0.0, 2130, 44730.0]
[datetime.date(2021, 6, 27), 0, 0.0, 300, 6930.0]
[datetime.date(2021, 6, 29), 1680, 38808.0, 1440, 33264.0]
```

图 2-18　原材料数据处理代码执行结果

任务三　应用 Python 分析固定资产业务数据

任务描述

将大数据应用到单位固定资产管理活动中，可以揭示固定资产管理规律，引导管理人员根据单位的固定资产利用实况不断改进管理决策，联合基建、财务等部门做好固定资产协同管理工作，从而降低管理成本，提高固定资产利用率，使固定资产管理活动更为科学和有效。

案例导入

为保障固定资产管理可以得到大数据的有力支持，事业单位需要为大数据的引入创造基础性条件，同时赋予大数据渗透性，将大数据与固定资产管理关联在一起。然而，大数据应用前期投入较大，有些事业单位固定资产管理理念比较陈旧，为节约眼前的成本，未能意识到数字化管理技术及资源引入的迫切性，仍应用传统的以人力为主的管理体系，降低了大数据应用效果，该如何给予条件支持呢？

为解决固定资产管理数据信息急速膨胀、数据应用效率较低、无法有效规避固定资产管理风险等具体问题，事业单位须在“互联网+”思维加持下妥善应用大数据，为有关技术及资源的利用提供条件支持，可以从下面几个方面进行分析。第一，构建完善、稳定、安全且富有延展性的网络架构，提升数据传输效率，消除数据共享壁垒，疏通大数据流通渠道，为固定资产管理有关数据信息的充分利用奠定基础。第二，做好基础设施配置工作，在采购、盘点、折旧等领域应用先进技术手段，提高数据统筹效率，加强数据分析反馈，为固定资产实时管控提供依据。第三，加大信息系统升级优化力度，确保大数据应用与时俱进，避免出现固定资产管理需求与大数据应用条件不配套的消极现象，使固定资产信息化管理措施更为有效。

知识储备

一、固定资产业务数据分析相关基础知识

（一）固定资产的定义及分类

固定资产是指企业为生产商品、提供劳务、出租或经营管理而持有的、使用寿命超过一个会计年度的有形资产。

固定资产属于产品生产过程中用来改变或者影响劳动对象的劳动资料，是固定资本的实物形态。固定资产在生产过程中可以长期发挥作用，长期保持原有的实物形态，但其价值则随着企业生产经营活动而逐渐地转移到产品成本中去，并构成产品价值的一个组成部分。

根据重要性原则,一个企业把劳动资料按照使用年限和原始价值划分固定资产和低值易耗品。对于原始价值较大、使用年限较长的劳动资料,按照固定资产来进行核算;而对于原始价值较小、使用年限较短的劳动资料,按照低值易耗品来进行核算。在我国的会计制度中,固定资产通常是指使用期限超过一年的房屋、建筑物、机器、运输工具以及其他与生产经营有关的设备、器具和工具等。

从会计的角度划分,固定资产一般分为生产用固定资产、非生产用固定资产、租出固定资产、未使用固定资产、不需用固定资产、融资租赁固定资产、接受融资固定资产等。

(二)固定资产的初始计量

固定资产的初始计量是指固定资产的取得成本。取得成本包括企业为构建某项固定资产,在其达到预定可使用状态前所发生的一切合理的、必要的支出。在实务中,企业取得固定资产的方式是多种多样的,包括外购、自行建造、租入以及其他方式等,如图 2-19 所示。取得的方式不同,其成本的具体构成内容及确定方法也不尽相同。

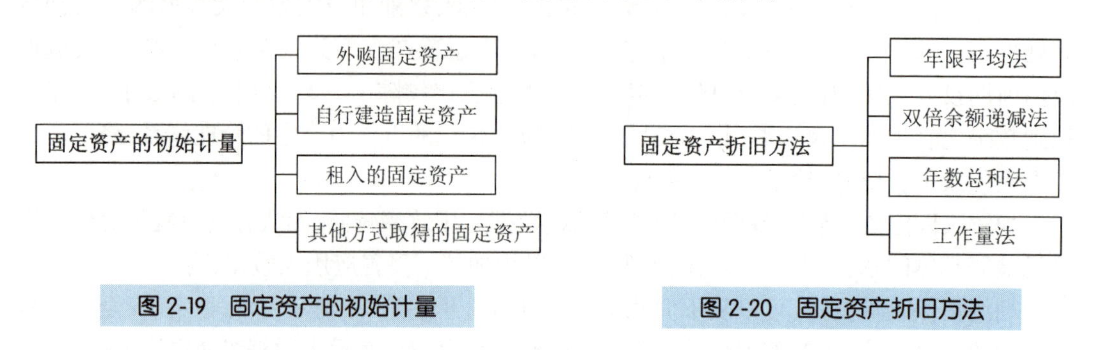

图 2-19 固定资产的初始计量

图 2-20 固定资产折旧方法

(三)固定资产的后续计量

固定资产的后续计量主要包括固定资产折旧的计量和固定资产的后续支出的计量。这里主要介绍固定资产折旧。

企业应当根据与固定资产有关的经济利益和预期实现方式,合理选择固定资产的折旧方法。可以选择的折旧方法有年限平均法、双倍余额递减法、年数总和法、工作量法等(图 2-20)。固定资产的折旧方法一经确定就不得随意变更。

固定资产应该按月进行计提折旧,并根据其用途计入相关资产的成本或者当期损益。

下面介绍几种固定资产的折旧方法。

1. 年限平均法

年限平均法又称直线法,是指将固定资产的应计折旧额均衡地分摊到固定资产预计使用寿命内的一种方法。采用这种方法计算的每期折旧额均相等。计算公式如下:

年折旧率=(1-预计净残值率)÷预计使用寿命(年)×100%

月折旧率=年折旧率÷12

月折旧额=固定资产原价×月折旧率

2. 双倍余额递减法

双倍余额递减法,是指在不考虑固定资产预计净残值的情况下,根据每期期初固定资产

原值减去累计折旧后的金额和双倍的直线法折旧率计算固定资产折旧的一种方法。计算公式如下：

年折旧率=2÷预计的折旧年限×100%

年折旧额=固定资产期初折余价值×年折旧率

月折旧率=年折旧率÷12

月折旧额=年初固定资产折余价值×月折旧率

固定资产期初账面净值=固定资产原值-累计折旧

最后两年的每年折旧额=(固定资产原值-累计折旧-资产减值准备-预计净残值)÷2

3. 年数总和法

年数总和法又称年限合计法，是指将固定资产的原值减去预计净残值后的余额，乘以一个以固定资产尚可使用年数为分子、以预计使用寿命逐年数字之和为分母的逐年递减的分数计算每年的折旧额。计算公式如下：

年折旧率=尚可使用年数÷年数总和×100%

年折旧额=(固定资产原值-预计净残值)×年折旧率

月折旧率=年折旧率÷12

月折旧额=(固定资产原值-预计净残值)× 月折旧率

4. 工作量法

工作量法是根据实际工作量计算每期应提折旧额的一种方法。计算公式如下：

单位工作量折旧额=固定资产原值×(1-预计净残值率)÷预计总工作量

某项固定资产月折旧额=该项固定资产当月工作量×单位工作量折旧额

二、相关函数及数据处理方法

1. 数值四舍五入函数 round()

在数据处理中，数值的处理通常要进行小数位的精度设置。常用的办法是四舍五入。Python 中提供了 round()函数来实现对数值的四舍五入操作。round()函数的语法为

```
round(x,[n])
```

语法中参数 x 表示要处理的数值，n 表示小数位的个数。例如：round(12.456,2)返回 12.46。

若需要处理的数据量大，则可以使用 lambda 语法，通过匿名函数方式实现批量处理。例如，以下代码即实现了对列表 list 中数值进行批量四舍五入的处理。

```
list=[100.123,123.456]
for i in map(lambda x:round(x,2),list):
print(i)
```

上述代码输出结果为 100.12、123.46。

2. 数据分组函数 groupby()

数据分组是数据分析与处理中使用较频繁的操作,Python 支持在 Series 和 DataFrame 上执行分组,并且 DataFrame 支持按行或列的方向进行分组。另外,在分组后通常还会执行聚合(求和、求平均等)操作。

groupby()函数的简单用法为:groupby(分组字段名列表)。groupby()函数执行后并不直接返回数据表,而是返回 DataFrameGroupBy 类型对象,因此 groupby()函数通常会结合聚合操作使用。例如:

(1) 代码“df.groupby('科目').mean(['成绩'])”的含义为根据 df 数据表中的“科目”列进行分组,然后对每个分组中的“成绩”列的值求平均。

(2) 代码“df.groupby(['科目','姓名']).mean(['成绩'])”的含义为根据“科目”“姓名”两列的值进行分组,然后对每个分组中的“成绩”列的值求平均。

任务实施

一、任务要求

某科技有限公司因为固定资产前期的损耗比较大,企业觉得直线法摊销不是特别合理,会计小王提出可以采用双倍余额递减法来计提折旧。请根据企业的固定资产信息计算出各类别固定资产的年折旧额。请根据任务操作步骤要求完成操作。

二、任务操作

(1) 导入包。

```
import pandas as pd  #导入 pandas 库并命名为 pd
import numpy as np  #导入 numpy 库并命名为 np
```

(2) 读取“固定资产 3.xlsx”工作簿中的工作表,赋值给 data,结果如图 2-21 所示。

```
data=pd.read_excel('excel/SD 财务数据分析案例集/固定资产 3.xlsx')
data.head()
```

	资产编号	资产名称	类别名称	使用状况	使用部门	使用年限	残值率	折旧方法	原值
0	1001	电脑HP	电子设备	在用	专设销售机构	3	0.04	双倍余额递减法	15000.77
1	1002	会议桌椅	工具器具及家具	在用	办公室	5	0.04	双倍余额递减法	25900.90
2	1003	办公楼D	房屋及建筑物	在用	采购部门	20	0.04	双倍余额递减法	994000.31
3	1004	厂房B	房屋及建筑物	在用	生产车间	20	0.04	双倍余额递减法	732230.89
4	1005	机器设备Z	机器设备	在用	生产车间	10	0.04	双倍余额递减法	100231.75

图 2-21 固定资产示例数据

（3）根据不同的使用年限，按双倍余额递减法计算每一年的折旧，将所有的表存放在 dfs 列表中，结果如图 2-22 所示。

```
1   dfs=[]
2   for year,df in data.groupby('使用年限'):
3     amounts=0
4     yearlyDepre=2/year
5     period=list(i for i in range(1,year+1))
6     for i in period:
7       if i == 1:
8         df['第'+str(i)+'年']=round(df['原值']* yearlyDepre,2)
9       elif year-i<2:
10        df ['第'+str(i)+'年']=round((df['原值']-amounts-df['原值']*
            df['残值率'])/2,2)
11      else:
12        df ['第'+str(i)+'年']=round((df['原值']-amounts)* yearly-
            Depre,2)
13      if year-i<2:
14        amounts += 0
15      else:
16        amounts += df['第'+str(i)+'年']
17    display(df)
18    dfs.append(df)
```

代码详解：

第 1 行：定义空列表 dfs。

第 2 行：对 data 数据表根据“使用年限”列进行分组，并遍历每个分组，使用 year 变量保存分组的使用年限，df 表示分组数据。

第 3 行：定义变量 amounts 表示累计折旧额，初始为 0。

第 4 行：计算折旧率。

第 5 行：根据使用年限生成[1—使用年限]的列表 period。

第 6 行：遍历年限列表。

第 7 行：如果是第 1 年，则执行第 8 行代码计算折旧额。公式：原值×折旧率。

第 9 行：如果是最后 2 年，则执行第 10 行代码计算折旧额。公式：（原值−累计折旧额−残值额）÷ 2。

第 11 行：否则（不是第 1 年，也不是最后 2 年）执行第 12 行代码计算折旧额。公式：（原值−累计折旧额）×折旧率。

第 13—16 行：如果是最后 2 年，则累计折旧额以 0 递增；否则，累计折旧额以每年的折旧额递增。

第 17—18 行：输出 df，并将 df 追加到列表 dfs 中。

	资产编号	资产名称	类别名称	使用状况	使用部门	使用年限	残值率	折旧方法	原值	第1年	第2年	第3年
0	1001	电脑HP	电子设备	在用	专设销售机构	3	0.04	双倍余额递减法	15000.77	10000.51	2200.11	2200.11
10	1011	格力空调	电子设备	在用	生产车间	3	0.04	双倍余额递减法	200075.94	133383.96	29344.47	29344.47
11	1012	联想电脑	电子设备	在用	生产车间	3	0.04	双倍余额递减法	180023.67	120015.78	26403.47	26403.47
12	1013	电脑HP	电子设备	在用	专设销售机构	3	0.04	双倍余额递减法	9057.90	6038.60	1328.49	1328.49
13	1014	美的空调	电子设备	在用	专设销售机构	3	0.04	双倍余额递减法	4399.56	2933.04	645.27	645.27
14	1015	松下空调	电子设备	在用	采购部门	3	0.04	双倍余额递减法	5020.90	3347.27	736.40	736.40
15	1016	联想电脑	电子设备	在用	采购部门	3	0.04	双倍余额递减法	9002.82	6001.88	1320.41	1320.41
16	1017	联想电脑	电子设备	在用	财务部门	3	0.04	双倍余额递减法	13501.90	9001.27	1980.28	1980.28
17	1018	格力空调	电子设备	在用	财务部门	3	0.04	双倍余额递减法	5030.78	3353.85	737.85	737.85
18	1019	打印机	电子设备	在用	财务部门	3	0.04	双倍余额递减法	5036.19	3357.46	738.64	738.64
19	1020	电脑DELL	电子设备	在用	办公室	3	0.04	双倍余额递减法	13523.56	9015.71	1983.45	1983.45
20	1021	苹果电脑	电子设备	在用	研发部门	3	0.04	双倍余额递减法	18980.68	12653.79	2783.83	2783.83
21	1022	华帝油烟机	电子设备	在用	福利部门	3	0.04	双倍余额递减法	2037.20	1358.13	298.79	298.79
27	1028	格力空调	电子设备	在用	办公室	3	0.04	双倍余额递减法	35070.80	23380.53	5143.72	5143.72
28	1029	美的空调	电子设备	在用	财务部门	3	0.04	双倍余额递减法	12072.05	8048.03	1770.57	1770.57
31	1032	联想电脑	电子设备	在用	研发部门	3	0.04	双倍余额递减法	30028.10	20018.73	4404.12	4404.12
36	1037	联想电脑	电子设备	在用	采购部门	3	0.04	双倍余额递减法	5801.45	3867.63	850.88	850.88
42	1043	华帝灶具	电子设备	在用	福利部门	3	0.04	双倍余额递减法	1367.52	911.68	200.57	200.57
43	1044	华帝燃气热水器	电子设备	在用	福利部门	3	0.04	双倍余额递减法	1692.31	1128.21	248.20	248.20

	资产编号	资产名称	类别名称	使用状况	使用部门	使用年限	残值率	折旧方法	原值	第1年	第2年	第3年	第4年
8	1009	福特汽车	运输工具	在用	办公室	4	0.04	双倍余额递减法	165004.66	82502.33	41251.16	17325.49	17325.49
9	1010	东风汽车	运输工具	在用	财务部门	4	0.04	双倍余额递减法	280033.76	140016.88	70008.44	29403.54	29403.54
30	1031	丰田汽车	运输工具	在用	专设销售机构	4	0.04	双倍余额递减法	250038.89	125019.44	62509.73	26254.08	26254.08
33	1034	大众汽车	运输工具	在用	采购部门	4	0.04	双倍余额递减法	180011.60	90005.80	45002.90	18901.22	18901.22
41	1042	现代汽车	运输工具	在用	专设销售机构	4	0.04	双倍余额递减法	300450.23	150225.12	75112.55	31547.28	31547.28

	资产编号	资产名称	类别名称	使用状况	使用部门	使用年限	残值率	折旧方法	原值	第1年	第2年	第3年	第4年	第5年
1	1002	会议桌椅	工具器具及家具	在用	办公室	5	0.04	双倍余额递减法	25900.90	10360.36	6216.22	3729.73	2279.28	2279.28
32	1033	文件柜	工具器具及家具	在用	财务部门	5	0.04	双倍余额递减法	160030.40	64012.16	38407.30	23044.38	14082.67	14082.67
35	1036	餐桌椅	工具器具及家具	在用	福利部门	5	0.04	双倍余额递减法	165023.66	66009.46	39605.68	23763.41	14522.08	14522.08

	资产编号	资产名称	类别名称	使用状况	使用部门	使用年限	残值率	折旧方法	原值	第1年	第2年	第3年	第4年	第5年	第6年	第7年	第8年	第9年	第10年
4	1005	机器设备Z	机器设备	在用	生产车间	10	0.04	双倍余额递减法	100231.75	20046.35	16037.08	12829.66	10263.73	8210.99	6568.79	5255.03	4204.02	6403.42	6403.42
5	1006	机器设备X	机器设备	在用	生产车间	10	0.04	双倍余额递减法	65045.40	13009.08	10407.26	8325.81	6660.65	5328.52	4262.82	3410.25	2728.20	4155.50	4155.50
6	1007	机器设备F	机器设备	在用	生产车间	10	0.04	双倍余额递减法	135022.88	27004.58	21603.66	17282.93	13826.34	11061.07	8848.86	7079.09	5663.27	8626.08	8626.08
7	1008	机器设备G	机器设备	在用	生产车间	10	0.04	双倍余额递减法	70005.27	14001.05	11200.84	8960.68	7168.54	5734.83	4587.87	3670.29	2936.23	4472.36	4472.36
22	1023	机器设备A	机器设备	在用	生产车间	10	0.04	双倍余额递减法	2755078.24	551015.65	440812.52	352650.01	282120.01	225696.01	180556.81	144445.45	115556.36	176011.15	176011.15
23	1024	机器设备B	机器设备	在用	生产车间	10	0.04	双倍余额递减法	3517675.83	703535.17	562828.13	450262.51	360210.00	288168.00	230534.40	184427.52	147542.02	224730.52	224730.52
24	1025	机器设备C	机器设备	在用	生产车间	10	0.04	双倍余额递减法	435590.85	87118.17	69694.54	55755.63	44604.50	35683.60	28546.88	22837.51	18270.00	27828.19	27828.19
25	1026	机器设备D	机器设备	在用	机修车间	10	0.04	双倍余额递减法	2400078.89	480015.78	384012.62	307210.10	245768.08	196614.46	157291.57	125833.26	100666.60	153331.63	153331.63
26	1027	机器设备E	机器设备	在用	装配车间	10	0.04	双倍余额递减法	114031.93	22806.39	18245.11	14596.09	11676.87	9341.49	7473.20	5978.56	4782.84	7285.05	7285.05
38	1039	厂房A	房屋及建筑物	在用	生产车间	10	0.04	双倍余额递减法	1085969.90	217193.98	173755.18	139004.15	111203.32	88962.65	71170.12	56936.10	45548.88	69378.36	69378.36
39	1040	机器设备H	机器设备	在用	生产车间	10	0.04	双倍余额递减法	86523.97	17304.79	13843.84	11075.07	8860.05	7088.04	5670.44	4536.35	3629.08	5527.68	5527.68
40	1041	机器设备K	机器设备	在用	生产车间	10	0.04	双倍余额递减法	1582350.67	316470.13	253176.11	202540.89	162032.71	129626.17	103700.93	82960.75	66368.60	101090.18	101090.18

	资产编号	资产名称	类别名称	使用状况	使用部门	使用年限	残值率	折旧方法	原值	第1年	...	第11年	第12年	第13年	第14年	第15年	第16年	第17年	第18年	第19年	第20年
2	1003	办公楼D	房屋及建筑物	在用	采购部门	20	0.04	双倍余额递减法	994000.31	99400.03	...	34658.65	31192.78	28073.51	25266.15	22739.54	20465.59	18419.03	16577.12	54717.05	54717.05
3	1004	厂房B	房屋及建筑物	在用	生产车间	20	0.04	双倍余额递减法	732230.89	73223.09	...	25531.31	22978.18	20680.36	18612.33	16751.10	15075.99	13568.39	12211.55	40307.34	40307.34
29	1030	办公楼A	房屋及建筑物	在用	专设销售机构	20	0.04	双倍余额递减法	6913461.55	691346.16	...	241057.50	216951.75	195256.57	175730.92	158157.83	142342.04	128107.84	115297.05	380567.51	380567.51
34	1035	办公楼B	房屋及建筑物	在用	办公室	20	0.04	双倍余额递减法	3039842.76	303984.28	...	105992.76	95393.49	85854.14	77268.72	69541.85	62587.67	56328.90	50696.01	167335.18	167335.18
37	1038	办公楼C	房屋及建筑物	在用	办公室	20	0.04	双倍余额递减法	2034585.89	203458.59	...	70941.62	63847.46	57462.71	51716.44	46544.80	41890.32	37701.29	33931.16	111998.50	111998.50

5 rows × 29 columns

图 2-22　固定资产折旧代码执行结果

（4）将dfs列表中的表格纵向合并，结果如图2-23所示。

```
new_df=pd.concat(dfs)
new_df.head()
```

	资产编号	资产名称	类别名称	使用状况	使用部门	使用年限	残值率	折旧方法	原值	第1年	...	第11年	第12年	第13年	第14年	第15年	第16年	第17年	第18年	第19年	第20年
0	1001	电脑HP	电子设备	在用	专设销售机构	3	0.04	双倍余额递减法	15000.77	10000.51	...	NaN	NaN	NaN	NaN	NaN	NaN	NaN	NaN	NaN	NaN
10	1011	格力空调	电子设备	在用	生产车间	3	0.04	双倍余额递减法	200075.94	133383.96	...	NaN	NaN	NaN	NaN	NaN	NaN	NaN	NaN	NaN	NaN
11	1012	联想电脑	电子设备	在用	生产车间	3	0.04	双倍余额递减法	180023.67	120015.78	...	NaN	NaN	NaN	NaN	NaN	NaN	NaN	NaN	NaN	NaN
12	1013	电脑HP	电子设备	在用	专设销售机构	3	0.04	双倍余额递减法	9057.90	6038.60	...	NaN	NaN	NaN	NaN	NaN	NaN	NaN	NaN	NaN	NaN
13	1014	美的空调	电子设备	在用	专设销售机构	3	0.04	双倍余额递减法	4399.56	2933.04	...	NaN	NaN	NaN	NaN	NaN	NaN	NaN	NaN	NaN	NaN

5 rows × 29 columns

图2-23 固定资源表格纵向合并结果

（5）将“按双倍余额递减法计提折旧.xlsx”工作簿导出，并去掉索引。

```
new_df.to_excel('按双倍余额递减法计提折旧.xlsx',index=False)
```

任务四 应用Python分析职工薪酬业务数据

任务描述

职工薪酬管理是企业经营管理的重要内容之一。大数据、云会计等信息技术为职工薪酬核算、管理与控制提供了技术支撑。企业应以大数据为工具，对职工薪酬相关的现金流、业务流和信息流进行理论分析，构建基于业财一体化的职工薪酬管理方法，从职工薪酬业财一体化管控平台等方面详细分析此方法的应用价值，从而为企业职工薪酬管理提供借鉴与指导。

案例导入

华为公司从一个注册资金仅2万元的小公司发展到现在的电子百强企业，它的快速成长得到了世界各国的肯定，而实施具有竞争性的薪酬战略是华为快速发展的关键。

华为薪酬管理制度主要包括以下五个基本原则：公平、竞争、激励、经济、合法。公平，指相同岗位的不同员工享受同等级的薪酬待遇，同时根据员工绩效、服务年限、工作态度等方面的表现不同，对职级、薪级进行动态调整，可上可下。竞争，指公司的薪酬水平在同行业和同区域有一定的竞争优势。激励，指制订具有上升和下降空间的动态管理机制，对相同职级的薪酬实行区域管理，充分调动员工的积极性和责任心。经济，指在考虑公司承受能力、利润和合理积累的情况下，合理确定薪酬水平，使员工与企业能够实现利益共享。合法，指薪酬制度应建立在遵守国家法律法规、相关政策和公司管理制度的基础上。

此外，华为薪酬管理制度还兼顾以下几个原则：与公司经营战略相适应，适应公司文化和核心价值观，与公司发展状况紧密结合。

知识储备

一、职工薪酬业务数据分析相关基础知识

职工薪酬是指企业为获得职工提供的服务或解除劳动关系而给予的各种形式的报酬或补偿，具体包括短期薪酬、离职后福利、辞退福利和其他长期职工福利。企业提供给职工配偶、子女、被赡养人以及已故员工遗属和其他受益人等的福利，也属于职工薪酬。

（一）职工薪酬的具体范围

职工薪酬的具体范围如图 2-24 所示。

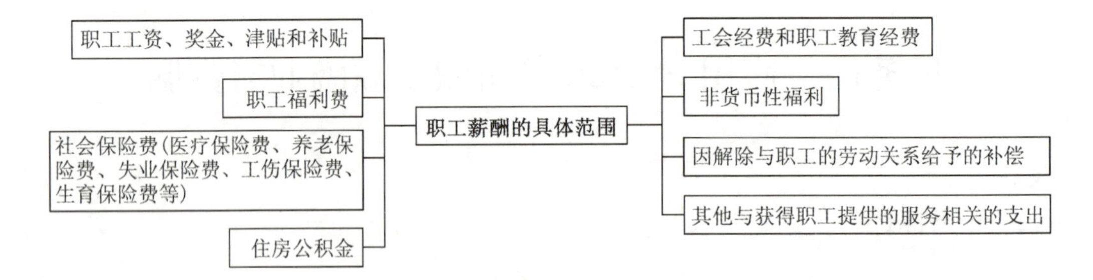

图 2-24　职工薪酬的具体范围

（二）职工薪酬的分析方向

职工薪酬业务可以从内部和外部的指标来分析。

1. 职工薪酬内部指标（图 2-25）

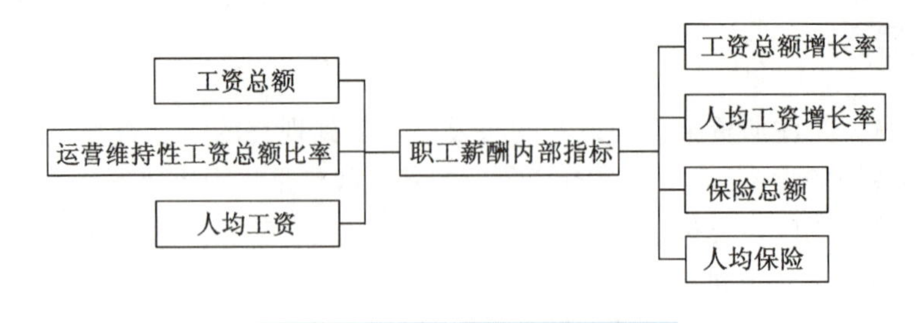

图 2-25　职工薪酬内部指标

工资总额指企业所有员工的应发工资总额。

运营维持性工资总额比率指报告期内企业用于实现和维持企业运营目标任务的工资额与工资总额的比例。通过有效区分维持性和投资性人力支出，可以更加科学和客观地了解

对于人员方面的支出,因为有部分人力支出产生的效果具有递延性,可能会跨度到第二年、第三年,甚至更长。在做区分时,一般按照公司、职能进行区分。

人均工资指企业平均每位员工的工资额。一般可以结合员工分类统计数据,也可以结合不同的时间跨度进行统计,这样就可以通过二维角度来分析实际问题。

工资总额增长率指企业工资总额同上年度相比所增加的比例。一般可以结合员工分类、分层级进行统计。

人均工资增长率指企业人均工资同上年度相比所增加的比例。一般情况下,同期工资增长率应该比销售收入增长率小。如果同期工资增长率大于销售收入增长率,表明工资增长速度快于销售收入的增长速度,企业的人力成本增长过快。

保险总额指企业为其所有员工按法规所缴纳的社会保险的费用总额,主要包括养老保险、失业保险、医疗保险、工伤保险、生育保险和住房公积金,即"五险一金"费用。数据库数据收集中需要明确养老保险、失业保险、医疗保险、工伤保险、生育保险、住房公积金所缴纳总额。

人均保险指企业为每位员工平均所缴纳的社会保险金额。

2. 职工薪酬外部指标(图 2-26)

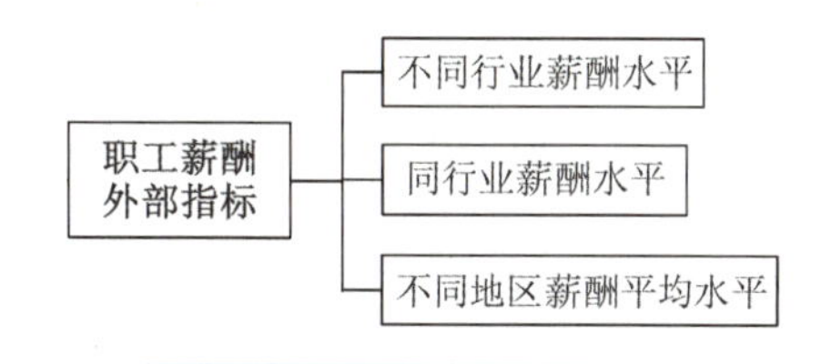

图 2-26 职工薪酬外部指标

不同行业薪酬水平指国内不同行业平均薪酬水平状况。通过比较某公司所处行业薪酬水平与不同行业平均薪酬水平,可以反映某公司所处行业的特点和薪酬总体水平。

同行业薪酬水平指国内相同行业平均薪酬水平状况。通过比较某公司薪酬水平与同行业薪酬水平,可以反映该公司的薪酬水平在行业内的吸引力。

不同地区薪酬平均水平指国内一、二、三线城市的薪酬平均水平。通过比较某公司薪酬水平与不同地区薪酬平均水平,可以为该公司制定有竞争力的薪酬体系提供参考依据。

以上三项职工薪酬外部指标可以通过外部权威网站、咨询公司、薪酬数据调查机构等获得。

二、相关函数及数据处理方法

1. drop()函数

Pandas 中 drop()函数用于删除 Series 的元素或 DataFrame 的某一行(列)或某几行(列),使用方法如下:

```
drop([ ],axis=0,inplace=False)
```

默认情况下删除某一行或某几行,如果要删除列必须设置 axis=1。

注意: inplace 为 True 则表示在原数据上操作,为 False 表明在原数据的副本上操作。

2. 导入绘图库

```
from matplotlib import pyplot as plt
```

Matplotlib 是 Python 的一个绘图库，是 Python 中最常用的可视化工具之一，可以非常方便地创建二维图表和一些基本的三维图表。

Matplotlib 以各种硬复制格式和跨平台的交互式环境生成出版质量级别的图形。开发者仅需要用几行代码便可以生成折线图、直方图、柱状图、条形图、散点图等。

Python 是 Matplotlib 的子库，是常用的绘图模块，使用它可以方便地绘制二维图形。

任务实施

一、任务要求

请根据某机械制造有限公司的人员工资表分析该公司内不同岗位的待遇情况。请根据任务操作步骤要求完成操作。

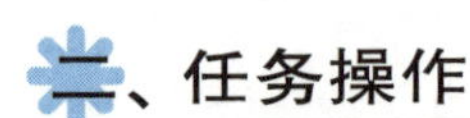

二、任务操作

（1）导入数据文件，结果如图 2-27 所示。

```
import pandas as pd
df=pd.read_excel('execl/SD 财务数据分析案例集/人员工资表.xlsx').
  fillna(0)
df
```

	Unnamed: 0	姓名	部门	岗位	基本工资	考勤实际天数	考勤工资	绩效工资	社保基数	专项附加扣除	上期累计应纳税所得	应发工资	专项扣除	本期应纳税所得额	本期累计应纳所得额	上期累计应纳税额	本期累计应纳税额	本期应纳税额	实发工资
0	0	张元元	办公室	总经理	14000	21.75	14000.00	5000.0	19000	1000	23240	19000.00	3895.0	9105.00	32345.00	697.20	970.35	273.15	14831.85
1	1	李金龙	办公室	采购员	5000	21.75	5000.00	2600.0	7600	1000	10453	7600.00	1558.0	42.00	10495.00	313.59	314.85	1.26	6040.74
2	2	王小丽	办公室	采购员	4000	21.75	4000.00	1100.0	5100	0	0	5100.00	1045.5	0.00	0.00	0.00	0.00	0.00	4054.50
3	3	王峰	财务部	财务经理	5500	21.75	5500.00	3000.0	8500	2000	45	8500.00	1742.5	0.00	45.00	1.35	1.35	0.00	6757.50
4	4	李可	财务部	会计	5000	27.55	6333.33	2300.0	7300	0	13452	8633.33	1496.5	2136.83	15588.83	403.56	467.66	64.10	7072.73
...	...	...	...	...	...	...	...	...	...	...	...	...	...	...	...	...	...	...	...
642	642	马晨	生产部	生产工人	3400	21.75	3400.00	0.0	3400	0	0	3400.00	697.0	0.00	0.00	0.00	0.00	0.00	2703.00
643	643	马源	生产部	生产工人	6500	21.75	6500.00	1000.0	7500	0	0	7500.00	1537.5	962.50	962.50	0.00	28.88	28.88	5933.62
644	644	马文	生产部	生产工人	5000	21.75	5000.00	100.0	5100	0	0	5100.00	1045.5	0.00	0.00	0.00	0.00	0.00	4054.50
645	645	马文	生产部	生产工人	5000	21.75	5000.00	100.0	5100	0	0	5100.00	1045.5	0.00	0.00	0.00	0.00	0.00	4054.50
646	646	马乙	生产部	生产工人	3400	21.75	3400.00	0.0	3400	0	0	3400.00	697.0	0.00	0.00	0.00	0.00	0.00	2703.00

647 rows × 19 columns

图 2-27　人员工资示例数据

（2）删除名称为“Unnamed：0”的列，结果如图 2-28 所示。

```
df=df.drop('Unnamed: 0',axis=1)
df
```

	姓名	部门	岗位	基本工资	考勤实际天数	考勤工资	绩效工资	社保基数	专项附加扣除	上期累计应纳税所得	应发工资	专项扣除	本期应纳税所得额	本期累计应纳所得额	上期累计应纳税额	本期累计应纳税额	本期应纳税额	实发工资
0	张元元	办公室	总经理	14000	21.75	14000.00	5000.0	19000	1000	23240	19000.00	3895.0	9105.00	32345.00	697.20	970.35	273.15	14831.85
1	李金龙	办公室	采购员	5000	21.75	5000.00	2600.0	7600	1000	10453	7600.00	1558.0	42.00	10495.00	313.59	314.85	1.26	6040.74
2	王小丽	办公室	采购员	4000	21.75	4000.00	1100.0	5100	0	0	5100.00	1045.5	0.00	0.00	0.00	0.00	0.00	4054.50
3	王峰	财务部	财务经理	5500	21.75	5500.00	3000.0	8500	2000	45	8500.00	1742.5	0.00	45.00	1.35	1.35	0.00	6757.50
4	李可	财务部	会计	5000	27.55	6333.33	2300.0	7300	0	13452	8633.33	1496.5	2136.83	15588.83	403.56	467.66	64.10	7072.73
...	...	...	...	...	...	...	...	...	...	...	...	...	...	...	...	...	...	...
642	马霞	生产部	生产工人	3400	21.75	3400.00	0.0	3400	0	0	3400.00	697.0	0.00	0.00	0.00	0.00	0.00	2703.00
643	马源	生产部	生产工人	6500	21.75	6500.00	1000.0	7500	0	0	7500.00	1537.5	962.50	962.50	0.00	28.88	28.88	5933.62
644	马文	生产部	生产工人	5000	21.75	5000.00	100.0	5100	0	0	5100.00	1045.5	0.00	0.00	0.00	0.00	0.00	4054.50
645	马文	生产部	生产工人	5000	21.75	5000.00	100.0	5100	0	0	5100.00	1045.5	0.00	0.00	0.00	0.00	0.00	4054.50
646	马乙	生产部	生产工人	3400	21.75	3400.00	0.0	3400	0	0	3400.00	697.0	0.00	0.00	0.00	0.00	0.00	2703.00

647 rows × 18 columns

图 2-28　人员工资表删除多余列结果

（3）统计不同部门的平均考勤天数，结果如图 2-29 所示。

```
1   df_1 = df.pivot_table(values ='考勤实际天数', index ='部门',
      aggfunc='mean').round(2)
2   df_1
```

代码详解：

第 1 行：对 df 数据表进行数据透视，并将结果保存到 df_1 中。数据透视表根据“部门”进行分组，对每组“考勤实际天数”的数据计算平均值并四舍五入保留 2 位小数。

第 2 行：输出 df_1。

	考勤实际天数
部门	
办公室	21.75
生产部	21.67
财务部	26.67
销售部	21.27

图 2-29　统计不同部门的平均考勤天数

（4）绘制部门平均考勤天数对比图，如图 2-30 所示。

```
1   from matplotlib import pyplot as plt
2   plt.rcParams['font.family']='SimHei'
3   plt.rcParams['axes.unicode_minus']=False
4   plt.rcParams['font.size']=22
5   df_1.plot(kind='bar', figsize=(18,6), title='考勤实际天数对比
      图', rot=0, color='red')
6   plt.xlabel('部门')
7   plt.ylabel('考勤天数')
8   for a,y in enumerate(df_1['考勤实际天数']):
9     plt.text(a,y+0.5,"%s" % y)
```

代码详解：

第 1 行：从 Matplotlib 库中导入 Pyplot 模块，并命名为 plt。

第 2—4 行：设置图表参数，第 2 行设置中文字体为黑体，第 3 行设置正常显示负号，第 4 行设置字体大小为 22 。

第 5 行：调用 df_1 数据表的 plot()函数绘制柱状图，其中，参数 kind='bar'表示图表类型为柱状图，figsize 表示图表大小，title 表示图表标题，rot=0 表示轴标签文本不旋转，color='red'表示图表颜色为红色。

第 6—7 行：分别设置 x 轴和 y 轴的标签文本。

第 8—9 行：遍历 df_1 数据表中"考勤实际天数"列数据。enumerate() 函数用于将一个可遍历的数据对象组合为一个索引序列。for 循环中 a 变量为数字索引(从 0 开始)，y 变量保存每次循环取出的值，本例中 y 变量保存了每个部门的考勤天数。plt.text()函数用于在图表中绘制每个部门的考勤天数(数据标注)，参数 a 表示 x 轴位置，y+0.5 表示 y 轴位置。

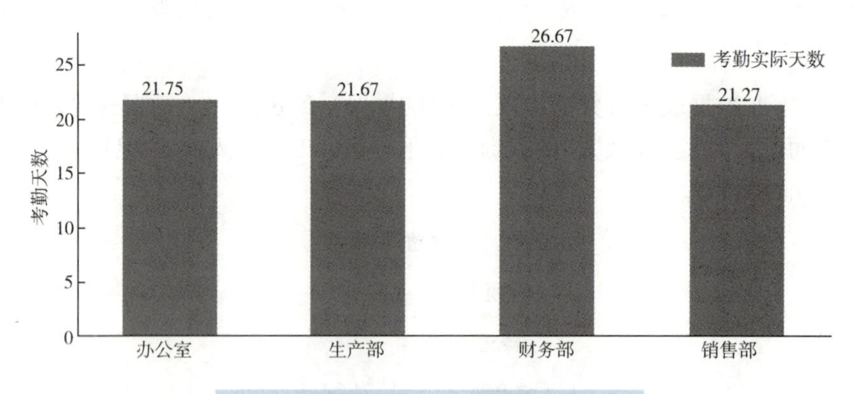

图 2-30　部门平均考勤天数对比图

(5) 统计不同岗位的平均基本工资、平均社保基数、平均实发工资，并按实发工资从高到低排序，结果如图 2-31 所示。

```
1  df_2=df.pivot_table(values=['基本工资','社保基数','实发工资'],
     index='岗位',aggfunc='mean').round(2)
2  df_2=df_2.sort_values(by='实发工资',ascending=False).reset_
     index()
3  df_2
```

代码详解：

第 1 行：对数据表 df 进行数据透视，并将结果保存到 df_2 中。数据透视表根据"岗位"进行分组，并对"基本工资""社保基数""实发工资"三列的值计算均值，同时设置透视表中数值保留 2 位小数。

第 2 行：将各岗位按实发工资从高到低排序。

第 3 行：输出 df_2。

	岗位	基本工资	实发工资	社保基数
0	总经理	14000.00	14831.85	19000.00
1	生产经理	10000.00	10174.95	13000.00
2	销售经理	9000.00	9651.40	12100.00
3	高级技工	9333.33	8264.31	10900.00
4	会计	5000.00	7072.73	7300.00
5	财务经理	5500.00	6757.50	8500.00
6	出纳	4000.00	5176.76	5200.00
7	业务员	5100.00	5114.91	6616.00
8	采购员	4500.00	5047.62	6350.00
9	生产工人	5001.84	4236.51	5339.15
10	质检员	4000.00	3527.68	4900.00

图 2-31 按岗位统计基本工资、实发工资和社保基数均值

(6) 将以上岗位待遇绘制成条形对比图,结果如图 2-32 所示。

```
1  from matplotlib import pyplot as plt
2  plt.rcParams['font.family']='SimHei'
3  plt.rcParams['axes.unicode_minus']=False
4  plt.rcParams['font.size']=22
5  fig=plt.figure(figsize=(22,8),dpi=80)
6  a=range(len(df_2['岗位']))
7  y_1=df_2['基本工资']
8  y_2=df_2['实发工资']
9  y_3=df_2['社保基数']
10 bar_width=0.2
11 plt.bar(a,y_1,width=0.2,alpha=0.75,label='基本工资')
12 plt.bar([i+bar_width for i in a],y_2,width=0.2,alpha=0.75,
     label='实发工资')
13 plt.bar([i+bar_width* 2 for i in a ],y_3,width=0.2,alpha=0.
     75,label='社保基数')
14 plt.xticks([i+bar_width for i in a],df_2['岗位'])
15 plt.legend()
16 plt.xlabel('岗位')
17 plt.ylabel('单位:元')
18 plt.title('岗位待遇对比图')
19 for a,y in enumerate(y_1):
```

```
20    plt.text(a-0.2,y+100,"%s" % y)
21  for a,y in enumerate(y_2):
22    plt.text(a+0.1,y+500,"%s" % y)
23  for a,y in enumerate(y_3):
24    plt.text(a+0.2,y+1000,"%s" % y)
25  plt.show()
```

代码详解：

第 1 行：从 Matplotlib 库中导入 Pyplot 模块，并命名为 plt。

第 2—4 行：设置图表的全局参数，第 2 行设置中文字体为黑体，第 3 行设置正常显示负号，第 4 行设置字体大小为 22。

第 5 行：设置图表大小和分辨率。

第 6 行：创建列表 a，取值范围为从 0 到岗位个数-1。

第 7—9 行：依次从数据表 df_2 中获取“基本工资”“实发工资 ”“社保基数”三列的值，类型为 Series。

第 10 行：设置柱状图中每个“柱子”宽度为 0.2。

第 11—13 行：绘制柱状图，bar( )函数的第 1 个参数表示 x 轴坐标，第 2 个参数表示 y 轴值，width 表示宽度，alpha 表示透明度，label 表示图例的标签名。

第 14 行：设置 x 轴的刻度文本。

第 15 行：设置显示图例。

第 16—18 行：设置 x 轴和 y 轴的标签文本、图表的标题。

第 19—24 行：分别绘制数据项(柱子)的数据标注。

第 25 行：显示图表。

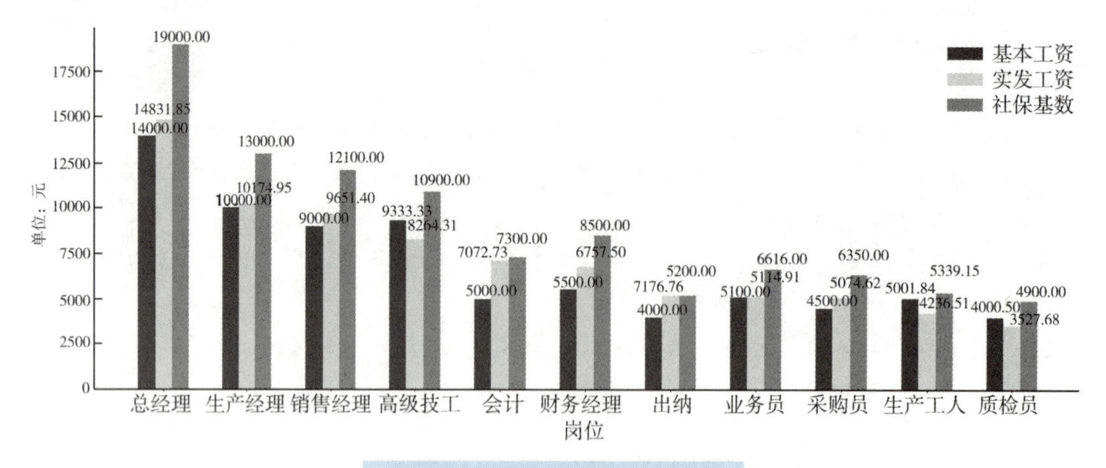

图 2-32　岗位待遇条形对比图

任务五 应用Python分析销售管理业务数据

任务描述

在大数据时代背景下,企业销售出现了新变化,传统销售方式逐渐落后于时代发展的潮流,企业需要把握机遇,充分认识大数据特征,并依靠大数据进行销售。与传统销售相比,大数据销售更具有挑战性,其可能获得的收益也更多。大数据以互联网为依托,企业可以调用互联网中的数据信息,把握用户的最新需求,并根据用户需求优化产品设计等。我国推行市场经济以来,全球化加速了国内市场和国外市场的整合,企业所处的市场环境更加复杂。大数据对国内外市场数据进行了汇总和分类,企业可以在第一时间了解到市场信息的变化。企业销售部门可以根据市场数据制订销售策略,提高销售效率,并抢在竞争对手之前推出新产品,从而创造更高的经济效益。

一方面,企业应该引入更多的技术资金,引进大数据技术,形成完善的客户数据库,并要求各部门共享信息,根据数据捕捉客户的消费动态,记录客户的消费行为,分析客户的消费习惯等,对客户的消费倾向进行有效预测。

另一方面,企业应该设计相应调研表格对竞争对手的产品信息进行获取,关注竞争对手的最新动态,并制订相应的销售方案,在竞争中占据有利位置。为了防止数据的泄露,企业应该采用数据加密技术等,对数据平台进行定期更新和维护。

案例导入

小米科技有限责任公司(以下简称“小米”)成立于2010年3月3日,是一家专注于智能硬件和电子产品研发的全球化移动互联网企业,同时也是一家专注于高端智能手机、互联网电视及智能家居生态链建设的创新型科技企业。小米创造了用互联网模式开发手机操作系统、发烧友参与开发改进的模式。

小米已经建成了全球最大消费类物联网平台,连接超过1亿台智能设备,进入全球100多个国家和地区。小米开发的手机操作系统MIUI(米柚)月活跃用户达到2.42亿。小米系投资的公司接近400家,覆盖智能硬件、生活消费用品、教育、游戏、社交网络、文化娱乐、医疗健康、汽车交通、金融等领域。

小米是以“降维打击”为核心,用互联网思维颠覆传统行业的经典案例,然而绝大多数创业者难以接受小米的毛利归零模式。实际上,核心产品的利润归零有利于获取海量用户。

在互联网时代,小米的配件、软件收入已经达到几十亿元,尽管小米的核心产品不赚钱,但这对企业的盈利并没有影响。对企业来说,只要能抓住用户,利润的获取只是时间的问题。

微信也是一个通过“降维打击”占领主要市场的经典案例。微信在一个全新的维度发起冲击，获取了海量用户，在移动互联网中率先建立起自己的生态圈。

“降维打击”就是一次颠覆性创新，而颠覆性创新的核心就是基于产品的创新。小米、微信都将产品做到了极致，并且产品创始人也是产品经理。

知识储备

一、销售管理业务数据分析相关基础知识

（一） 销售管理的基本情况

销售管理本身就是一个外向型的职能，是多变的、复杂的，所以在数据分析方面上也是复杂的，很难有一个典型的模板能够拿来就能用。

销售数据分析与一家企业的销售模式有很大的关系，该项工作没有统一的标准和规定，需要销售管理人员根据业务模式情况、市场情况和客户情况采用不同的方式来实施。

在电商销售模式下，商家更多的是关注网站或者店铺的数据分析，考虑更多的是流量、点击率、转化率、关注客户数、注册用户数、用户活跃度、订单量、客单价和营销费用的分析，还可以直接借助一些在线工具实现精准数据分析。例如，淘宝、天猫、京东等电商平台，这些平台本身就会提供一些数据分析的方法和工具，商家可以通过在线的方式即时地看到分析结果，也能够针对一个时间段、一次促销活动、一个产品等做出比较详细的分析。

如果是传统的分销模式，则生产厂家对数据的掌握就不如在电商模式下直接。电商平台可以提供全平台的数据作为分析的参照物，而传统行业只能依赖传统的零售监测平台。商家针对消费者需求的调研，也只能自己进行，没有平台的数据可以直接拿来使用。

有些公司销售数据比较健全，例如以会员为主题的连锁经营体系就会有比较详尽的数据。而对于匿名的销售模式，如连锁商超、连锁餐饮店等模式，商家不知道来店里的人是谁，无法跟踪，对他们的信息知道得也很少，所能分析的数据就只有收银数据，对未来预测的能力也非常弱。

无论是什么经营模式，商家都只能根据已有的数据来分析，没有数据的环节是无法分析的，要么投入高昂的费用去采集数据，要么进行抽样调查，所以在不同的模式下，要结合实际情况去进行数据分析。

（二）销售数据分析维度

对销售数据的分析可以从几个维度进行，如图 2-33 所示。企业需要结合数据的可用性、可采集性去采集更多的数据，因为任何数据都能够提供更多有价值的信息，协助管理者做出更好的决策。

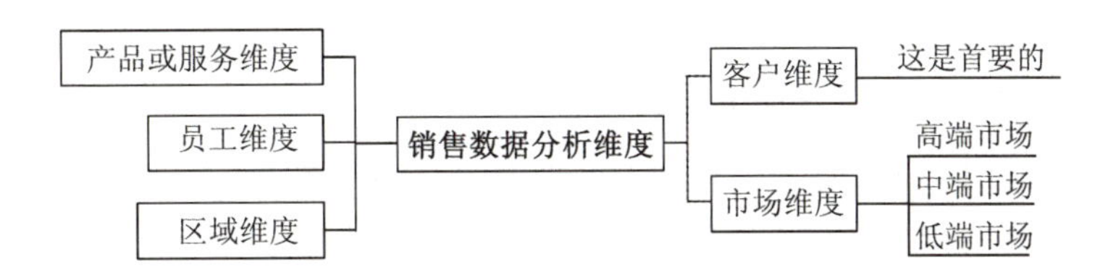

图 2-33 销售数据分析维度

二、使用的函数及数据处理方法

1. DataFrame.info()函数

Pandas库中DataFrame.info()函数用于显示DataFrame的摘要信息。在数据分析时,为了快速浏览数据集,可以使用DataFrame.info()功能。info函数in语法如下:

```
DataFrame.info(verbose=None,buf=None,max_cols=None,memory_
  usage=None,show_counts=None)
```

各参数的含义如下:

(1) verbose:指定是否打印完整的摘要信息。设置为True,则打印完整的摘要信息;设置为False,则省略一部分信息。

(2) buf:可写缓冲区,指定输出位置,默认将输出到sys.stdout。

(3) max_cols:指定显示时最大列数,当超出最大列数时会截断显示。

(4) memory_usage:指定是否应显示DataFrame元素(包括索引)的总内存使用情况。

(5) show_counts:指定是否显示非空计数。如果为True,则始终显示计数;如果为False,则从不显示计数。

2. merge()函数

merge()函数可以将两个DataFrame根据指定的键进行连接合并,此操作类似于关系数据库中的表连接操作。merge()函数的语法如下:

```
merge(left,right,how='inner',on=None,left_on=None,right_on=
  None,left_index=False,right_index=False,sort=False,suffixes=
  ('_x','_y'),copy=True,indicator=False,validate=None)
```

各参数的含义如下:

(1) left:指定待连接(合并)的左侧DataFrame对象。

(2) right:指定待连接(合并)的右侧DataFrame对象或已命名(列名)的Series。

(3) how:指定连接方式,可取值为left、right、outer、inner、cross,默认值为inner。各连接方式的含义如下:

① left:左连接,左侧数据表的关联键将全部取出。

② right:右连接,右侧数据表的关联键将全部取出。

③ outer:外连接,将左右数据表合并取出。

④ cross：交叉连接。

⑤ inner：内连接，取出左右数据表的交集部分。

(4) on：指定用于连接的列名，必须为两个 DataFrame 同时存在的列名。

(5) left_on：指定用于连接的左侧 DataFrame 中的列名。

(6) right_on：指定用于连接的右侧 DataFrame 中的列名。

(7) left_index：指定是否使用左侧 DataFrame 中的索引(行标签)作为连接键。对于具有 MultiIndex(分层)的 DataFrame，级别数必须与右侧 DataFrame 中的连接键数相匹配。

(8) right_index：与 left_index 功能相似。

(9) sort：按字典顺序对结果 DataFrame 进行排序。

(10) suffixes：两个数据集中出现的重复列，新数据集中加上后缀"_x""_y"进行区别。

(11) copy：是否避免重复数据。

(12) indicator：若此参数设置为 True，则会向输出结果中添加名称为"_merge"的列，列中的值会根据关联键在两表中存在的情况分别显示为 both(两表都存在)、left_only(只在左表中存在)、right_only(只在右表中存在)。

(13) validate：用于设置两表连接时的数据关系，取值为 one_to_one 表示一对一关系，one_to_many 表示一对多关系，many_to_one 表示多对一关系，many_to_many 表示多对多关系。

任务实施

一、任务要求

某商贸有限责任公司是一家线下生活体验店铺，相关管理人员想要了解公司 2020 年每月的利润变化趋势。请根据公司提供的销售数据表，将所有销售数据整合清洗，并分析出各品类的月利润，清晰地辨别出哪个月的利润最低，从而为后续进一步分析公司的业绩状况并判断企业的业绩变化类型奠定基础。请根据任务操作步骤要求完成操作。

二、任务操作

(1) 导入包。

```
import os
import pandas as pd
import numpy as np
```

(2) 提供的数据源包括 1—12 月各月销售数据表以及产品明细表、品类明细表共 14 张表。现在把 1—12 月销售数据表的内容整合到一起，结果如图 2-34 所示。

```
1  path="Dataset/销售数据"
2  filenames=os.listdir(path)
3  all_months_data=pd.DataFrame()
4  key='销售'
5  for filename in filenames:
6    if key in filename:
7      current_data=pd.read_excel(path+"/"+filename)
8      all_months_data=pd.concat([all_months_data,current_da-
         ta])
9  all_months_data
```

代码详解：

第 1 行：定义变量 path，保存 Excel 文件所在的目录。

第 2 行：调用 os 模块的 listdir 方法，获取 path 目录下所有文件列表。

第 3 行：创建空的 DataFrame 对象 all_months_data，用于保存最后合并数据。

第 4 行：定义变量 key，初始为“销售”。本例只汇总 path 目录下的销售数据 Excel 文件，文件名会包含“销售”两个字，定义变量 key 用于在第 6 行实现文件名筛选。

第 5 行：遍历 path 目录下所有文件名。

第 6 行：判断当前遍历的文件名是否包含“销售”两个字，若包含则执行第 7—8 行。

第 7—8 行：读取 Excel 文件为 DataFrame 对象 current_data，并将 current_data（重叠）合并到 all_months_data 中。

第 9 行：输出合并后的数据。

	客户id	产品id	订单日期	数量	销售额	单价
0	10000515.0	10029.0	2020-10-01	1.0	1.5	1.5
1	10000137.0	10086.0	2020-10-01	2.0	12.0	6.0
2	10000735.0	10089.0	2020-10-01	1.0	5.0	5.0
3	10000596.0	10131.0	2020-10-01	1.0	60.0	60.0
4	10000354.0	10154.0	2020-10-01	1.0	4.0	4.0
...	...	...	...	...	...	...
4122	10000090.0	70369.0	2020-09-30	1.0	20.0	20.0
4123	10000432.0	90185.0	2020-09-30	2.0	78.0	39.0
4124	10000031.0	90205.0	2020-09-30	1.0	10.0	10.0
4125	10000559.0	90241.0	2020-09-30	1.0	15.0	15.0
4126	10000407.0	100020.0	2020-09-30	1.0	8.0	8.0

52973 rows × 6 columns

图 2-34　2020 年销售数据

(3) 为了确定数据源里面是否存在异常值,用 DataFrame.info( ) 快速浏览数据集,结果如图 2-35 所示。

```
all_months_data.info()
```

```
<class 'pandas.core.frame.DataFrame'>
Int64Index: 52973 entries, 0 to 4126
Data columns (total 6 columns):
 #   Column  Non-Null Count  Dtype
---  ------  --------------  -----
 0   客户id    52957 non-null  float64
 1   产品id    52957 non-null  float64
 2   订单日期    52957 non-null  datetime64[ns]
 3   数量      52957 non-null  float64
 4   销售额     52957 non-null  float64
 5   单价      52957 non-null  float64
dtypes: datetime64[ns](1), float64(5)
memory usage: 2.8 MB
```

图 2-35 销售数据信息预览

(4) 通过上述方法查到数据集存在 16 条空值行,需要筛选出来,结果如图 2-36 所示。

```
1  nan_df=all_months_data[all_months_data.isna().any(axis=1)]
2  nan_df
```

代码详解:

第 1 行:本行代码可分为三个部分理解。

- all_months_data.isna( ) 部分:isna( ) 函数用于检测数据表中的缺失值,其会返回一个与原数据表大小相同的布尔值构成的 DataFrame。isna( ) 函数会检测每个值,若为空值(None,NaN)则用 True 表示,非空值用 False 表示。
- all_months_data.isna( ).any(axis=1) 部分:对 isna( ) 函数返回的布尔数据表进行逐行“汇总”,依次判断每行中的布尔值,若一行中存在 True 则返回 True,否则返回 False。最终 any( ) 函数返回一个布尔值构成的 Series。
- all_months_data[all_months_data.isna( ).any(axis=1)] 部分:应用上述返回的 Series 进行数据筛选,最终筛选出行内存在空值的数据行。

第 2 行:输出 all_months_data。

	客户id	产品id	订单日期	数量	销售额	单价
3875	NaN	NaN	NaT	NaN	NaN	NaN
4020	NaN	NaN	NaT	NaN	NaN	NaN
2902	NaN	NaN	NaT	NaN	NaN	NaN
2918	NaN	NaN	NaT	NaN	NaN	NaN
3001	NaN	NaN	NaT	NaN	NaN	NaN
259	NaN	NaN	NaT	NaN	NaN	NaN
485	NaN	NaN	NaT	NaN	NaN	NaN
2242	NaN	NaN	NaT	NaN	NaN	NaN
2293	NaN	NaN	NaT	NaN	NaN	NaN
2360	NaN	NaN	NaT	NaN	NaN	NaN
4822	NaN	NaN	NaT	NaN	NaN	NaN
3423	NaN	NaN	NaT	NaN	NaN	NaN
3815	NaN	NaN	NaT	NaN	NaN	NaN
162	NaN	NaN	NaT	NaN	NaN	NaN
373	NaN	NaN	NaT	NaN	NaN	NaN
67	NaN	NaN	NaT	NaN	NaN	NaN

图 2-36　销售数据空白行

（5）找到哪些是空值行之后，需要删除所有的空值行，结果如图 2-37 所示。

```
all_months_data=all_months_data.dropna(how='all')
```

代码解释：dropna 函数中“how='all'”表明一行中所有列为缺失值才将其丢弃。

	客户id	产品id	订单日期	数量	销售额	单价
0	10000515.0	10029.0	2020-10-01	1.0	1.5	1.5
1	10000137.0	10086.0	2020-10-01	2.0	12.0	6.0
2	10000735.0	10089.0	2020-10-01	1.0	5.0	5.0
3	10000596.0	10131.0	2020-10-01	1.0	60.0	60.0
4	10000354.0	10154.0	2020-10-01	1.0	4.0	4.0
...	...	...	...	...	...	...
4122	10000090.0	70369.0	2020-09-30	1.0	20.0	20.0
4123	10000432.0	90185.0	2020-09-30	2.0	78.0	39.0
4124	10000031.0	90205.0	2020-09-30	1.0	10.0	10.0
4125	10000559.0	90241.0	2020-09-30	1.0	15.0	15.0
4126	10000407.0	100020.0	2020-09-30	1.0	8.0	8.0

52957 rows × 6 columns

图 2-37　销售数据删除空值行

（6）读取“产品明细表.xlsx”并赋给变量 df，读取“品类明细表.xlsx”并赋给变量 df1，根据“品类 id”将 df 与 df1 拼接并赋给变量 df2，结果如图 2-38 所示。

```
1  df=pd.read_excel('excel/SD 财务数据分析案例集/销售数据 1/产品明细
     表.xlsx')
2  df1=pd.read_excel('excel/SD 财务数据分析案例集/销售数据 1/品类明
     细表.xlsx')
3  df2=pd.merge(df,df1,on=['品类 id'],how='left')
4  df2
```

代码解释：

第 3 行：调用 pandas.merge( ) 函数将 df、df1 数据表依据“品类 id”进行左连接，并将结果赋值给 df2。

	产品id	产品名称	品类id	成本价	品类名称
0	10001	牛皮纸笔记本	1	2.30	文具
1	10002	牛皮纸便签本	1	1.20	文具
2	10003	牛皮纸记事本	1	1.45	文具
3	10004	树叶日记本	1	9.70	文具
4	10005	手工相册小	1	6.50	文具
...	...	...	...	...	...
3309	21078	泰国Sivanna粉饼	2	26.00	个人保养用品
3310	21079	麦迪安93牙膏	2	10.00	个人保养用品
3311	21080	良品睫毛夹	2	8.00	个人保养用品
3312	21081	韩国爱敬北欧Smaland牙膏	2	9.50	个人保养用品
3313	21082	片仔癀皇后洗发水	2	25.00	个人保养用品

3314 rows × 5 columns

图 2-38　销售产品明细表和品类明细表拼接结果

(7) 根据“产品 id”将 all_months_data 和 df2 拼接并赋给变量 all_months_data，结果如图 2-39 所示。

```
all_months_data=pd.merge(all_months_data,df2,on=['产品 id'],how
  ='left')
all_months_data
```

	客户id	产品id	订单日期	数量	销售额	单价	产品名称	品类id	成本价	品类名称
0	10000515.0	10029.0	2020-10-01	1.0	1.5	1.5	创意中性笔	1	0.70	文具
1	10000137.0	10086.0	2020-10-01	2.0	12.0	6.0	零钱包	1	2.81	文具
2	10000735.0	10089.0	2020-10-01	1.0	5.0	5.0	零钱包	1	1.68	文具
3	10000596.0	10131.0	2020-10-01	1.0	60.0	60.0	女包	1	30.00	文具
4	10000354.0	10154.0	2020-10-01	1.0	4.0	4.0	金属笔筒	1	1.75	文具
...	...	...	...	...	...	...	...	...	...	...
52952	10000090.0	70369.0	2020-09-30	1.0	20.0	20.0	良品莫代尔无痕内裤	7	10.50	服装服饰
52953	10000432.0	90185.0	2020-09-30	2.0	78.0	39.0	zakka摆件	9	19.50	家居装饰摆设
52954	10000031.0	90205.0	2020-09-30	1.0	10.0	10.0	竹木置物架	9	5.00	家居装饰摆设
52955	10000559.0	90241.0	2020-09-30	1.0	15.0	15.0	香炉	9	7.00	家居装饰摆设
52956	10000407.0	100020.0	2020-09-30	1.0	8.0	8.0	复古手链	10	2.00	首饰饰品

52957 rows × 10 columns

图 2-39 销售数据拼接汇总

(8) 添加“利润”列和“月”列(根据订单日期提取月份),结果如图 2-40 所示。

```
1  all_months_data['利润']=all_months_data['销售额']-all_months_
     data['成本价']
2  all_months_data['月']=pd.to_datetime(all_months_data['订单日
     期']).dt.month
3  all_months_data
```

代码解释:
第 1 行:将“销售额”列的值减去“成本价”列的值,其结果作为新列添加到数据表中。
第 2 行:将“订单日期”列转换为日期格式后取出月份作为新列添加到数据表。

	客户id	产品id	订单日期	数量	销售额	单价	产品名称	品类id	成本价	品类名称	利润	月
0	10000515.0	10029.0	2020-10-01	1.0	1.5	1.5	创意中性笔	1	0.70	文具	0.80	10
1	10000137.0	10086.0	2020-10-01	2.0	12.0	6.0	零钱包	1	2.81	文具	9.19	10
2	10000735.0	10089.0	2020-10-01	1.0	5.0	5.0	零钱包	1	1.68	文具	3.32	10
3	10000596.0	10131.0	2020-10-01	1.0	60.0	60.0	女包	1	30.00	文具	30.00	10
4	10000354.0	10154.0	2020-10-01	1.0	4.0	4.0	金属笔筒	1	1.75	文具	2.25	10
...	...	...	...	...	...	...	...	...	...	...	...	...
52952	10000090.0	70369.0	2020-09-30	1.0	20.0	20.0	良品莫代尔无痕内裤	7	10.50	服装服饰	9.50	9
52953	10000432.0	90185.0	2020-09-30	2.0	78.0	39.0	zakka摆件	9	19.50	家居装饰摆设	58.50	9
52954	10000031.0	90205.0	2020-09-30	1.0	10.0	10.0	竹木置物架	9	5.00	家居装饰摆设	5.00	9
52955	10000559.0	90241.0	2020-09-30	1.0	15.0	15.0	香炉	9	7.00	家居装饰摆设	8.00	9
52956	10000407.0	100020.0	2020-09-30	1.0	8.0	8.0	复古手链	10	2.00	首饰饰品	6.00	9

52957 rows × 12 columns

图 2-40 销售数据添加“利润”和“月”两列

(9) 筛选出需要分析的列:“品类名称”“利润”“月”,结果如图 2-41 所示。

```
all_months_data=all_months_data[['品类名称','利润','月']]
all_months_data
```

	品类名称	利润	月
0	文具	0.80	10
1	文具	9.19	10
2	文具	3.32	10
3	文具	30.00	10
4	文具	2.25	10
...	...	...	...
52952	服装服饰	9.50	9
52953	家居装饰摆设	58.50	9
52954	家居装饰摆设	5.00	9
52955	家居装饰摆设	8.00	9
52956	首饰饰品	6.00	9

52957 rows × 3 columns

图 2-41　销售数据列筛选结果

(10) 根据不同的月份,分类汇总各品类的利润,结果如图 2-42 所示。

```
1  df_new=pd.pivot_table(all_months_data,index='月',columns='品
     类名称',values='利润',aggfunc=np.sum,fill_value=0,margins=
     True,margins_name='合计')
2  df_new.columns.name=''
3  df_new
```

代码详解:

第 1 行:调用 pandas.pivot_table( ) 函数在 all_months_data 数据表上创建数据透视表。在数据透视表中,将 all_months_data 中“月”列的数据分组后作为“行索引”,将 all_months_data 中“品类名称”作为“列索引”,并对“利润”列的值进行求和,使用 0 填充缺失值,同时显示行、列的汇总列,汇总行与列的名称为“合计”。

第 2 行:设置数据透视表中的列名为空。

第 3 行:显示数据透视表。

月	个人保养用品	厨房用品	家居装饰摆设	家纺	文具	服装服饰	生活日用品	电子数码及配件	绿植	食品饮料	首饰饰品	合计
1	43539.31	2655.25	1624.1	1256.90	2937.30	15946.15	10575.80	2015.8	2.3	1681.0	13.2	82247.11
2	60122.43	1417.45	1202.4	1942.60	4268.84	12426.40	11318.99	1716.2	9.2	848.0	34.0	95306.51
3	55303.10	1302.95	1293.8	1949.42	4344.78	14083.98	12879.05	1143.8	6.9	667.0	295.2	93269.98
4	52223.87	1112.25	1665.9	1600.00	3440.33	11384.30	10983.23	1505.3	0.0	903.0	341.0	85159.18
5	51483.75	1098.50	1104.9	2329.80	3241.51	12451.06	11308.97	1897.2	0.0	409.0	327.0	85651.69
6	51609.68	1287.05	660.8	1179.90	2643.49	10928.90	9606.62	1150.9	0.0	814.0	451.0	80332.34
7	53861.37	1132.70	1029.5	1439.60	2816.41	9714.60	10325.37	1014.0	0.0	1164.0	322.0	82819.55
8	60234.14	827.90	918.0	1533.50	3277.25	9660.50	10493.79	1374.3	0.0	698.0	519.0	89536.38
9	53739.64	738.70	1181.8	2258.00	2134.14	9712.30	9272.55	778.7	0.0	1029.0	206.5	81051.33
10	64229.53	595.75	1857.4	1849.30	2462.61	12474.65	9993.03	957.5	0.0	1749.0	196.0	96364.77
11	49766.08	819.45	1858.2	1420.20	1944.73	19712.65	9872.44	1257.5	24.4	1317.4	164.0	88157.05
12	43900.94	822.30	1759.6	840.00	2221.21	17633.20	10736.95	1399.5	24.4	1808.0	151.5	81297.60
合计	640013.84	13810.25	16156.4	19599.22	35732.60	156128.69	127366.79	16210.7	67.2	13087.4	3020.4	1041193.49

图 2-42 按月统计各品类利润

(11) 按月分类,统计每月利润,结果如图 2-43 所示。

```
1  df_new=all_months_data.groupby(['月']).sum()
2  df_new['利润']=df_new['利润'].apply(lambda x:round(x,2))
3  df_new=df_new.reset_index()
4  df_new
```

代码详解:

第 1 行: 对 all_months_data 数据表按“月”列的值进行分组,并对每个分组求和。此行执行后,df_new 数据表中行索引为月份,只有“利润”列。

第 2 行: 使用 lambda 表达式(匿名函数)将 df_new 数据表中“利润”列的值四舍五入,保留 2 位小数。

第 3 行: 重置 df_new 数据表的索引。重置后行索引为整数(0~11),列索引为['月','利润']。

	月	利润
0	1	82247.11
1	2	95306.51
2	3	93269.98
3	4	85159.18
4	5	85651.69
5	6	80332.34
6	7	82819.55
7	8	89536.38
8	9	81051.33
9	10	96364.77
10	11	88157.05
11	12	81297.60

图 2-43 月度利润统计

(12) 用折线图的形式展示利润最低的月份是哪个月,结果如图 2-44 所示。

```
1  from matplotlib import pyplot as plt
2  plt.rcParams['font.family']='SimHei'
3  plt.rcParams['axes.unicode_minus']=False
4  plt.rcParams['font.size']=22
5  plt.figure(figsize=(15,4))
6  x=df_new['月']
7  y=df_new['利润']
8  plt.plot(x,y)
9  plt.xlabel('月份')
10 plt.ylabel('利润/单元:元')
11 plt.title('每月利润变化趋势')
12 plt.legend(['利润'])
13 plt.xticks()
14 for a,b in zip(x,y):
15   plt.text(a,b,b,ha='center',va='bottom',fontsize=18)
```

代码详解:

第 1 行: 从 Matplotlib 库中导入 pyplot 模块,并命名为 plt。

第 2—4 行: 设置图表全局参数,第 2 行设置中文字体为黑体,第 3 行设置正常显示负号,第 4 行设置字体大小为 22。

第 5 行: 设置图表大小。

第 6—7 行: 从 df_new 数据表中取出"月"和"利润"两列的值并保存到变量 x、y 中。变量 x 与 y 的类型为 Series。

第 8 行: 绘制折线图。

第 9—10 行: 设置图表 x 轴和 y 轴的标签文本。

第 11 行: 设置图表的标题。

第 12 行: 设置图表的图例名称为"利润",并显示图例。

第 13 行: 设置图表显示 x 轴的刻度。

第 14—15 行: 将 x、y 两个 Series 对象打包为元组并循环遍历,循环变量 a 表示月份,b 表示利润数值。在循环体中使用 plt.text( ) 函数在图表中绘制文本,即折线上的数值。

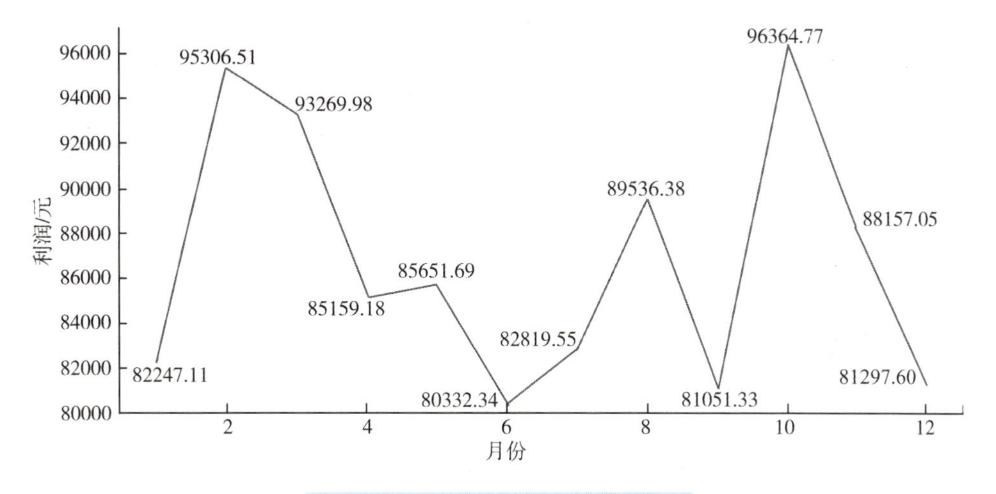

图 2-44　每月利润变化折线图

任务六　应用 Python 分析财务报表业务数据

任务描述

现今对财务分析的含义的解释有很多种，其主要不外乎是以企业财务报表为主要依据，对企业财务状况、经营业绩以及财务状况变动的合理性和有效性进行客观分析确认，评估企业的收益和风险，并预测企业未来财务趋势和发展前景，据以为管理层提供有用的财务信息的经济活动。

以前，财务分析人员是通过手工对财务报表进行选择性分类分析来为管理层提供可供参考的经济决策信息，数据量多，计算烦琐。所得出的信息，管理层也没有足够的时间或财务技能来详细审查，所以财务分析人员提供的信息具有很多的局限性和不全面性。在当前大数据背景下，财务人员在进行财务分析时就显得全面、真实和快捷了。除了查阅大量的有关联的管理信息数据外，还可建立一个多维度的分析模型进行财务分析，如对一年中每个月的资产负债表和损益表进行分析。通过设定所需要的数据模型，依据财务分析的相关方法，财务总监就能够全面地评估公司的各种财务状况，还能充分地分析产生影响的各种环境信息，向管理层提示企业可能遭遇的经济风险，并为企业发展提供有价值的改进建议。

案例导入

作为施工企业的财务部门，在进行财务分析的过程中，既要对每一项管理费用进行仔细的分析判断，同时还要把这些数据与前期的数据进行对比，从而发现其费用的发展变化情况。众所周知，施工企业现场非常复杂，各种支出项目也非常多，不同情况下管理费用的差距非常大,财务部门要想对这些数据进行精准的分析,就需要花费大量的人力、物力。施工企业要想单纯地依靠财务人员来完成这项工作,所要付出的劳务成本很可能超过其正确的财务决策给企业带来的利润,同时,采用人工进行财务分析的结果质量也很难把握。

如果采用大数据技术,施工企业就可以省去大量分析数据的时间成本,而且数据分析的结果有非常强的可靠性,既省了人力又省了时间,同时也提高了企业财务报表分析的工作效率。

知识储备

一、财务报表分析业务数据相关基础知识

(一)大数据对企业财务报表分析的支持

传统行业在信息化过程中,信息化数据呈指数增长。如何高效地分析和利用这些信息化数据,找到数据间的关联关系和内在的规则呢?财务分析人员需要结合历史数据特征做出企业未来发展的预测,利用大数据为企业的重大决策提供有用的、有益的、科学的依据,如图 2-45 所示。

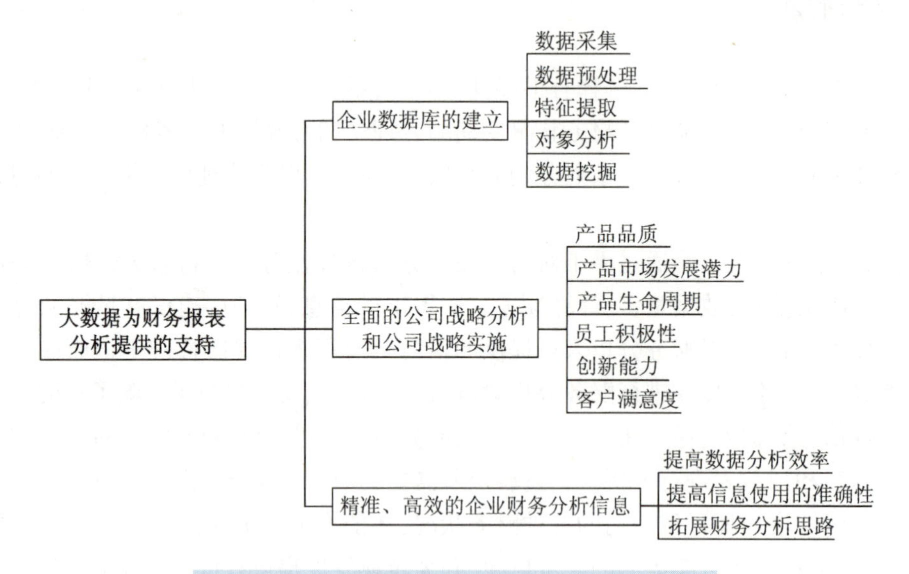

图 2-45 大数据为财务报表分析提供的支持

(二)大数据财务报表分析的框架

随着互联网的迅速发展,财务报表分析的内涵和外延也不断扩大,财务报表分析也面临着严峻的大数据处理问题以及一系列新的机遇和挑战。

大数据以其体量大、类型多样、增长变化快速、准确性高等优势,在财务报表分析领域迅

速凸显了其价值。这就要求对新环境下的财务报表分析框架进行调整,如图2-46所示。

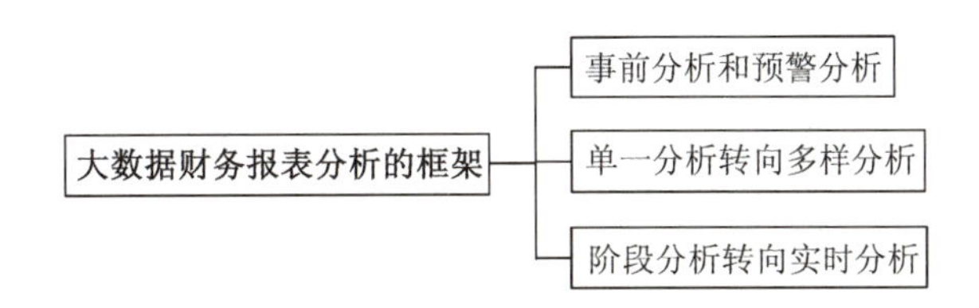

图2-46 大数据财务报表分析的框架

信息化的时代,大数据繁兴,企业需要进一步明确财务报表分析和大数据的关系,统筹兼顾地理清新环境下的财务报表分析框架,才能推动企业精细化、信息化管理模式的应用。

二、相关函数及数据处理方法

1. pandas.concat()函数

pandas.concat()函数可实现多个对象(Series或DataFrame)按指定轴方向进行“堆叠”。pandas.concat()函数的语法为

```
pandas.concat(objs, axis=0, join='outer', ignore_index=False,
  keys=None, levels=None, names=None, verify_integrity=False,
  sort=False, copy=True)
```

各参数含义如下:

(1) obj:待合并的对象,可以是DataFrame或Series对象。

(2) axis:指定合并的轴方向,默认为0,表明按“行”合并。

(3) join:指定合并时的连接方式,可取值inner、outer,默认为outer。

(4) ignore_index:是否保留原表索引,默认保留,若为True将自动增加自然索引。

(5) keys:当连接轴上有多层索引时指定,类型可以是元组或列表。

(6) levels:当设置了keys参数时,此参数才生效,指定多层索引的级别。

(7) names:用于为多层索引指定名称。

(8) verify_integrity:用于检查连接轴上是否包含重复值,若存在则报错。

(9) sort:只在外连接时生效,实现对非连接轴上的数据排序。

(10) copy:默认为True,若设置为False,则不会深拷贝。

2. 数据合并操作

Pandas库支持多种方式实现将数据合并在一起,分别是merge()函数、concat()函数和combine_first()函数。

(1) merge()函数:可以实现将两个DataFrame对象按照“关联键”进行连接合并。常用的连接方式有:内连接、左连接。merge()函数的执行原理与结构化查询语言(SQL)中的连接查询类似。

(2) concat()函数:可实现多个对象(Series或DataFrame)按指定轴方向进行“堆叠”。

(3) combine_first()函数:可以实现将重叠的数据拼接在一起,以使用一个对象中的值填充另一个对象的缺失值。

任务实施

一、任务要求

根据某照明有限责任公司2019年和2020年利润表所示的相关数据,比较不同期间利润表中主要利润项目的实现情况,用2019年的指标作为基期数据,算出经营成果各项目本期实现额与基期相比的增减变动额和增减变动率,分析本期的完成情况是否正常,以及业绩的增减变化趋势。请根据任务操作步骤要求完成操作。

二、任务操作

(1) 导入包。

```
import pandas as pd
```

(2) 读取"小企业利润表2.xlsx"工作簿,将利润表中的"2020年"内容赋值给df1,"2019年"内容赋值给df2,第三行为标题行,列取A列到C列,紧跟着以项目、行次为共同项进行外连接,分别以"_2020""_2019"为后缀区分,结果如图2-47所示。

```
1  df1=pd.read_excel('excel/SD财务数据分析案例集/小企业利润表2.
     xlsx',sheet_name='2020年',header=3,usecols='A:C')
2  df2=pd.read_excel('excel/SD财务数据分析案例集/小企业利润表2.
     xlsx',sheet_name='2019年',header=3,usecols='A:C')
3  df3=pd.merge(df1,df2,on=['项目','行次'],how='outer',suffixes=
     ('_2020','_2019'))
4  df3=df3.fillna(0)
5  df3.head()
```

代码详解:

第1—2行:读取文件"小企业利润表2.xlsx"中名称为"2020年"和"2019年"的工作表,并指定前3行为标题行(忽略),读取A列到C列。

第3行:将df1和df2工作表根据"项目""行次"两列进行外连接,并给连接后的结果列名称添加相应年份的后缀。

第4—5行:使用0填充缺失值,并显示前5行数据。

	项目	行次	本年累计金额_2020	本年累计金额_2019
0	一、营业收入	1	1333352.00	1271510.00
1	减：营业成本	2	920765.00	880277.00
2	税金及附加	3	11908.29	11879.56
3	其中：消费税	4	0.00	0.00
4	城市维护建设税	5	6946.50	6929.74

图 2-47 2019 年和 2020 年利润汇总

(3) 生成一份关于利润表中主要项目的利润项目表,项目内容是:营业收入、营业成本、期间费用、营业利润、利润总额、净利润,结果如图 2-48 所示。

```
1  data={
2  '营业收入':df3.iloc[0,2:4].values.astype(float).round(2),
3  '营业成本':df3.iloc[1,2:4].values.astype(float).round(2),
4  '期间费用':(df3.iloc[9,2:4].values+df1.iloc[12,2:4].values+
     df1.iloc[16,2:4].values).astype(float).round(2),
5  '营业利润':df3.iloc[19,2:4].values.astype(float).round(2),
6  '利润总额':df3.iloc[28,2:4].values.astype(float).round(2),
7  '净利润':df3.iloc[30,2:4].values.astype(float).round(2)
8  }
9  df4=pd.DataFrame(data,index=['2020 年','2019 年']).T
10 df4.head()
```

代码详解:

第 1—8 行:定义了一个字典类型变量 data,字典中一个“键:值”对为结果中的一行数据。各条数据在获取时全部使用了 DataFrame.iloc[ ]函数,即基于行号(行索引值,整数且从 0 开始)进行获取。各个数据获取规则如下:

营业收入:对应 df3 数据表中第 0 行(行索引为 0)的第 2—4 列的值,值转换为浮点类型并四舍五入保留 2 位小数。

营业成本:对应 df3 数据表中第 1 行(行索引为 1)的第 2—4 列的值,值转换为浮点类型并四舍五入保留 2 位小数。

期间费用:将 df3 数据表中第 9 行(行索引为 9)、第 12 行(行索引为 12)、第 16 行(行索引为 16)中第 2—4 列的值累加求和,结果转换为浮点数,并四舍五入保留 2 位小数。

营业利润:对应 df3 数据表中第 19 行(行索引为 19)的第 2—4 列的值,值转换为浮点类型并四舍五入保留 2 位小数。

利润总额:对应 df3 数据表中第 28 行(行索引为 28)的第 2—4 列的值,值转换为浮点类型并四舍五入保留 2 位小数。

净利润:对应 df3 数据表中第 30 行(行索引为 30)的第 2—4 列的值,值转换为浮点类型并四舍五入保留 2 位小数。

第 9 行：基于字典 data 创建 DataFrame 对象，指定行索引为“2020 年”“2019 年”，然后进行转置(行列互换)。

第 10 行：输出数据集 df4 前 5 行。

	2020年	2019年
营业收入	1333352.00	1271510.00
营业成本	920765.00	880277.00
期间费用	102363.00	102019.00
营业利润	798324.71	299229.44
利润总额	872424.71	360529.44

图 2-48　2019 年和 2020 年利润项目表

(4) 添加“2020 年较 2019 年增减额”“2020 年较 2019 年增减幅度(%)”两列，结果如图 2-49 所示。

```
1   df4['2020 年较 2019 年增减额']=round(df4['2020 年']-df4['2019
      年'],2)
2   df4['2020 年较 2019 年增减幅度(%)']=round(df4['2020 年较 2019 年增
      减额']/df4['2019 年']* 100,2)
3   df4.head()
```

	2020年	2019年	2020年较2019年增减额	2020年较2019年增减幅度(%)
营业收入	1333352.00	1271510.00	61842.00	4.86
营业成本	920765.00	880277.00	40488.00	4.60
期间费用	102363.00	102019.00	344.00	0.34
营业利润	798324.71	299229.44	499095.27	166.79
利润总额	872424.71	360529.44	511895.27	141.98

图 2-49　2020 年较 2019 年增减数据

(5) 用组合图分析 2020 年较 2019 年报表项目的增减变化趋势，结果如图 2-50 所示。

```
1   from matplotlib import pyplot as plt
2   plt.rcParams['font.family']='SimHei'
3   plt.rcParams['axes.unicode_minus']=False
4   plt.rcParams['font.size']=22
5   plt.figure(figsize=(17,8))
6   x=df4.index
7   y=df4['2019 年']
```

```
8  y1=df4['2020 年']
9  plt.bar(x,y,color='g',label='2019 年',alpha=0.75)
10 plt.plot(x,y1,color='r',marker='-o-',label='2020 年')
11 plt.legend()
12 plt.title('2020 年较 2019 年报表项目的增减变化趋势')
```

代码详解：

第 1 行：从 Matplotlib 库中导入 pyplot 模块，并命名为 plt。

第 2—4 行：设置图表的全局属性，第 2 行设置中文字体为黑体，第 3 行设置正常显示负号，第 4 行设置字体大小为 22。

第 5 行：设置图表大小。

第 6—8 行：从 df4 数据表中分别取出行索引、“2019 年”列和“2020 年”列的值。

第 9 行：绘制柱状图，变量 x 和 y 指定了 x 轴和 y 轴数据，颜色为绿色，标签文本为“2019 年”，透明度为 75%。

第 10 行：绘制折线图，变量 x 和 y1 指定了 x 轴和 y 轴数据，颜色为红色，标记形状为实体圆，标签文本为“2020 年”。

第 11 行：指定显示图例。

第 12 行：设置图表标题。

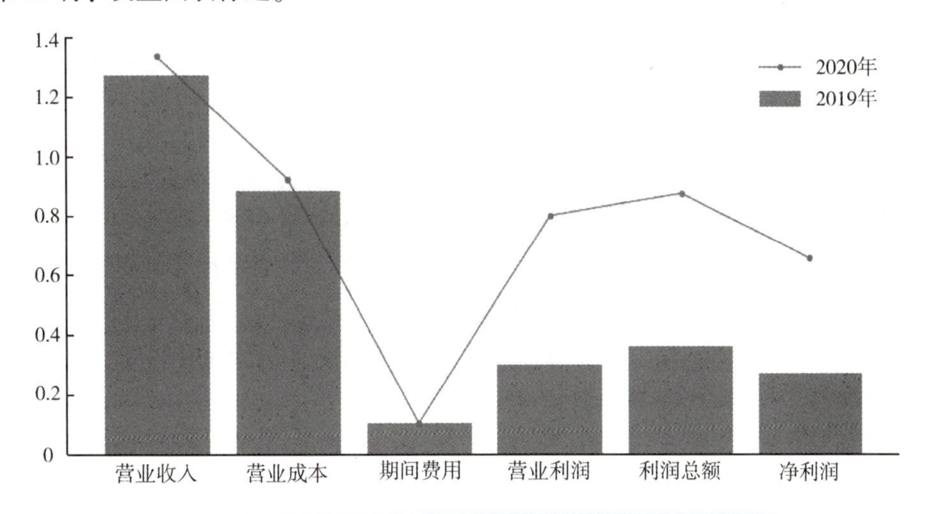

图 2-50　2020 年较 2019 年报表项目的增减变化趋势

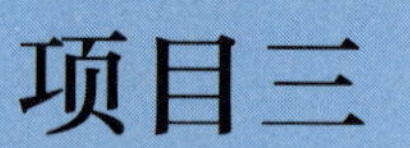

项目三

Python 在税务管理中的应用

项目描述

大数据、云计算技术的出现使得国家征税管理系统对企业经营数据有了更为全面精准的监管，也对企业税务管理提出更高的要求。不少税务机关把互联网的地图搜索技术和爬虫技术抓取的有效信息加载到税收征管系统，利用获取的海量数据、文字、图形、影像等第三方信息，结合大数据分析算法给纳税人立体“画像”，帮助税务机关更加容易地识别企业税收风险，提供精准服务。

在这种情况下，企业一方面享受到了便利的税收服务，另一方面也面临着税务管理薄弱所带来的税收风险更加容易被识别的境遇。同时，在中小企业中，大部分税务管理工作仍依赖手工处理，相关信息的准确性和可追溯性仍无法得到保障，也为企业增加了税收风险。而这些基础的数据整理和处理工作目前占用了财务人员大量的时间，财税人员疲于应付，没有更多时间和精力去做更多有价值的工作，如税务筹划、税务分析等。由此，越来越多的智慧税务软件应运而生，但同时也存在着需要和企业的财务信息系统进行二次开发对接、不能灵活匹配企业税务管理工作的需要等问题。为了灵活又高效地解决上述问题，可以应用 Python 来处理基础、简单、重复、手工易错类的税务统计分析工作。

正如项目一所介绍的一样，Python 应用于企业税务管理的场景也非常多，需要大家从提高工作效率、智能化工作流程、挖掘数据价值等角度去不断地探索和发现。本项目旨在抛砖引玉，主要介绍运用 Python 进行企业税务管理的应用案例，如电子发票台账制作自动化、企业增值税信息数据分析。

学习目标

1. 掌握应用 Python 批量获取电子发票的基本方法。
2. 掌握应用 Python 提取电子发票信息并保存到 Excel 表的基本方法。
3. 掌握应用 Python 分析企业增值税数据的基本方法。

任务一 应用 Python 批量获取电子发票

任务描述

发票电子化实现了企业经济业务财、税、票端到端的管理，提升了业务流程的数字化程度，提高了共享业务的效率，同时也对财务人员的电子凭证管理能力提出了新的要求。

目前企业财税工作中，电子发票从获取、信息提取到台账管理、入账归档等都需要财务人员进行操作和管理，其中大量重复易出错的工作主要是从邮箱中下载电子发票以及对电子发票进行统计汇总及台账管理。本任务就是应用 Python 采集电子发票并保存至本地。

案例导入

近年来，随着国家税务总局对增值税发票电子化的大力推进，目前电子发票在财税工作中已经很常见了，电子发票的相关政策也在陆续完善中。

2019 年 6 月 30 日，国家税务总局在《企业自建和第三方电子发票服务平台建设标准规范》中对电子发票出具了官方定义："电子发票是指单位和个人在购销商品、提供或者接受服务，以及从事其他经营活动中，按照税务机关要求的格式，使用税务机关确定的开票软件开具的电子收付款凭证。"

同时，随着电子发票的普及，如何对电子发票进行管理也成为财税人员所要掌握的工作技能之一。《关于规范电子会计凭证报销入账归档的通知》(财会〔2020〕6 号)规定，"单位以电子会计凭证的纸质打印件作为报销入账归档依据的，必须同时保存打印该纸质件的电子会计凭证"。

那么如何在日常工作中高效地获取电子发票并保存呢？这当然离不开 Python 第三方库 imbox。

知识储备

一、电子发票的相关基础知识

国家税务总局规定电子发票须按照税务机关要求的格式并使用税务机关指定的开票软件来开具。

电子发票的特点包括无纸化、网络化、自动化。无纸化节省印刷成本；网络化提升税务部门信息管税的水平；自动化节约申请、领用、开具、传递、审核造成的纳税成本。与纸质发票相比，电子发票的推行对于企业端的开具、交付、接受、存储、认证以及税务机关监管和稽查方面效率的提升十分明显。

1. 电子发票的获取途径

目前,电子发票的获取途径主要包括:开票软件、全国统一的增值税综合服务平台、发票查验平台。

结合本任务的需要,这里主要介绍一下通过开票软件获取电子发票的方法。

利用开票软件(税务 UKey)(图 3-1),开具发票后可以通过二维码查看或下载发票对应的版式文件,同时可以直接在线单击“发送邮件”,填写受票方接收文件的邮箱地址,点击“保存”按钮,可将此发票对应的版式文件下载链接发送至填写的邮箱地址,供受票方纳税人查看或下载版式文件,如图 3-2 所示。

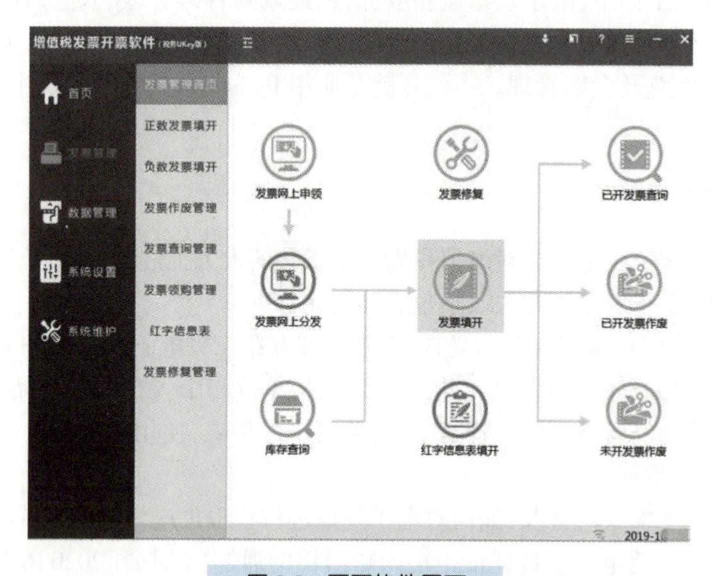

图 3-1　开票软件界面

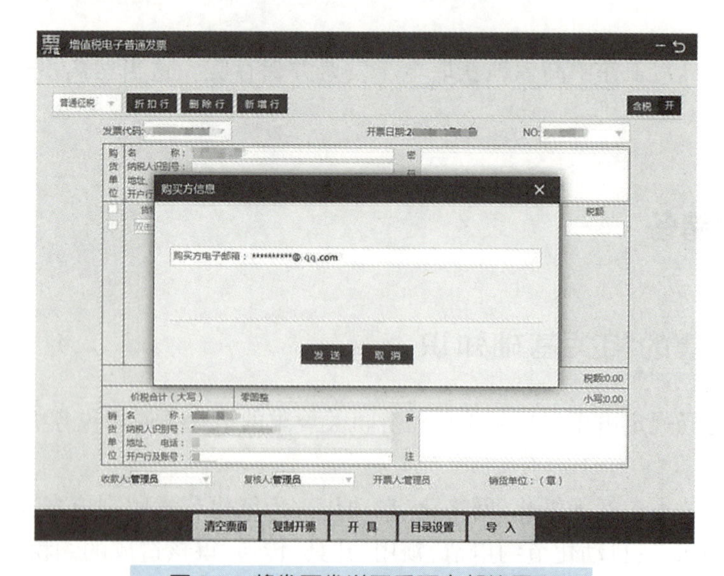

图 3-2　将发票发送至受票方邮箱界面

企业在还未建立专门的信息化税务管理系统或电子发票库之前,在实际工作中,往往采用专门的邮箱来进行电子发票的获取、收集和下载管理。

2. 电子发票的格式

目前在财税工作中,企业获取到的电子发票主要格式为PDF格式,国家税务总局在推进增值税专用发票电子化的过程中,采用了新的版式,即将发票版式文件调整为OFD格式文件,既减少了文件的存储空间,也支持保存为结构化的数据,方便计算机的直接读取和识别。OFD格式是全新结构化的数据文件格式,在发票承载的数据内容、结构方面有较大突破。同时,该格式是专有数据文件格式,在发票数据本身采用电子签名和加密方式进行防伪,将会成为未来电子发票的主要格式。

对于OFD格式发票,可以通过在国家税务总局网站上下载OFD阅读器来进行阅读。

二、电子发票在企业税务管理中的难点

电子发票在企业税务管理方面的主要难点在于:数量多,下载容易出错,存在下载超时限导致发票失效、电子发票查验和去重等工作量大的问题。同时,在还未实行报销等业务电子化的企业,取得电子发票后,还需要打印纸质发票等,无形中又增加了票据管理工作。由于企业内控制度的不完善,还存在电子发票开具日期和业务实际发生日期不符等情况。总体来看,企业中的票据管理还存在大量简单重复工作的地方和容易出错的地方。如何完美地解决这些难点,是企业财税工作人员需要思考的问题。在不增加企业税务管理成本的情况下,智慧的财税工作者们也有自己的一些小妙招,例如,选择应用Python先解决大量简单重复的工作,让财务人员从中提高工作效率,通过发票台账进行自动化查重。

三、第三方库及主要函数

1. imbox第三方库

imbox是用于读取IMAP(Internet Message Access Protocol,因特网消息访问协议)邮箱和将电子邮件内容转换为机器可读数据的第三方Python库。IMAP邮箱是特指支持IMAP协议的邮件服务器,市面上所有邮件服务器(QQ邮箱、163邮箱等)均支持IMAP协议。IMAP协议的作用是支持邮件客户端从邮件服务器上获取邮件信息、下载邮件等。

在使用imbox前需要先进行安装,安装命令为

```
pip install imbox
```

在代码中先从imbox库导入Imbox函数,导入代码为

```
from imbox import Imbox
```

2. Imbox()函数

imbox库中最重要的是Imbox()函数,Imbox()函数负责连接至远程IMAP服务器,并返回一个对象,此对象可理解为远程邮箱的容器,后续的操作都从此返回对象中获取。

Imbox()函数的语法为

```
Imbox('邮件服务器地址',username='邮箱地址',password='邮箱密码',ssl=
  True)
```

其中 ssl=True 表明支持 HTTPS 协议。

完整的使用 imbox 库读取邮件的案例代码如下：

```
1   from imbox import Imbox
2   with Imbox('imap.gmail.com',
3              username='username',
4              password='password',
5              ssl=True) as imbox:
6       status, folders_with_additional_info = imbox.folders()
7       all_inbox_messages = imbox.messages()
8       unread_inbox_messages = imbox.messages(unread=True)
9       inbox_flagged_messages = imbox.messages(flagged=True)
10      inbox_unflagged_messages = imbox.messages(unflagged=True)
11      inbox_messages_from = imbox.messages(sent_from='sender@
          example.org')
12      inbox_messages_to = imbox.messages(sent_to='receiver@
          example.org')
13      inbox_messages_received_before = imbox.messages(date_lt=
          datetime.date(2022, 5, 1))
14      inbox_messages_received_after = imbox.messages(date_gt=
          datetime.date(2022, 5, 1))
15      inbox_messages_received_on_date = imbox.messages(date_on=
          datetime.date(2022, 5, 1))
16      inbox_messages_subject_zhangsan = imbox.messages(subject=
          'zhangsan')
17      messages_in_folder_tech = imbox.messages(folder='tech')
18      for uid, message in all_inbox_messages:
19          message.sent_from
20          message.sent_to
21          message.subject
22          message.headers
23          message.message_id
24          message.date
25          message.body.plain
```

```
26          message.body.html
27          message.attachments
```

代码详解：

第 1 行：从 imbox 库中导入 Imbox 函数。

第 2—5 行：调用 Imbox( ) 函数，共包含 4 个参数——邮件服务器地址、邮箱地址、邮箱密码和支持 SSL 协议。Imbox( ) 函数的返回值保存至变量 imbox 中。imbox 对象可理解为当前连接邮箱的容器。

第 6 行：获取邮箱中所有文件夹。

第 7 行：获取收件箱中所有邮件。

第 8—10 行：分别从收件箱中获取所有未读邮件、已打标签的邮件和未打标签的邮件。

第 11—12 行：分别根据发件人和收件人筛选邮件。

第 13—15 行：根据日期筛选邮件，分别为筛选指定日期之前、指定日期之后和指定日期当天的邮件。

第 16—17 行：支持从邮件主题中模糊查询和从指定文件中查询邮件。

第 18 行：对收件箱中所有邮件进行遍历，分别将用户账号(id)、邮件报文存储在变量 uid 和 message 中。

第 19—27 行：分别表示邮件报文对象 message 中包含的内容。具体如下：

- message.sent_from：发件人。
- message.sent_to：收件人。
- message.subject：邮件主题。
- message.headers：邮件头信息。
- message.message_id：邮件 id，后续可依据 message_id 实现删除邮件功能。
- message.date：邮件接收时间。
- message.body.plain：邮件正文(普通文本格式)。
- message.body.html：邮件正文(富文本格式)。
- message.attachments：邮件的附件列表。

任务实施

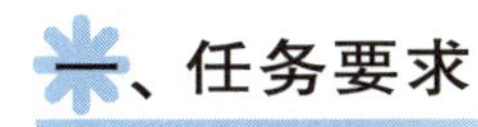

一、任务要求

小九是某公司的会计，每个月要下载几百张电子发票，不仅工作量大，花费时间长，而且容易重复下载。同时，员工报销的时候，获取发票步骤烦琐，需要登录不同的商家系统，开出的电子发票需要存放到邮箱或微信卡包，然后还需要一张张地手工下载。为了解决这个问题，提高工作效率，小九通过 Python 写了一个小程序来自动下载邮件中的发票附件并保存。下面请你根据任务操作步骤要求，帮助他完成这个任务。

二、任务操作

（1）安装 imbox 库并导入 imbox 包。

imbox 作为第三方库,首次使用需要安装,安装过程如图 3-3 所示。若使用在线平台,此步可跳过。

```
: !pip install imbox

Looking in indexes: https://pypi.tuna.tsinghua.edu.cn/simple
Requirement already satisfied: imbox in d:\anaconda3\lib\site-packages (0.9.8)
Requirement already satisfied: chardet in d:\anaconda3\lib\site-packages (from imbox) (3.0.4)
```

图 3-3　imbox 库安装界面

接下来是导入相关库包,代码如下:

```
from imbox import Imbox
import os
```

（2）读取邮件附件的信息。

邮件中包含多项内容,每项内容及格式如图 3-4 所示。

message.sent_from	发件人
message.sent_to	收件人
message.subject	主题
message.body['plain']	文本格式内容
message.date	时间
message.body['html']	HTML格式内容
message.attachments	附件

图 3-4　邮件内容及格式

使用 imbox 库读取邮件内容,代码执行结果如图 3-5 所示。

```
1  mail_host="smtp.qq.com"
2  sender=input('请输入您的邮箱地址')
3  mail_pass=input('请输入邮箱密码')
4  attachment_list=[]
5  attachments=''
6  with Imbox(mail_host, username = sender, password = mail_pass,
     ssl=True) as imbox:
```

```
7        unread_inbox_messages = imbox.messages(unread=True)
8        for uid,message in unread_inbox_messages:
9            print(message.attachments)
10       print('----------------')
11       if message.attachments:
12           for attachment in message.attachments:
13               attachment_list.append(attachment)
```

代码详解：

第 1—3 行：定义 3 个变量，mail_host 保存邮件服务器地址，sender 表示邮箱地址，mail_pass 表示邮箱密码。

第 4—5 行：分别定义保存邮件附件的列表和邮件内容的字符串变量。

第 6 行：连接至邮箱并返回 imbox 对象。

第 7 行：获取邮箱收件箱中未阅读邮件。

第 8 行：遍历所有未读邮件。

第 9—10 行：打印邮件中的附件信息，并输出分隔线。

第 11—13 行：判断如果当前邮件附件不为空，则循环取出所有附件，并将附件保存到 attachment_list 列表中。

```
[{'content-type': 'application/octet-stream', 'size': 52484, 'content': <_io.BytesIO object at 0x0000000004CB32C0>, 'content-id': None, 'filename': '电信电子发票201804201549.pdf'}]
--------------
[{'content-type': 'application/octet-stream', 'size': 51120, 'content': <_io.BytesIO object at 0x0000000004C9DC20>, 'content-id': None, 'filename': '电信电子发票201805241713.pdf'}]
--------------
[{'content-type': 'application/octet-stream', 'size': 31491, 'content': <_io.BytesIO object at 0x0000000004C9DBD0>, 'content-id': None, 'filename': '电信电子发票201808212213.pdf'}]
--------------
[{'content-type': 'application/octet-stream', 'size': 31878, 'content': <_io.BytesIO object at 0x0000000004CB3AE0>, 'content-id': None, 'filename': '电信电子发票201809211952.pdf'}]
--------------
[{'content-type': 'application/octet-stream', 'size': 31941, 'content': <_io.BytesIO object at 0x0000000004945450>, 'content-id': None, 'filename': '电信电子发票201811191752.pdf'}]
--------------
[{'content-type': 'application/octet-stream', 'size': 34330, 'content': <_io.BytesIO object at 0x0000000004945810>, 'content-id': None, 'filename': '电信电子发票202102091428.pdf'}]
--------------
[{'content-type': 'application/octet-stream', 'size': 34331, 'content': <_io.BytesIO object at 0x0000000004CB3BD0>, 'content-id': None, 'filename': '电信电子发票202101111701.pdf'}]
--------------
[{'content-type': 'application/octet-stream', 'size': 34332, 'content': <_io.BytesIO object at 0x0000000004CB34F0>, 'content-id': None, 'filename': '电信电子发票202107092159.pdf'}]
--------------
[{'content-type': 'application/octet-stream', 'size': 34331, 'content': <_io.BytesIO object at 0x0000000004CCB6D0>, 'content-id': None, 'filename': '电信电子发票202106091011.pdf'}]
--------------
[{'content-type': 'application/octet-stream', 'size': 34500, 'content': <_io.BytesIO object at 0x0000000004CCB590>, 'content-id': None, 'filename': '电信电子发票202103101617.pdf'}]
--------------
[{'content-type': 'application/octet-stream', 'size': 32112, 'content': <_io.BytesIO object at 0x0000000004CCB0E0>, 'content-id': None, 'filename': '电信电子发票202104131534.pdf'}]
--------------
```

图 3-5　邮件读取界面

从以上输出结果可以看出，附件中每个具体的文件都是由字典存储信息的，将附件信息以列表的方式储存。打印附件列表，输出如图 3-6 所示。

```
print(attachment_lst)
```

```
[{'content-type': 'application/octet-stream', 'size': 52484, 'content': <_io.BytesIO object at 0x0000000004CB32C0>, 'content-id': None, 'filename': '电信电子发票201804201549.pdf'}, {'content-type':
ze': 51120, 'content': <_io.BytesIO object at 0x0000000004C9DC20>, 'content-id': None, 'filename': '电信电子发票201805241713.pdf'}, {'content-type': 'application/octet-stream', 'size': 31491, 'cont
0000000004C9DBD0>, 'content-id': None, 'filename': '电信电子发票201808212213.pdf'}, {'content-type': 'application/octet-stream', 'size': 31878, 'content': <_io.BytesIO object at 0x0000000004CB3AE0>,
'电信电子发票201809211952.pdf'}, {'content-type': 'application/octet-stream', 'size': 31941, 'content': <_io.BytesIO object at 0x0000000004945450>, 'content-id': None, 'filename': '电信电子发票20181
'application/octet-stream', 'size': 34330, 'content': <_io.BytesIO object at 0x0000000004945810>, 'content-id': None, 'filename': '电信电子发票202102091428.pdf'}, {'content-type': 'application/octe
nt': <_io.BytesIO object at 0x0000000004CB3BD0>, 'content-id': None, 'filename': '电信电子发票202101111701.pdf'}, {'content-type': 'application/octet-stream', 'size': 34332, 'content': <_io.BytesI(
'content-id': None, 'filename': '电信电子发票202107092159.pdf'}, {'content-type': 'application/octet-stream', 'size': 34331, 'content': <_io.BytesIO object at 0x0000000004CCB6D0>, 'content-id': Nor
6091011.pdf'}, {'content-type': 'application/octet-stream', 'size': 34500, 'content': <_io.BytesIO object at 0x0000000004CCB590>, 'content-id': None, 'filename': '电信电子发票202103101617.pdf'}, {'
t-stream', 'size': 32112, 'content': <_io.BytesIO object at 0x0000000004CCB0E0>, 'content-id': None, 'filename': '电信电子发票202104131534.pdf'}]
```

图 3-6　邮箱附件列表

（3）将附件保存至本地。

使用代码建立“文档”文件夹，指定附件的存储位置，代码执行结果如图 3-7 所示。

```
1  if not os.path.exists('文档'):
2      os.makedirs('文档')
3  for x in attachment_list:
4      with open('文档/' + str(x['filename']),'wb') as f:
5           f.write(x['content'].getvalue())
6      f.close()
```

代码详解：

第 1—2 行：调用 os.path.exists( ) 函数判断文档文件夹是否存在，若不存在，则新建。

第 3 行：遍历所有附件，并将当前遍历的附件保存到变量 x 中。

第 4—6 行：打开文档目录下与附件同名的文件。若附件文件不存在，则新建；若存在，则将附件数据写入文件中。最后关闭文件流。

电信电子发票201804201549.pdf
电信电子发票201805241713.pdf
电信电子发票201808212213.pdf
电信电子发票201809211952.pdf
电信电子发票201811191752.pdf
电信电子发票202101111701.pdf
电信电子发票202102091428.pdf
电信电子发票202103101617.pdf
电信电子发票202104131534.pdf
电信电子发票202106091011.pdf
电信电子发票202107092159.pdf

图 3-7　将邮件附件下载到本地

任务二　应用 Python 提取电子发票信息

任务描述

正如上一个任务所述，目前在企业财税工作中，电子发票从获取、信息提取到台账管理、入账归档等都需要财务人员进行操作和管理。在获取电子发票后，要进行后续的台账管理以及对应的发票分析、查重等工作，则首先需要能够对下载的电子发票图片或 PDF 内容进

行提取和结构化处理。

案例导入

随着人工智能行业的发展和技术的成熟,文字识别技术目前已经应用到了多个行业中,比如交通行业的车牌识别、财务行业的票据文字识别及发票验真、教育领域中的试卷分析及公式识别、日常生活及商务工作中的各类卡证识别等。文字识别技术是目前常用的一种人工智能技术。

从财务工作的角度讲,报销是最日常的财务活动之一,报销业务涉及出租车发票、住宿费发票、客运发票等各类发票,有些是纸质发票,有些是电子发票,财务人员需要耗费大量的人力来进行下载、录入、审核等工作。在现代财务工作中,财务人员可以把这些票据通过图像采集、PDF 转换成图片等方式转换成图像,然后通过文字识别技术把图像上的文字识别出来,再经过数据的结构化处理,最后输入到财务系统中,这样的处理既能节省大量的人力、物力,也能提高财务工作的效率和准确率。

知识储备

一、光学字符识别(OCR)技术

光学字符识别(Optical Character Recognition,OCR)是指电子设备检查纸上打印的字符,通过检测暗、亮的模式确定其形状,然后用字符识别方法将形状翻译成计算机文字的过程。简而言之,OCR 技术可以识别图片上的文字,然后提取出来,将图片变成可编辑的文档、电子发票等。由于技术门槛相当高,能做中文 OCR 的公司并不多,大部分独立开发 OCR 软件的公司,一般也都是借用大公司的应用程序接口(API),比如百度的 OCR 接口、腾讯的 OCR 接口等。相信使用过腾讯 QQ 聊天窗口截图的读者们可能都有过发现,在好几年前,通过聊天窗口截图时就已经有了一个功能——屏幕识图,该功能可以将截取的屏幕内容识别成一行一行的文字,并且支持复制、下载等功能,这就是 OCR 技术的应用。

二、发票信息结构化处理

在大数据时代背景下,结构化数据、非结构化数据、半结构化数据是我们常常听到的词汇,也代表着三种不同的数据类型。

结构化是在思考和表达时的一种基本思路,有助于把大量繁杂的、没有条理的信息,通过简化、归类、排序、逻辑化等方式,比较清晰直观地呈现出来,让信息变得容易理解。

百度云提供了“基于模板的文字识别”结构化方案,此方案解决了用 OCR 技术识别后不能根据需要按字段进行分类拆解和将识别的票据信息变成结构化信息的问题。此方案的大致流程为:首先上传一张票据(作为模板)的底图;然后选取需要的参照字段,如纳税人、开票日期、税率、开票人、小写、收款人、价税;最后逐个进行识别和提取。此方案的思路是先进行模板匹配,然后提取结构化信息。具体流程如图 3-8 所示。

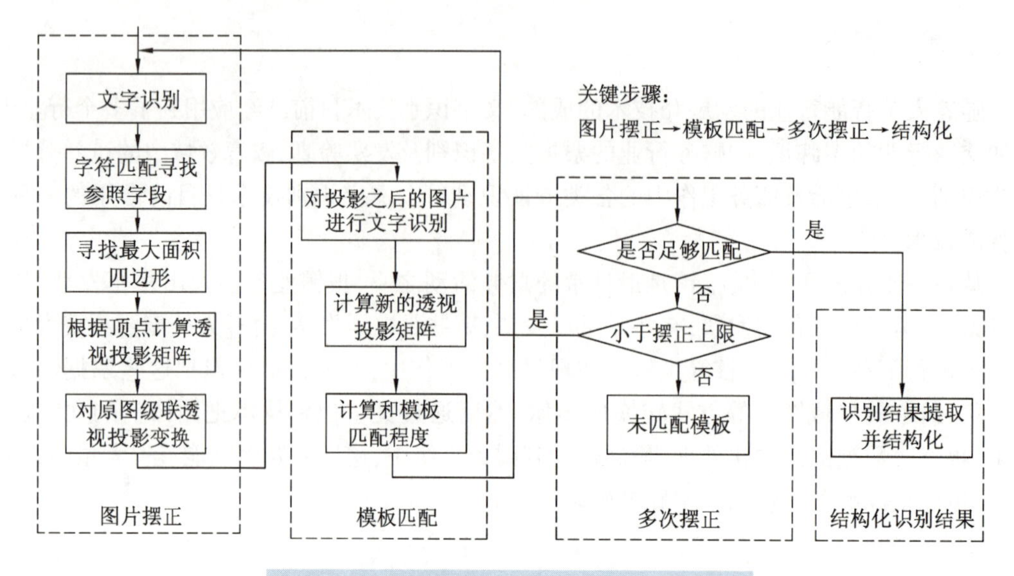

图 3-8　基于模板的文字识别结构化流程

三、第三方库及主要函数

1. PyMuPDF 第三方库

PyMuPDF 库是一种轻量级的 PDF 和 XPS 查看器,其可以读取和解析 PDF、XPS、OpenXPS、epub 等格式文件,并且提供了高性能和高质量渲染等特性。使用 PyMuPDF 可以访问".pdf"".xps"".oxps"".cbz"".fb2"".epub"等扩展名的文件。此外,PyMuPDF 还可以像处理文档一样处理大约 10 种流行的图像格式,如".png"".jpg"".bmp"".tiff"等。

首次使用 PyMuPDF 库需要先安装,安装命令如下:

```
pip install pymupdf
```

若使用在线平台,此步可跳过。

需要注意的是,虽然使用的库是 PyMuPDF,但在代码中导入的模块名称是 fitz,后续使用时也是调用 fitz 相应的方法。

2. PyMuPDF 库常用函数

(1) fitz.open()函数。

使用 fitz.open(filename)代码可以打开指定文件,并返回 Document 类型对象。Document 对象表示一个 PDF 格式的文件被读取到内存中的区域。

Document 对象包含了大量的属性和方法,常用属性和方法包括:

- Document.name 属性:文件名。
- Document.page_count 属性:文档总页号。

- Document.metadata 属性：文档属性信息（作者、主题等）。
- Document.is_encrypted 属性：判断文档是否加密。
- Document.get_toc( )方法：获取文档内容列表。
- Document.load_page(page_id=0)方法：根据页号读取某一页数据，返回 Page 对象。

上述方法中，Document.load_page( )方法用于加载并返回文档中某一页数据，并封装为 Page 对象返回。通过调用 Page 对象提供的属性和方法可以获取页面中的数据。常用的属性和方法包括：

- page.get_links( )方法：用于获取页面中所有超链接，然后使用 for 语句循环取出，参考代码如下：

```
for link in page.get_links():
    print(link)
```

- page.get_pixmap( )方法：该方法返回的是一个 Pixmap 对象。Pixmap 对象表示一个 RGB 图像，通过调用 Pixmap 对象的方法可以实现获取和设置图像分辨率（DPI）、色彩空间（如灰度图像）、透明度、旋转、镜像、移位、剪切等属性。

例如：要创建一个 RGBA 图像（包含 alpha 通道），则代码为

```
pix=page.get_pixmap(alpha=True)
```

Pixmap 对象常用的属性和方法包括：

- Pixmap.width/Pixmap.height 属性：获取图像的宽度和高度。
- Pixmap.x/Pixmap.y 属性：获取图像的坐标位置。
- Pixmap.alpha 属性：获取图像的透明度值。
- Pixmap.xres/Pixmap.yres 属性：表示图像在 x 轴和 y 轴的分辨率。
- Pixmap.pixel( )方法：返回图像的像素大小。
- Pixmap.save( )方法：保存图像。
- Pixmap.shrink( )方法：图像等比例缩放。

（2） fitz.Matrix( )函数。

fitz.Matrix( )函数用于创建或获取一个大小为 3×3 的二维矩阵 Matrix 对象，通过调用 Matrix 对象的方法可以对图片进行放大等操作。

Matrix 对象常用的方法包括：

① Matrix.prerotate( )方法：实现图像旋转。

② Matrix.prescale( )方法：实现图像缩放。

③ Matrix.preshear( )方法：实现图像剪裁。

④ Matrix.pretranslate( )方法：对图像按 x 轴或 y 轴进行平移操作。

（3） fitz.Pixmap( )函数。

fitz.Pixmap( )函数用于创建 Pixmap 对象，使用 Pixmap 对象可向 PDF 文件中插入图片、提取 PDF 文件中的图片、修改 PDF 文件中的图片等。

任务实施

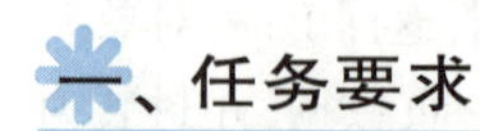

一、任务要求

小九所在公司在电子发票管理中存在以下问题:员工获取发票步骤烦琐,需要登录不同的商家系统,开出电子发票并存放到邮箱或微信卡包;审单会计在审核报销单据时,对电子发票的验证很不方便,每张发票都需要登录税务局网站并手动输入关键信息后查询验证,耗费大量的人力、物力;同时,因为电子发票可以反复打印,存在重复报销的可能,因此公司需要建立统一的电子发票号码库;另外,报销时需要录入每张电子发票的号码,录入工作量大且易出错。针对以上问题,小九运用自己之前学习的 Python 技术,结合百度智能云(简称百度云)识别,解决了审单会计的问题。下面请你根据任务操作步骤要求,一起来完成这个任务。

二、任务操作

(1) 要求公司全部采用电子发票报销,发票全都上传原版 PDF 文件,包括报销附件 PDF。

(2) 使用 Python 将 PDF 格式发票文件批量转换为 PNG 格式,操作步骤如下:

① 导入包。

```
import os
import time
import pandas as pd
import datetime
import fitz
from datetime import datetime
```

② 设置 PDF 文档和 PNG 图片存放路径。

```
1   pdf_file='./文档'
2   pdf_file_list=os.listdir(pdf_file)
3   png_path='./图片'
4   pngfile_suffix='.png'
5   if not os.path.exists(png_path):
6       os.makedirs(png_path)
```

代码详解:

第 1 行:定义变量 pdf_file,保存 PDF 文件保存的目录。

第 2 行：调用 os 库的 listdir( ) 函数对 PDF 文件夹进行遍历，获取所有文件，并保存到 pdf_file_list 列表中。

第 3 行：定义变量 png_path，保存 PNG 图片保存的目录。

第 4 行：定义变量，保存图片文件的后缀“.png”。

第 5—6 行：判断“图片”文件夹是否存在，若不存在，则新建。

③ 识别 PDF 文件及数量，代码执行结果如图 3-9 所示。

```
1  print('正在检测中,请耐心等待')
2  time.sleep(1)
3  print('\n')
4  print('预计识别文件如下:')
5  for i in range(len(pdf_file_list)):
6      print(pdf_file_list[i])
7  time.sleep(1)
8  print('\n')
9  print('预计识别文件数量:' + str(len(pdf_file_list)))
10 time.sleep(1)
11 print('\n')
12 print('图片生成中...')
13 print('\n')
14 time.sleep(1)
```

上述代码中的关键代码为：

- 第 2 行：用于实现程序暂停 1 秒。
- 第 3 行：用于输出换行符。

```
正在检测中，请耐心等待


预计识别文件如下：
电信电子发票201804201549.pdf
电信电子发票201805241713.pdf
电信电子发票201808212213.pdf
电信电子发票201809211952.pdf
电信电子发票201811191752.pdf
电信电子发票202101111701.pdf
电信电子发票202102091428.pdf
电信电子发票202103101617.pdf
电信电子发票202104131534.pdf
电信电子发票202106091011.pdf
电信电子发票202107092159.pdf


预计识别文件数量：11


图片生成中......
```

图 3-9 识别 PDF 文件及数量

- 第 5—6 行：遍历 pdf_file_list 列表，并输出第 1 项结果。

④ 导入 fitz 库，用于将 PDF 文件的页面提取成像素信息（图片），代码执行结果如图 3-10 所示。

```
1   for id in pdf_file_list:
2       pdf = fitz.open(os.path.join(pdf_file,id))
3       for pg in range(pdf.pageCount):
4           page = pdf[pg]
5           rotate = int(0)
6   zoom_x = 2.0
7   zoom_y = 2.0
8           trans = fitz.Matrix(zoom_x,zoom_y).prerotate(rotate)
9           pm = page.get_pixmap(matrix=trans,alpha=False)
10          filename = os.path.splitext(id)[0]
11           pngfilename = png_path + '\\' +filename + str(pg) +
     pngfile_suffix
12          pm.save(pngfilename)
13  print('图片生成完毕')
14  print('\n')
15  time.sleep(1)
```

代码详解：

第 1 行：遍历 pdf_file_list 列表，实现遍历文档目录下所有 PDF 文件。

第 2 行：调用 fitz.open() 函数打开 PDF 文件。

第 3 行：遍历文档中所有页，其中 pdf.pageCount 表示总页数，pg 表示每页的页号。

第 4 行：根据页号读取 PDF 文档中的某一页。

第 5 行：定义变量 rotate，表示旋转的角度。

第 6—7 行：定义图片缩放的比例为 2，表示放大 2 倍。

第 8 行：创建一个矩阵区域 trans，且缩放比例为 2，设置不旋转。

第 9 行：在页面中依据第 8 行创建的矩阵区域创建 Pixmap 图片区域对象。

第 10—12 行：获取文件名并构建文件存储的路径，最后调用 Pixmap.save(pm.save)方法实现图片保存。

第 13—15 行：输出提示信息，并使程序暂停 1 秒。

格式批量转换完成后，就可以开始识别提取了。

- 电信电子发票201804201549.png
- 电信电子发票201805241713.png
- 电信电子发票201808212213.png
- 电信电子发票201809211952.png
- 电信电子发票201811191752.png
- 电信电子发票202101111701.png
- 电信电子发票202102091428.png
- 电信电子发票202103101617.png
- 电信电子发票202104131534.png
- 电信电子发票202106091011.png
- 电信电子发票202107092159.png

图 3-10　PDF 转换为图片结果

（3）利用百度云识别提取并保存到 Excel 表格中。

① 注册一个百度云账号。百度云下有个“OCR 文字识别”→“票据文字识别”功能，它能对银行回单、增值税发票、定额发票、机打发票、火车票、出租车票、汽车票、行程单、银行汇票/支票、保险单等 10 余种常见票据进行识别处理。

② 在百度云上创建应用，如图 3-11 所示。

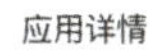

应用详情

编辑　查看文档　下载SDK　查看教学视频

应用名称	AppID	API Key	Secret Key	HTTP SDK
财务发票识别	26	IWVq7GS5No	******* 显示	文字识别 不需要

图 3-11　百度云创建应用界面

③ 使用百度服务提取文本信息。

A. 安装百度 baidu_aip 库，安装过程如图 3-12 所示。若使用在线平台，此步可跳过。

```
!pip install baidu_aip
```

```
Looking in indexes: https://pypi.tuna.tsinghua.edu.cn/simple
Requirement already satisfied: baidu_aip in d:\anaconda3\lib\site-packages (2.2.18.0)
Requirement already satisfied: requests in d:\anaconda3\lib\site-packages (from baidu_aip) (2.24.0)
Requirement already satisfied: urllib3!=1.25.0,!=1.25.1,<1.26,>=1.21.1 in d:\anaconda3\lib\site-packages (from requests->baidu_aip) (1.25.11)
Requirement already satisfied: chardet<4,>=3.0.2 in d:\anaconda3\lib\site-packages (from requests->baidu_aip) (3.0.4)
Requirement already satisfied: certifi>=2017.4.17 in d:\anaconda3\lib\site-packages (from requests->baidu_aip) (2020.6.20)
Requirement already satisfied: idna<3,>=2.5 in d:\anaconda3\lib\site-packages (from requests->baidu_aip) (2.10)
```

图 3-12　安装百度 baidu_aip 库界面

B. 在百度云上创建一个“OCR 文字识别”→“票据文字识别”的应用，然后输入以下对应的三个信息。

```
1  from aip import AipOcr
2  APP_ID=input('请输入您的 APP_ID')
3  APP_KEY=input('请输入您的 APP_KEY')
4  SECRET_KEY=input('请输入您的 SECRET_KEY')
5  client=AipOcr(APP_ID,APP_KEY,SECRET_KEY)
```

代码详解：

第 1 行：从百度 aip 库中导入 AipOcr 函数。

第 2—4 行：输入百度云中应用的 ID、密钥和加密密钥。

第 5 行：调用 AipOcr 函数，创建并初始化调用客户端。

C. 识别、提取并保存。

```
1  id_list=os.listdir(png_path)
2  count=0
3  newarray=[]
4  for ids in id_list:
5        img =open(os.path.join(png_path,ids),'rb').read()
6        res=client.vatInvoice(img)
7        words_result=res['words_result']
8        words_result_num=res['words_result_num']
9        print(str(ids)+''+'识别完成')
10       print('识别信息数量：'+str(words_result_num))
11       print('识别信息：'+str(words_result))
12       Commodity_num=len(words_result['CommodityName'])
13       for i in range(Commodity_num):
14            try:
15                 neway.append({'发票文件名':ids,
16                      '发票种类':words_result['InvoiceType'],
17                      '发票名称':words_result['InvoiceTypeOrg'],
18                      '发票代码':words_result['InvoiceCode'],
19                      '发票号码':words_result['InvoiceNum'],
20                      '开票日期':words_result['InvoiceDate'],
21                      '校验码':words_result['CheckCode'],
22                      '货物名称':words_result['CommodityName'][i]['word'],
23                      '规格型号':words_result['CommodityType'],
24                      '单位':words_result['CommodityUnit'],
25                      '数量':words_result['CommodityNum'][i]['word'],
```

```
26                  '单价':words_result['CommodityPrice'][i]['word'],
27                  '未税金额':words_result['CommodityAmount'][i]['word'],
28                  '税率':words_result['CommodityTaxRate'][i]['word'],
29                  '税额':words_result['CommodityTax'][i]['word'],
30                  '合计金额':words_result['TotalAmount'],
31                  '合计税额':words_result['TotalTax'],
32                  '价税合计(小写)':words_result['AmountInFiguers'],
33                  '价税合计(大写)':words_result['AmountInwords'],
34                  '购买方名称':words_result['PurchaserName'],
35                  '购买方纳税人识别号':words_result['PurchaserReg-
                      isterNum'],
36                  '购买方地址及电话':words_result['PurchaserAddress'],
37                  '购买方银行及账户':words_result['PurchaserBank'],
38                  '销售方名称':words_result['SellerName'],
39                  '销售方纳税人识别号':words_result['SellerRegisterNum'],
40                  '销售方地址及电话':words_result['SellerAddress'],
41                  '销售方银行及账户':words_result['SellerBank'],
42                  '收款人':words_result['Payee'],
43                  '复核':words_result['Checker'],
44                  '开票人':words_result['NoteDrawer'],
45                  '备注':words_result['Remarks']})
46          except IndexError as e:
47              newary.append({'发票文件名':ids,
48                  '发票种类':words_result['InvoiceType'],
49                  '发票名称':words_result['InvoiceTypeOrg'],
50                  '发票代码':words_result['InvoiceCode'],
51                  '发票号码':words_result['InvoiceNum'],
52                  '开票日期':words_result['InvoiceDate'],
53                  '校验码':words_result['CheckCode'],
54                  '货物名称':words_result['CommodityName'][i]['word'],
55                  '规格型号':words_result['CommodityType'],
56                  '单位':words_result['CommodityUnit'],
57                  '数量':'',
58                  '单价':'',
59                  '未税金额':words_result['CommodityAmount'][i]['word'],
60                  '税率':words_result['CommodityTaxRate'][i]['word'],
```

```
61                  '税额':words_result['CommodityTax'][i]['word'],
62                  '合计金额':words_result['TotalAmount'],
63                  '合计税额':words_result['TotalTax'],
64                  '价税合计(小写)':words_result['AmountInFiguers'],
65                  '价税合计(大写)':words_result['AmountInwords'],
66                  '购买方名称':words_result['PurchaserName'],
67                  '购买方纳税人识别号':words_result['PurchaserReg-
                     isterNum'],
68                  '购买方地址及电话':words_result['PurchaserAddress'],
69                  '购买方银行及账户':words_result['PurchaserBank'],
70                  '销售方名称':words_result['SellerName'],
71                  '销售方纳税人识别号':words_result['SellerRegis-
                    terNum'],
72                  '销售方地址及电话':words_result['SellerAddress'],
73                  '销售方银行及账户':words_result['SellerBank'],
74                  '收款人':words_result['Payee'],
75                  '复核':words_result['Checker'],
76                  '开票人':words_result['NoteDrawer'],
77                  '备注':words_result['Remarks']})
78      print("\n")
79      count += 1
```

代码详解:

第 1 行:获取图片文件夹下所有票据图片。

第 2—3 行:定义变量 count 保存统计数量,创建 newarray 列表存储识别结果。

第 4 行:遍历所有票据图片。

第 5 行:调用 open()函数读取图片数据。

第 6 行:调用百度 OCR 提供的“增值发票识别”接口进行识别,将结果保存到 res 中。

第 7—8 行:从返回结果 res 中获取识别结果和识别结果数量。

第 9—11 行:输出提示信息。

第 12 行:获取发票中货物的数量,其中 words_result['CommodityName']获取的是货物列表。

第 13 行:根据货物数量进行循环。

第 14—77 行:是一个 try-except 结构,其中 try 和 except 代码块的作用都是从 words_result 中获取相应数据构造为字典对象,然后追加到 newarray 列表中,当 try 代码块中存在异常(有缺失值)时则执行 except 代码块。两个代码块的区别为:若数量、单价字段为空,则设置为空字符串。

第 78—79 行：输出换行和统计数量。

代码看起来有点长，但实际就是分了两种情况。有的发票信息比较全，开票内容货物栏中不存在缺“规格型号”“单价”“数量”等信息的情况；而有的开票内容，不是没有“规格型号”，就是没有“单价”“数量”等信息。若不区分情况进行提取，则容易出错，实际应用中要根据具体情况来修改代码，灵活运用。

D. 创建一个数据表，将发票信息文档导出，结果如图 3-13 所示。

```
from datetime import datetime
newsdf=pd.DataFrame(newary)
newsdf.to_excel(datetime.now().date().strftime('% Y% m% d')+'-'+
   '增值税发票信息统计.xlsx')
```

20211014-增值税发票信息统计.xlsx

图 3-13　发票信息导出文件结果

任务三　应用 Python 分析企业增值税数据

任务描述

营改增之后，增值税和企业所得税成为大部分企业税收管理的重点。对企业增值税信息进行数据分析，可以了解企业增值税的进项、销项、发票管理、税费测算等信息，帮助企业做好税收筹划，规避税务风险，做好税费资金占用规划及预算，等等。

案例导入

某公司税务会计小九最感到头疼的就是大量重复烦琐的数据筛选、票账核对和税金计算工作。仅以增值税申报为例，小九每月花费在这项工作上的时间就多达 100 多个工时，主要任务是逐笔核对发票的入账信息、整理待勾选认证的发票、查验确认大额发票的真伪、在税务系统中勾选认证、计算公司本期应缴的各项税费等。如何快速地统计增值税发票信息，准确计算税费，做好税费测算和税费资金占用规划，并能从大量的票据信息中发现异常，规避企业税收风险，都是小九急需解决的难题。

知识储备

一、增值税相关基础知识

1. 增值税纳税人划分(表 3-1)

表 3-1 增值税纳税人划分

纳税人	单位(企业和非企业性单位)		个人(个体工商户和其他个人)	
一般纳税人	企业	非企业性单位	个体工商户	
小规模纳税人	企业	非企业性单位	个体工商户	其他个人

2. 增值税会计处理分类(图 3-14)

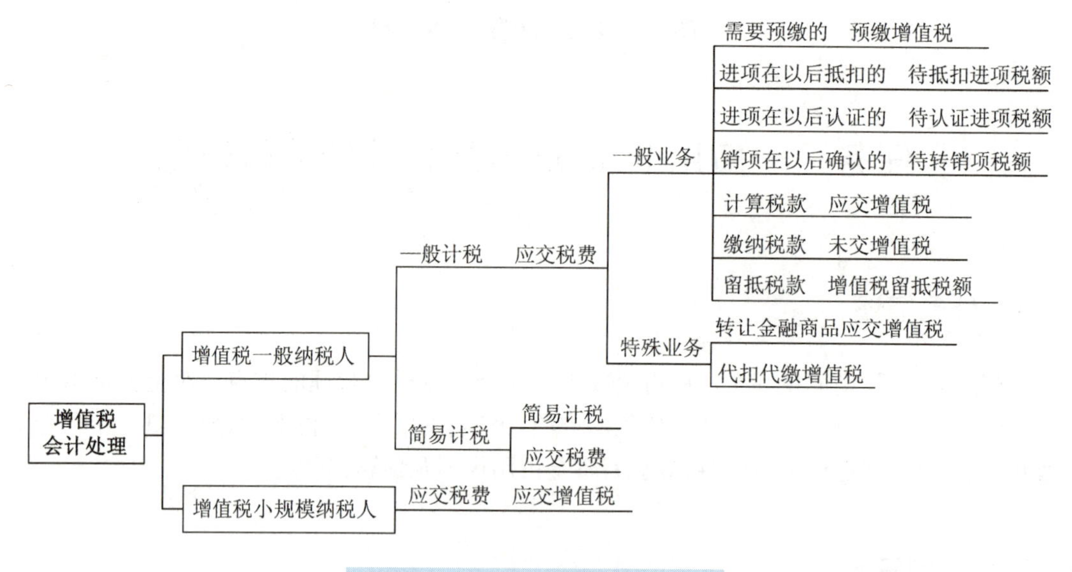

图 3-14 增值税会计处理分类

3. 增值税进项抵扣(表 3-2)

表 3-2 增值税进项抵扣

应税项目	货物/服务/劳务	固定资产/不动产/无形资产(不含其他权益性资产)	其他权益性资产
100%用于应税项目	100%抵扣	100%抵扣	可以抵扣
100%用于非应税项目	不可以抵扣	进项税额转出	可以抵扣
部分用于应税项目,部分用于非应税项目	不可以抵扣	100%抵扣	可以抵扣

4. 进项发票

企业在日常工作中获取到的进项发票包括：增值税专用发票、增值税普通发票、机动车销售统一发票、通行费电子发票、飞机票、火车票、客运票、出租车发票、二手车销售发票、海关专用缴款书、红字进项发票等。

二、企业增值税相关信息分析思路

1. 增值税自动化计算

增值税自动化计算包括自动化税基提取、自动生成税金计算表、自动生成增值税纳税申报表。

2. 利用增值税发票数据进行多维分析

国家金税工程最大的特点是以票控税。增值税发票数据是企业增值税数据中非常重要的部分，主要信息包括发票号码、发票代码、购买方和销售方基本信息、不含税金额、税率、税额、含税金额、开票时间等，充分利用和分析这些信息，有助于发现企业日常经营中的涉税问题。对增值税发票进行分析，可以从以下方面进行：

（1）销项发票可用于分析客户地区分布、季节性分布、重点大客户、历史同比、环比增长率等。

（2）进项发票可用于分析供应商地区分布、季节性分布、重点大客户、历史同比、环比增长率等。

（3）将销项发票和进项发票结合，可以分析整体购销规模、购销趋势。

3. 利用增值税发票数据进行异常值判断

通过对比分析企业整体购销情况与纳税申报表数据，可以判断是否存在少申报、漏申报、多申报等情况。

三、回归分析

回归分析是研究自变量与因变量之间关系形式的分析方法。它主要是通过建立因变量 y 与影响它的自变量 x_i（$i=1,2,3\cdots\cdots$）之间的回归模型来预测因变量 y 的发展趋势。“回归”的意思是找到最佳拟合参数，形成回归方程，然后对变量进行预测。

回归分析的分类主要有：

（1）线性回归分析：简单线性回归、多重线性回归。

（2）非线性回归分析：逻辑回归、神经网络。

任务实施

一、任务要求

根据财务经理的要求，小九需要制作增值税相关信息分析统计表并用图表的方式展示。具体包括：

(1) 按月统计分析不同商品的销项数据及占比,并用饼图展示。

(2) 按年统计销项增值税、销项金额,以柱形图和折线图展示其变化趋势。

(3) 根据当年的增值税情况预测分析下一年度的增值税销项情况。

二、任务操作 1：按月统计分析不同商品的销项数据及占比

(1) 导入 Pandas 及 Numpy 包。

```
import pandas as pd
import numpy as np
import warnings
warnings.filterwarnings('ignore')  #过滤掉 ignore 警告信息
```

(2) 读取工作簿内容。

按月分析挑选其中 9 月的数据为分析对象,读取 Excel 文件并显示,结果如图 3-15 所示。

```
data=pd.read_excel('excel/案例/已开发票数据导出/202009.xlsx')
  #读取 Excel 文件
data  #显示数据
```

	发票种类	发票代码	发票号码	购方税号	购方名称	开票日期	主要商品名称	报送状态	报送日志	合计金额	...	清单标志	打印标志	作废标志	发票状态	作废日期	备注
0	增值税电子普通发票	NaN	NaN	NaN	蔡夏天	2021-09-22 09:14:25	*原电池*电池	已报送	【2021-10-11 15:31:37】抄报清卡	154358.82	...	否	是	否	正数正常	NaN	出口业务；出口销售总额：23865；币种：美元
1	增值税电子普通发票	NaN	NaN	NaN	蔡夏天	2021-09-22 09:13:42	*原电池*电池	已报送	【2021-10-11 15:31:37】抄报清卡	154358.82	...	否	是	否	正数正常	NaN	出口业务；出口销售总额：23865；币种：美元
2	增值税电子普通发票	NaN	NaN	NaN	蔡夏天	2021-09-19 13:41:48	*原电池*电池	已报送	【2021-10-11 15:31:37】抄报清卡	161486.56	...	否	是	否	正数正常	NaN	出口业务；出口销售总额：24967；币种：美元
3	增值税电子普通发票	NaN	NaN	NaN	蔡夏天	2021-09-19 13:41:15	*原电池*电池	已报送	【2021-10-11 15:31:37】抄报清卡	161486.56	...	否	是	否	正数正常	NaN	出口业务；出口销售总额：24967；币种：美元

图 3-15　已开发票案例数据

查看数据表的列名,结果如图 3-16 所示。

```
data.columns
```

```
Index(['发票种类', '发票代码', '发票号码', '购方税号', '购方名称', '开票日期', '主要商品名称', '报送状态',
       '报送日志', '合计金额', '税率', '合计税额', '清单标志', '打印标志', '作废标志', '发票状态', '作废日期',
       '备注', '开票人', '收款人', '复核人', '校验码'],
      dtype='object')
```

图 3-16　已开发票数据列

(3) 根据数据分析需要对数据进行筛选、清洗、合并、拆分等操作。

① 筛选出需要分析的列,结果如图 3-17 所示。

```
data=data[['发票种类','购方名称','开票日期','主要商品名称','合计金额',
  '税率','合计税额','备注']]  #筛选列
data  #显示数据
```

	发票种类	购方名称	开票日期	主要商品名称	合计金额	税率	合计税额	备注
0	增值税电子普通发票	蔡夏天	2021-09-22 09:14:25	*原电池*电池	154358.82	0.00	0.00	出口业务；出口销售总额：23865；币种：美元
1	增值税电子普通发票	蔡夏天	2021-09-22 09:13:42	*原电池*电池	154358.82	0.00	0.00	出口业务；出口销售总额：23865；币种：美元
2	增值税电子普通发票	蔡夏天	2021-09-19 13:41:48	*原电池*电池	161486.56	0.00	0.00	出口业务；出口销售总额：24967；币种：美元
3	增值税电子普通发票	蔡夏天	2021-09-19 13:41:15	*原电池*电池	161486.56	0.00	0.00	出口业务；出口销售总额：24967；币种：美元
4	增值税电子普通发票	蔡夏天	2021-09-19 13:40:43	*原电池*电池	161486.56	0.00	0.00	出口业务；出口销售总额：24967；币种：美元
5	增值税电子普通发票	蔡夏天	2021-09-19 13:39:58	*原电池*电池	161486.56	0.00	0.00	出口业务；出口销售总额：24967；币种：美元
6	增值税电子普通发票	德泓贸易	2021-09-19 10:05:09	*原电池*电池	201491.14	0.00	0.00	出口业务；出口销售总额：31152；币种：美元
7	增值税电子普通发票	许加欣	2021-09-18 10:02:00	*原电池*电池	228960.73	0.00	0.00	出口业务；出口销售总额：35399；币种：美元
8	增值税电子普通发票	李永谅	2021-09-17 16:32:24	*原电池*电池	216192.90	0.00	0.00	出口业务；出口销售总额：33425；币种：美元
9	增值税专用发票	山东优杰生物科技有限公司	2021-09-16 15:09:08	*印刷品*彩盒	26061.95	0.13	3388.05	NaN
10	增值税电子普通发票	南淇外贸	2021-09-16 14:51:57	*原电池*电池	173394.15	0.00	0.00	出口业务；出口销售总额：26808；币种：美元
11	增值税电子普通发票	蔡夏天	2021-09-14 17:12:17	*原电池*电池	146616.62	0.00	0.00	出口业务；出口销售总额：22668；币种：美元
12	增值税电子普通发票	蔡夏天	2021-09-14 17:11:45	*原电池*电池	146616.62	0.00	0.00	出口业务；出口销售总额：22668；币种：美元
13	增值税电子普通发票	思飞贸易	2021-09-10 09:34:13	*原电池*电池	147929.63	0.00	0.00	出口业务；出口销售总额：22871；币种：美元

图3-17 已开发票筛选列

② 新增“商品”列，指定商品是“出口”还是“内销”，结果如图3-18所示。

```
#对“主要商品名称”列的值按星号进行拆分，并提取出拆分结果的第3列作为新“商品”列
data['商品']=data['主要商品名称'].str.split('* ',expand=True)[2]
# 判断“备注”列是否为空，若不为空，则向“商品”列前追加“出口”；否则追加“内销”
data['商品']=np.where(data['备注'].notnull()==True,'出口-'+
  data['商品'],'内销-'+data['商品'])
data
```

	发票种类	购方名称	开票日期	主要商品名称	合计金额	税率	合计税额	备注	商品
0	增值税电子普通发票	蔡夏天	2021-09-22 09:14:25	*原电池*电池	154358.82	0.00	0.00	出口业务；出口销售总额：23865；币种：美元	出口-电池
1	增值税电子普通发票	蔡夏天	2021-09-22 09:13:42	*原电池*电池	154358.82	0.00	0.00	出口业务；出口销售总额：23865；币种：美元	出口-电池
2	增值税电子普通发票	蔡夏天	2021-09-19 13:41:48	*原电池*电池	161486.56	0.00	0.00	出口业务；出口销售总额：24967；币种：美元	出口-电池
3	增值税电子普通发票	蔡夏天	2021-09-19 13:41:15	*原电池*电池	161486.56	0.00	0.00	出口业务；出口销售总额：24967；币种：美元	出口-电池
4	增值税电子普通发票	蔡夏天	2021-09-19 13:40:43	*原电池*电池	161486.56	0.00	0.00	出口业务；出口销售总额：24967；币种：美元	出口-电池
5	增值税电子普通发票	蔡夏天	2021-09-19 13:39:58	*原电池*电池	161486.56	0.00	0.00	出口业务；出口销售总额：24967；币种：美元	出口-电池
6	增值税电子普通发票	德泓贸易	2021-09-19 10:05:09	*原电池*电池	201491.14	0.00	0.00	出口业务；出口销售总额：31152；币种：美元	出口-电池
7	增值税电子普通发票	许加欣	2021-09-18 10:02:00	*原电池*电池	228960.73	0.00	0.00	出口业务；出口销售总额：35399；币种：美元	出口-电池
8	增值税电子普通发票	李永谅	2021-09-17 16:32:24	*原电池*电池	216192.90	0.00	0.00	出口业务；出口销售总额：33425；币种：美元	出口-电池
9	增值税专用发票	山东优杰生物科技有限公司	2021-09-16 15:09:08	*印刷品*彩盒	26061.95	0.13	3388.05	NaN	内销-彩盒
10	增值税电子普通发票	南淇外贸	2021-09-16 14:51:57	*原电池*电池	173394.15	0.00	0.00	出口业务；出口销售总额：26808；币种：美元	出口-电池
11	增值税电子普通发票	蔡夏天	2021-09-14 17:12:17	*原电池*电池	146616.62	0.00	0.00	出口业务；出口销售总额：22668；币种：美元	出口-电池
12	增值税电子普通发票	蔡夏天	2021-09-14 17:11:45	*原电池*电池	146616.62	0.00	0.00	出口业务；出口销售总额：22668；币种：美元	出口-电池
13	增值税电子普通发票	思飞贸易	2021-09-10 09:34:13	*原电池*电池	147929.63	0.00	0.00	出口业务；出口销售总额：22871；币种：美元	出口-电池
14	增值税电子普通发票	恒创进出口	2021-09-10 09:32:10	*原电池*电池	250319.37	0.00	0.00	出口业务；出口销售总额：38701.20；币种：美元	出口-电池
15	增值税专用发票	浙江悦乐家居用品有限公司	2021-09-07 16:56:49	*印刷品*彩盒	64601.77	0.13	8398.23	NaN	内销-彩盒
16	增值税专用发票	浙江悦乐家居用品有限公司	2021-09-07 16:55:11	*印刷品*彩盒	92035.40	0.13	11964.60	NaN	内销-彩盒

图3-18 新增“商品”列结果界面

③ 构建数据透视表,计算不同商品的合计税额、合计金额、增值税税率、销售占比,如图 3-19 所示。

```
data1=data.pivot_table(index='商品',values=['合计金额','合计税
  额'],aggfunc='sum')
data1['增值税税率']=(data1['合计税额']/data1['合计金额']).apply
  (lambda x:format(x,'.0%'))
data1['销售占比']=(data1['合计税额']/data1['合计金额'].sum()).apply
  (lambda x:format(x,'.2%'))
data1
```

商品	合计税额	合计金额	增值税税率	销售占比
内销-医用外科口罩中盒	68116.55	523973.45	13%	5.11%
内销-彩盒	215184.48	1655265.52	13%	16.13%
内销-电池	260409.33	2003148.67	13%	19.52%
内销-画芯	180274.61	1386727.79	13%	13.51%
内销-相纸	82522.09	634785.31	13%	6.19%
出口-电池	0.00	4058005.13	0%	39.54%

图 3-19 新增"增值税税率"等列

(4) 根据数据分析需要,选择不同的图表类型并进行展示。

用饼图展示不同商品的销售情况,结果如图 3-20 所示。

```
from matplotlib import pyplot as plt
plt.rcParams['font.family']='SimHei'  #使用黑体显示中文
plt.rcParams['axes.unicode_minus']=False  #正常显示负号
plt.figure(figsize=(5,5),dpi=90)
labels=data1.index
sizes=data1['合计金额']
explode=(0.0,0.0,0.0,0.0,0.0,0.0)
plt.pie(sizes,  #绘制的数据
    labels=labels,  #添加分析商品的标签
    autopct='%1.2f%%',  #设置百分比的格式
    explode=explode,  #突出显示
    textprops={'fontsize':10,'color':'block'}
      )
plt.title('9月各商品销售占比',loc='center')
```

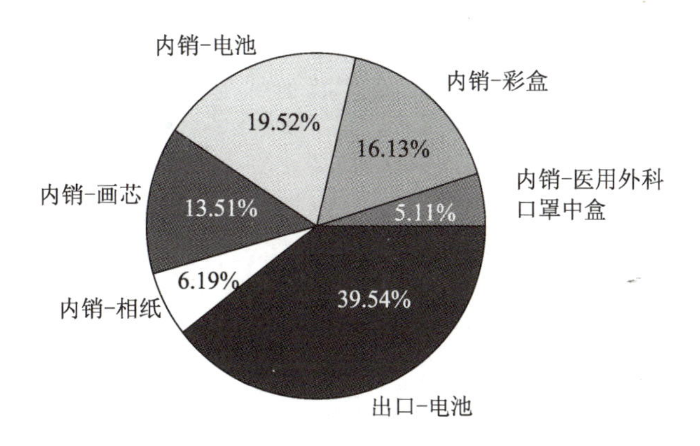

图3-20 9月各商品销售占比饼图展示

三、任务操作2：按年统计销项增值税、销项金额

（1）导入包。

```
import os
import numpy as np
import pandas as pd
```

（2）创建自定义函数concat_xlsx用于将同一文件夹下的工作簿整合在一起打开。

```
def concat_xlsx(dir_name): #定义函数 concat_xlsx
  #合并同一文件夹下的所有 Excel 工作簿
  dfs=[]  #存储所有 Excel 文件的列表
  for filename in os.listdir(dir_name):
    if os.path.splitext(filename)[1]=='.xlsx':  #如果文件扩展名是 xlsx
      full_path=os.path.join(dir_name,filename)
      df=pd.read_excel(full_path)  #读取 Excel 文件
      dfs.append(df)  #追加合并到 dfs 列表中
  result=pd.concat(dfs)  #连接合并 DataFrame 对象
  return result
```

（3）运用自定义函数打开指定路径下的“已开发票数据导出”文件中的每个月的开票记录，结果如图3-21所示。

```
data=concat_xlsx('excel/案例/已开发票数据导出/')
data
```

	发票种类	发票代码	发票号码	购方税号	购方名称	开票日期	主要商品名称	报送状态	报送日志	合计金额	...	清单标志	打印标志	作废标志	发票状态	作废日期	备注	开票人	收款人	复核人	校验码
0	增值税电子普通发票	NaN	NaN	NaN	蔡夏天	2020-01-30 10:13:26	*原电池*电池	已报送	【2020-03-02 09:55:44】抄报清卡	155834.56	...	否	否	否	正数正常	NaN	出口业务；出口销售总额：23825；币种：美元	NaN	NaN	NaN	NaN
1	增值税电子普通发票	NaN	NaN	NaN	蔡夏天	2020-01-30 10:12:14	*原电池*电池	已报送	【2020-03-02 09:55:44】抄报清卡	155834.56	...	否	否	否	正数正常	NaN	出口业务；出口销售总额：23825；币种：美元	NaN	NaN	NaN	NaN
2	增值税专用发票	NaN	NaN	NaN	浙江美蜜科技有限公司	2020-01-28 13:25:30	*印刷品*吊牌	已报送	【2020-03-02 09:55:44】抄报清卡	2930.97	...	否	是	否	正数正常	NaN	NaN	NaN	NaN	NaN	NaN
3	增值税专用发票	NaN	NaN	NaN	厦门蒂蔷家居用品有限公司	2020-01-28 10:26:28	*印刷品*研磨机A小号瓦楞盒	已报送	【2020-03-02 09:55:44】抄报清卡	8451.33	...	否	是	否	正数正常	NaN	NaN	NaN	NaN	NaN	NaN
4	增值税专用发票	NaN	NaN	NaN	宁波凯越国际贸易有限公司	2020-01-27 15:18:05	*原电池*电池	已报送	【2020-03-02 09:55:44】抄报清卡	10436.81	...	否	是	否	正数正常	NaN	NaN	NaN	NaN	NaN	NaN
...	...	...	...	...	...	...	...	...	...	...	...	...	...	...	...	...	...	...	...	...	...
46	增值税专用发票	NaN	NaN	NaN	厦门三圈电池有限公司	2020-12-01 14:54:15	*原电池*R03银三圈彩管无汞电池（B2）	已报送	【2021-01-13 09:34:07】抄报清卡	84092.92	...	否	是	否	正数正常	NaN	NaN	NaN	NaN	NaN	NaN
47	增值税专用发票	NaN	NaN	NaN	厦门三圈电池有限公司	2020-12-01 14:53:45	*原电池*R03银三圈彩管无汞电池（B2）	已报送	【2021-01-13 09:34:07】抄报清卡	84092.92	...	否	是	否	正数正常	NaN	NaN	NaN	NaN	NaN	NaN
48	增值税专用发票	NaN	NaN	NaN	厦门三圈电池有限公司	2020-12-01 14:52:52	*原电池*R03银三圈彩管无汞电池（B2）	已报送	【2021-01-13 09:34:07】抄报清卡	84092.92	...	否	是	否	正数正常	NaN	NaN	NaN	NaN	NaN	NaN
49	增值税专用发票	NaN	NaN	NaN	厦门三圈电池有限公司	2020-12-01 14:52:22	*原电池*R03银三圈彩管无汞电池（B2）	已报送	【2021-01-13 09:34:07】抄报清卡	84092.92	...	否	是	否	正数正常	NaN	NaN	NaN	NaN	NaN	NaN
50	增值税专用发票	NaN	NaN	NaN	厦门三圈电池有限公司	2020-12-01 14:51:39	*原电池*R03银三圈彩管无汞电池（B2）	已报送	【2021-01-13 09:34:07】抄报清卡	84092.92	...	否	是	否	正数正常	NaN	NaN	NaN	NaN	NaN	NaN

651 rows × 22 columns

图 3-21　已开发票数据合并结果

（4）整理数据。从“开票日期”中提取“月”，从“主要商品名称”中提取“商品分类”作为“商品”（考虑到产品明细内容太多），结果如图 3-22 所示。

```
#通过 pd.to_datetime 将当前列的数据类型从 object 转换为日期时间类型
data['月']=pd.to_datetime(data['开票日期']).dt.month
#“主要商品名称”列按“*”分割，提取其中的第 1 列作为新的“商品”列
data['商品']=data['主要商品名称'].str.split('*',expand=True)
  [1] data
```

	发票种类	发票代码	发票号码	购方税号	购方名称	开票日期	主要商品名称	报送状态	报送日志	合计金额	...	作废标志	发票状态	作废日期	备注	开票人	收款人	复核人	校验码	月	商品
0	增值税电子普通发票	NaN	NaN	NaN	蔡夏天	2020-01-30 10:13:26	*原电池*电池	已报送	【2020-03-02 09:55:44】抄报清卡	155834.56	...	否	正数正常	NaN	出口业务；出口销售总额：23825；币种：美元	NaN	NaN	NaN	NaN	1	原电池
1	增值税电子普通发票	NaN	NaN	NaN	蔡夏天	2020-01-30 10:12:14	*原电池*电池	已报送	【2020-03-02 09:55:44】抄报清卡	155834.56	...	否	正数正常	NaN	出口业务；出口销售总额：23825；币种：美元	NaN	NaN	NaN	NaN	1	原电池
2	增值税专用发票	NaN	NaN	NaN	浙江美蜜科技有限公司	2020-01-28 13:25:30	*印刷品*吊牌	已报送	【2020-03-02 09:55:44】抄报清卡	2930.97	...	否	正数正常	NaN	NaN	NaN	NaN	NaN	NaN	1	印刷品
3	增值税专用发票	NaN	NaN	NaN	厦门蒂蔷家居用品有限公司	2020-01-28 10:26:28	*印刷品*研磨机A小号瓦楞盒	已报送	【2020-03-02 09:55:44】抄报清卡	8451.33	...	否	正数正常	NaN	NaN	NaN	NaN	NaN	NaN	1	印刷品
4	增值税专用发票	NaN	NaN	NaN	宁波凯越国际贸易有限公司	2020-01-27 15:18:05	*原电池*电池	已报送	【2020-03-02 09:55:44】抄报清卡	10436.81	...	否	正数正常	NaN	NaN	NaN	NaN	NaN	NaN	1	原电池
...	...	...	...	...	...	...	...	...	...	...	...	...	...	...	...	...	...	...	...	...	...
46	增值税专用发票	NaN	NaN	NaN	厦门三圈电池有限公司	2020-12-01 14:54:15	*原电池*R03银三圈彩管无汞电池（B2）	已报送	【2021-01-13 09:34:07】抄报清卡	84092.92	...	否	正数正常	NaN	NaN	NaN	NaN	NaN	NaN	12	原电池
47	增值税专用发票	NaN	NaN	NaN	厦门三圈电池有限公司	2020-12-01 14:53:45	*原电池*R03银三圈彩管无汞电池（B2）	已报送	【2021-01-13 09:34:07】抄报清卡	84092.92	...	否	正数正常	NaN	NaN	NaN	NaN	NaN	NaN	12	原电池
48	增值税专用发票	NaN	NaN	NaN	厦门三圈电池有限公司	2020-12-01 14:52:52	*原电池*R03银三圈彩管无汞电池（B2）	已报送	【2021-01-13 09:34:07】抄报清卡	84092.92	...	否	正数正常	NaN	NaN	NaN	NaN	NaN	NaN	12	原电池
49	增值税专用发票	NaN	NaN	NaN	厦门三圈电池有限公司	2020-12-01 14:52:22	*原电池*R03银三圈彩管无汞电池（B2）	已报送	【2021-01-13 09:34:07】抄报清卡	84092.92	...	否	正数正常	NaN	NaN	NaN	NaN	NaN	NaN	12	原电池
50	增值税专用	NaN	NaN	NaN	厦门三圈电池	2020-12-01	*原电池*R03银三圈彩管	已报	【2021-01-13	84092.92	...	否	正数	NaN	NaN	NaN	NaN	NaN	NaN	12	原电

图 3-22　新增“商品”和“月”两个新列

（5）构建数据透视表，按月分组计算每个月商品的合计金额和合计税额，结果如图 3-23 所示。

```
data1=data.pivot_table(index=['月'],columns='商品',values=
   ['合计金额','合计税额'],aggfunc='sum',fill_value=0)
#行列转换，将原本列索引的第二层“合计税额”“合计金额”转置
data1=data1.stack(0)
data1
```

	商品	印刷品	原电池
月			
1	合计税额	264487.79	67713.05
	合计金额	2034521.64	6405846.19
2	合计税额	6291.83	0.00
	合计金额	48398.72	291288.17
3	合计税额	118020.32	68291.98
	合计金额	907848.58	2493334.81
4	合计税额	108497.42	75757.67
	合计金额	834595.42	4093798.58
5	合计税额	279154.16	5798.36
	合计金额	2147339.62	4641440.64
6	合计税额	357764.12	66525.95
	合计金额	2752032.06	1856315.12
7	合计税额	356870.92	66384.03
	合计金额	2745161.27	3021874.50
8	合计税额	587540.06	32398.86
	合计金额	4519539.44	2645760.20
9	合计税额	546097.73	260409.33
	合计金额	4200752.07	6061153.80
10	合计税额	90880.54	64561.81
	合计金额	699081.17	3312476.66
11	合计税额	313672.29	66384.03
	合计金额	2412864.10	3021874.50
12	合计税额	309905.72	66525.95
	合计金额	2383890.46	1856315.12

图3-23 按月统计商品的合计金额和合计税额

(6) 整理数据表data1,根据合计金额、合计税额将data1拆分成两张数据表data2和data3,结果如图3-24、图3-25所示。

```
data2=data1.loc[data1.index.get_level_values(1)=='合计金额']
data2=data2.unstack()  #行索引转为列索引
data2=data2.reset_index()  #索引重置
#给"月"列的数字添加文字"月"
data2['月']=data2['月'].map(lambda x:str(x)+'月')
display(data2)
data3=data1.lock[data1.index.get_level_values(1)=='合计税额']
data3=data3.unstack()
data3=data3.reset_index()
data3['月']=data3['月'].map(lambda x:str(x)+'月')
display(data3)
```

商品	月	印刷品	原电池
		合计金额	合计金额
0	1月	2034521.64	6405846.19
1	2月	48398.72	291288.17
2	3月	907848.58	2493334.81
3	4月	834595.42	4093798.58
4	5月	2147339.62	4641440.64
5	6月	2752032.06	1856315.12
6	7月	2745161.27	3021874.50
7	8月	4519539.44	2645760.20
8	9月	4200752.07	6061153.80
9	10月	699081.17	3312476.66
10	11月	2412864.10	3021874.50
11	12月	2383890.46	1856315.12

图 3-24 合计金额按月统计表

商品	月	印刷品	原电池
		合计税额	合计税额
0	1月	264487.79	67713.05
1	2月	6291.83	0.00
2	3月	118020.32	68291.98
3	4月	108497.42	75757.67
4	5月	279154.16	5798.36
5	6月	357764.12	66525.95
6	7月	356870.92	66384.03
7	8月	587540.06	32398.86
8	9月	546097.73	260409.33
9	10月	90880.54	64561.81
10	11月	313672.29	66384.03
11	12月	309905.72	66525.95

图 3-25 合计税额按月统计表

（7）制作组合图，将每个月的销售数据中合计金额制成柱形图、合计税额制成折线图，结果如图 3-26 所示。

```
from matplotlib import pyplot as plt
plt.rcParams['font.family']='SimHei'  #使用黑体显示中文
plt.rcParams['axes.unicode_minus']=False  #正常显示负号
from matplotlib.ticker import FuncFormatter
#防止科学计数法
def formatnum(x,pos):
  return '%.2f' % (x)
formatter1=FuncFormatter(formatnum)

plt.figure(figsize(12,5),dpi=100)
ax1=plt.subplot(1,1,1)
ax1.yaxis.set_major_formatter(formatter1)
data2.plot('月',[('印刷品','合计金额'),('原电池','合计金额')],kind=
  'bar',rot=0,ax=ax1)
data3.plot('月',[('印刷品','合计税额'),('原电池','合计税额')],kind=
  'line',secondary_y=True, rot=0, linestyle='-',marker='o', ax=
  ax1)
plt.title('2020年印刷品与原电池两类的合计金额及合计税额')
plt.show()
```

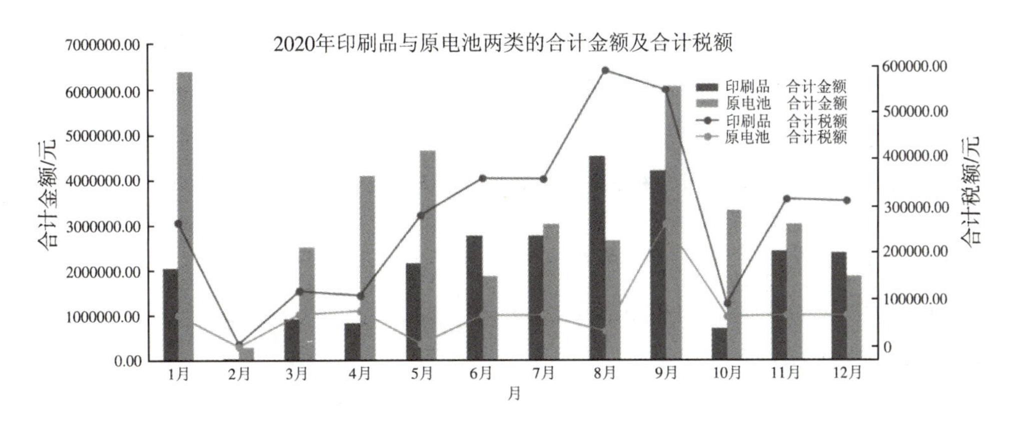

图 3-26 2020 年印刷品与原电池两类的合计金额及合计税额

四、任务操作 3：根据当年的增值税情况预测分析下一年度的增值税销项情况

(1) 导入包。

```
import numpy as np
import pandas as pd
```

(2) 导入数据,结果如图 3-27 所示。

```
data=pd.read_excel('excel/案例/2020 年每月销项税额统计.xlsx')
data
```

	月	销项税额
0	1	332200.84
1	2	6291.83
2	3	186312.30
3	4	184255.09
4	5	284952.52
5	6	424290.07
6	7	423254.95
7	8	619938.92
8	9	806507.06
9	10	955442.35
10	11	880056.32
11	12	976431.67

图 3-27 2020 年销项税额示例数据

(3) 数据预处理,确定自变量 X 和因变量 Y,按照 2020 年 12 个月的数据来预测 2021 年各月的销项税额,则 X 为 1、2、3……12 月份,Y 为每月的销项税额。

```
X=np.array(data['月']).reshape([12,1])
Y=np.array(data['销项税额']).reshape([12,1])
```

(4) 数据分析,用一个散点图来表示 X 和 Y 的关系,如图 3-28 所示。

```
from matplotlib import pyplot as plt
plt.scatter(X,Y)
plt.show()
```

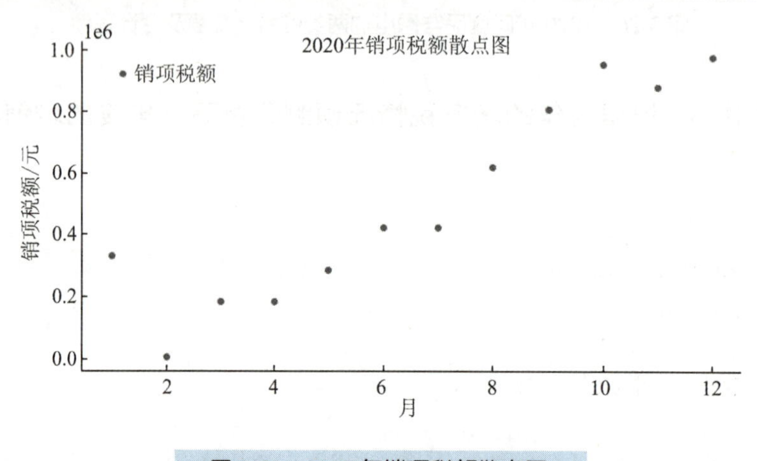

图 3-28　2020 年销项税额散点图

分析结果:X 和 Y 呈明显的线性关系,Y 基本随 X 的增大而增大,初判可以选择线性回归进行模型拟合。

(5) 将数据集拆分为训练数据和测试数据,使用 Scikit-learn 提供的 train_test_split( ) 函数可以轻松实现。

Scikit-learn 是建立在 NumPy、SciPy 和 Matplotlib 之上的数据挖掘和数据分析工具集。Scikit-learn 的基本功能主要被分为六大部分:分类、回归、聚类、数据降维、模型选择和数据预处理。

安装 Scikit-learn 的方式如下:

```
pip install -U scikit-learn
```

安装完成后,可使用下列代码进行检查测试,若正常输出,则表明安装成功。

```
Python-m pip show scikit-learn   #查看 scikit-learn 安装的位置及安装的版本
Python -m pip freeze   #查看所有在虚拟环境中已下载的包
Python -c "import sklearn; sklearn.show_versions()"
```

本任务所使用的train_test_split函数接收三个参数,分别是X轴数据、Y轴数据、测试数据集所占的比例。设置好参数后,train_test_split函数就会自动拆分数据。例如,希望测试数据占整个数据集的30%,则执行以下代码:

```
#从 Scikit_learn 的 model_selection 模块中导入 train_test_split 函数
from sklearn.model_selection import train_test_split
x_train,x_test,y_train,y_test=train_test_split(X,Y,test_size=
  0.3)
```

(6) 使用sklearn中的线性回归模块进行数据建模。

```
#导入线性回归模块
from sklearn.linear_model import LinearRegression
#创建一个模型对象,后续模型操作都在此对象上
model=LinearRegression()
#使用 Scikit-learn 中的 fit()方法在我们训练集上训练这个模型
model.fit(x_train,y_train)
```

(7) 模型评估。模型创建完成,模拟校验和评估,结果如图3-29所示。

```
#获取模型自变量系数
print(model.coef_)
#获取模型截距
print(model.intercept_)
#获取模型的决定系数R的评分,用 score()函数传入测试数据集准确性的 x_test 和 y_test
print(model.score(x_test,y_test))
```

```
[[80096.403454]]
[-22385.81395173]
0.7883209639461155
```

图3-29 模型评估结果

```
array([[ 57710.59],
       [137806.99],
       [217903.4 ],
       [297999.8 ],
       [378096.2 ],
       [458192.61],
       [538289.01],
       [618385.41],
       [698481.82],
       [778578.22],
       [858674.62],
       [938771.03]])
```

图3-30 2021年销项税额预测结果

(8) 根据创建好的模型,预测2021年各月的销项税额,结果如图3-30所示。

```
x=np.arange(1,13).reshape(12,1)
#调用模型对象的 predict()方法进行预测,保留 2 位小数
model.predict(x).round(2)
```

项目四

Python 在行业数据分析中的应用

项目描述

在这个多行业持续高速发展的时代,科技正在改变着我们的生活。在世界科技领域中,中国正占据越来越重要的位置。当下,每个行业都提到了区块链、人工智能、大数据、5G 等科技力量,强调了科技在行业咨询与数据分析领域的重要意义。

随着大数据时代的到来,人工智能等前沿的科技在算法上深刻改变了各个行业,并成为未来行业发展的制高点。随着人工智能发展而风靡于世的 Python,有着简单易学、运行速度快、可移植、可拓展、可嵌入以及第三方库丰富等特点,因而在数学、大数据分析以及行业数据和财务数据分析中都有着得天独厚的优势。

Python 的语法很容易实现那些金融算法和数据计算,每个数学语句都能转变成一行 Python 代码,每行代码都能允许超过十万次的计算量。Python 效率较为明显的领域之一是交互式的数据分析,对于大数据来说,它无疑是一个极为合适的选择。这一领域从 IPython、Jupyter Notebook 等有力工具和 Pandas 之类的程序库中获益良多。

用几行代码就足以完成行业分析中的典型复杂任务——数据收集、复杂和重复的数学计算以及结果的可视化,令人觉得不可思议。我们在熟练应用 Python 工具和库的时候,应将焦点放在自身的领域上,而不用关心复杂的技术细节。分析者们可以快速反应,几乎可以实时地提供宝贵的意见,确保自己比竞争对手先行一步。这种效率的提高很容易转换为可度量的财务效果。

学习目标

1. 掌握应用 Python 爬虫技术获取行业财务数据的基本方法。
2. 掌握应用 Pandas 进行数据清洗及整理的基本方法。
3. 掌握对行业数据或指标进行分析及可视化展示的基本方法。
4. 掌握将案例企业与同行业的指标进行对比分析并出具分析报告的基本方法。

任务一　应用 Python 爬虫技术获取行业财务数据

任务描述

“巧妇难为无米之炊”，找不到数据，量化分析也就无从谈起。对于行业分析来说，获取数据是量化分析的第一步。Python 的强大功能之一就是数据获取（爬虫技术）。例如，我们在做一些行业分析的时候，需要找到自己的同业竞争者，并且是有公开信息可查的同业竞争者，那就需要从众多上市公司中进行筛选。本项目的行业数据就是通过爬取新浪财经网站上行业板块的股票信息得到的，如图 4-1 所示。

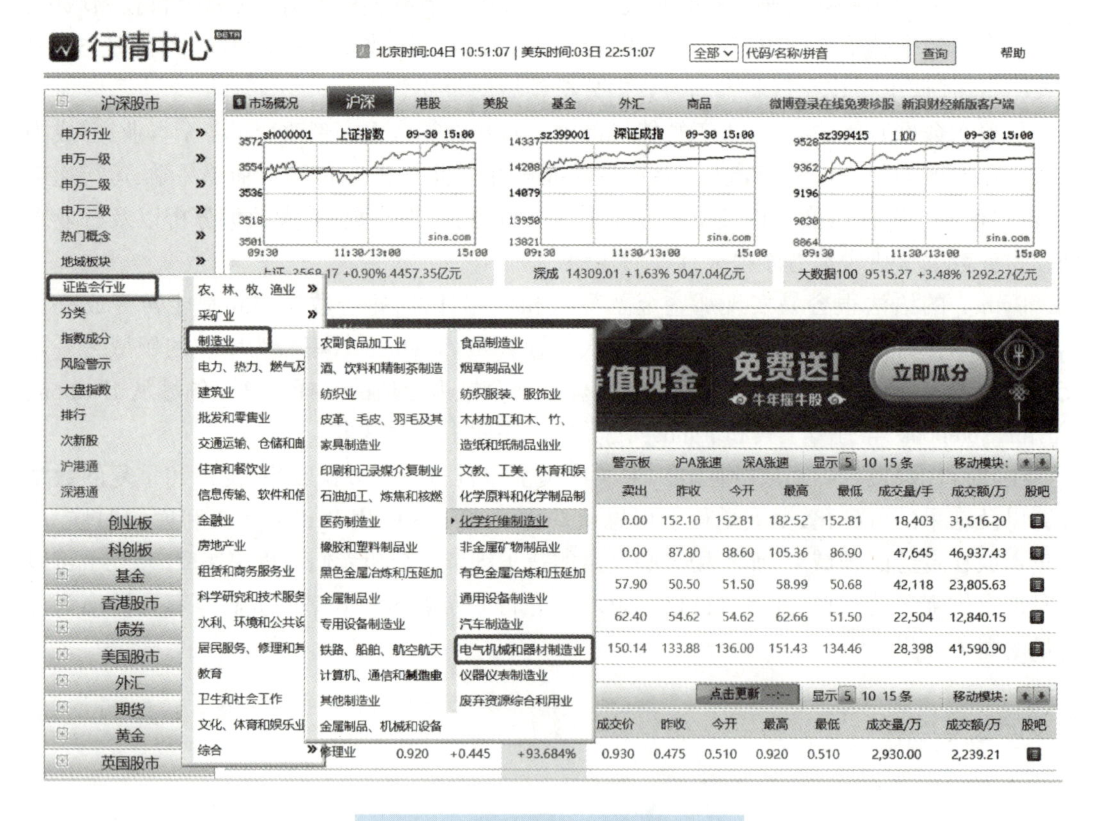

图 4-1　新浪财经股票信息页面

这些就是网站给我们分类好的中国证券监督管理委员会（简称“证监会”）公布的行业信息。我们可以将网站上的各行业的股票信息分别爬取下来，保存到 Excel 表中，然后根据项目需求运用 Python 分析某行业所有上市公司多个年度的多项数据，从而判断该行业及案例企业的经营状况。

案例导入

新浪财经是一家创建于1999年8月的财经平台,经过20余年的发展,已经成为全球华人的首选财经门户。新浪财经在财经类网站中占有超过三分之一的市场份额,始终保持绝对领先优势,市场占有率为第二名的三倍。

如果想要查找新浪财经的历史数据和实时数据,获取便是一个大问题。一些数据不能批量导出,但是我们可以利用爬虫技术从新浪财经获取想要查找的数据。

知识储备

一、爬虫技术获取行业财务数据相关基础知识

(一)什么是爬虫

爬虫是指按照一定的规则自动地从网页上抓取数据的代码或脚本,它能模拟浏览器对存储指定网页的服务器发起请求,从而获得网页的源代码,再从源代码中提取需要的数据。使用爬虫技术获取数据,具有全天候、无人值守、效率高等优点。

(二)爬虫步骤

我们人工在网络上获取需要的数据时,一般按以下步骤进行:

(1) 打开浏览器,输入网址,发送请求。

(2) 服务器通过浏览器展示返回数据。

(3) 从网页中找到自己需要的数据(如文字、图片、视频等)。

(4) 把需要的数据保存起来。

爬虫就是用程序模拟我们访问网页的过程——发出请求→检索需要的数据→保存数据,全程自动化,无须人工干预。其步骤如下:

(1) 获取数据。爬虫程序根据我们提供的网址,自动向服务器发出HTTP请求,获取返回的数据。

(2) 解析数据。爬虫程序把服务器返回的数据解析成我们能读懂的格式。

(3) 提取数据。爬虫程序从解析过的数据中提取出我们需要的数据。

(4) 存储数据。爬虫程序把这些有用的数据保存下来,方便日后的分析和使用。

(三)爬虫相关库的使用

1. Requests库

Requests是Python语言的第三方库,专门用于发送HTTP请求,编写爬虫程序时经常会用到。Requests只返回网页的源代码,并不执行网页中的代码,所以如果网页中需要获取的数据是使用代码获得的,那么就需要使用 Selenium 库。

2. Selenium 库

Selenium 是一款自动化测试利器,可以自动化模拟人操作浏览器的行为,所以也可以用于网络爬虫。Selenium 调用浏览器必须有一个 WebDriver 驱动文件,下载好后把驱动程序放到 Python 安装目录里即可。

3. Beautiful Soup 库

为了向用户友好地显示,请求的网页返回数据中包含了大量的 HTML 标签、CSS 语句、JavaScript 语句等,我们要在返回的文档中提取出所要的数据不是件容易的事情。Beautiful Soup 可以通过解析返回的文档,提供一些简单的函数,为用户提供需要抓取的数据。有了它,我们可以很方便地提取出 HTML 或 XML 标签中的内容。

任务实施

一、任务要求

某机械制造有限责任公司投资人做投资准备时,需要做相应的风险评估,他找了同行业两家公司,想要获取最近一个季度的财务指标,对比分析盈利能力、成长能力、营运能力等,以便做出正确的选择。现在我们需要运用爬虫相关知识帮助他获取新浪财经网站上的数据。

根据需求,我们先看一下人工手动采集数据是如何做的:

(1) 打开 http://vip.stock.finance.sina.com.cn/mkt/,这是新浪财经的股票行情中心页面。

(2) 找到并点击“电气机械和器材制造业”链接(图 4-2),显示行情页面(https://vip.stock.finance.sina.com.cn/mkt/#hangye_ZC38)。

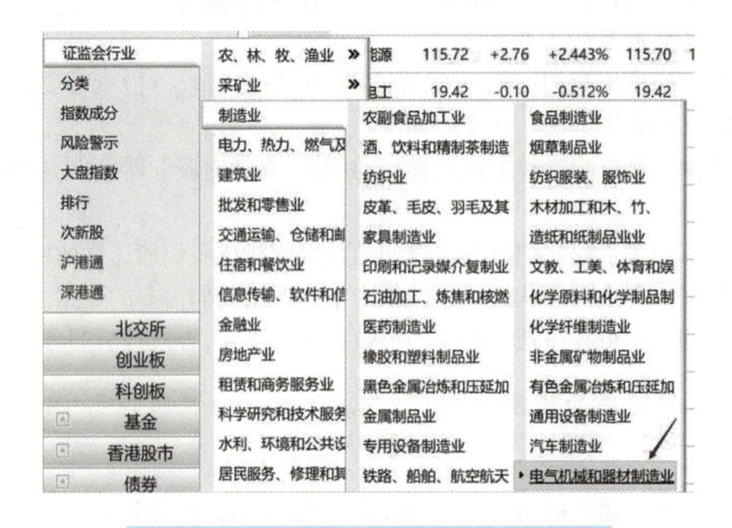

图 4-2　电气机械和器材制作业链接位置

（3）单击第一只股票“德瑞锂电”的代码或名称（图 4-3）。

A股

申万行业 »
申万一级 »
申万二级 »
申万三级 »
热门概念 »
地域板块 »
证监会行业 »
分类 »

行情中心首页 > A股 > 证监会行业 > 制造业 > 电气机械和器材制造业　　每页显示 20 40 80 条

注：点击每列标题可排序。例如：点击"最新价"可以按价格排序　　上一页 1 2 3 ... 8 下一页

代码	名称	最新价	涨跌额	涨跌幅	买入	卖出	昨收	今开	最高	最低	成交量/手	成交额/万	股吧
bj833523	德瑞锂电	25.30	+0.12	+0.477%	25.30	25.31	25.18	25.50	25.99	24.99	6,285	1,608.17	
bj834682	球冠电缆	6.84	-0.11	-1.583%	6.82	6.84	6.95	6.93	6.93	6.84	4,619	317.90	
bj835368	连城数控	90.30	-0.58	-0.638%	90.00	90.30	90.88	90.87	91.50	89.78	1,411	1,273.66	
bj836239	长虹能源	115.72	+2.76	+2.443%	115.70	115.72	112.96	113.35	116.54	112.51	1,958	2,248.21	
sh600089	特变电工	19.42	-0.10	-0.512%	19.42	19.43	19.52	19.49	19.81	19.35	309,086	60,417.24	

图 4-3　行业下的股票信息

（4）在打开的页面中，往下滚动，找到“财务数据”下的“财务指标”链接（图 4-4）并单击。

（5）在财务指标页面中，我们要获取的数据就是它的财务指标。根据需求，这里只需要获取最近一个季度（报告日期为 2021-09-30）的数据（图 4-5），把相关数据复制粘贴到 Excel 表中。

（6）返回到第（3）步的页面，单击第二只股票“球冠电缆”的链接，重复第（4）步和第（5）步。这样我们就手工采集了两只股票的相关信息。

如果想获取更多公司的财务信息，需要不断地重复第（3）步至第（6）步。下面我们使用爬虫完成以上任务。

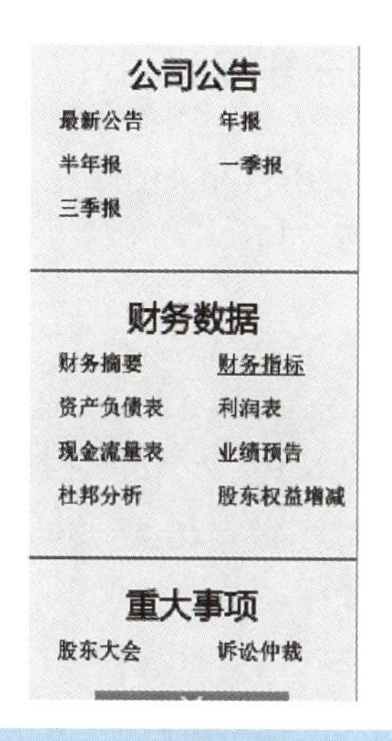

图 4-4　财务指标链接位置

利用爬虫抓取所需数据的主要步骤如下：

（1）获得要抓取的公司代码及名称。

最近访问股　我的自选股

名称	价格（元）	涨跌幅
以下为热门股票		
三峡能源	7.000	-1.27%
京东方A	4.99	0.81%
TCL科技	6.08	-0.49%
中远海控	16.700	-4.24%
格力电器	39.10	-2.25%
比亚迪	250.40	-0.27%
奥园美谷	8.73	1.04%
中国平安	53.550	0.28%
贵州茅台	1984.990	0.79%
上海贝岭	22.230	-4.84%
立讯精密	47.19	-3.67%

▼ 每日必读

股市必察　每日提示
新股上市　龙虎榜单
股市雷达

▼ 公司资料

德瑞锂电　北京 833523　25.30　0.12 0.48%　2022-01-21 15:30:19

昨收盘:25.18 今开盘:25.50 最高价:25.99 最低价:24.99
市值:19.71亿元 流通:9.34 成交:6285手 换手:1.70%

代码/名称/拼音　查询　代码检索　公司资料意见反馈

财务分析：　财务指标　杜邦分析

历年数据：　2021　2020　2019　2018　2017　2016　2015　2014　2013

德瑞锂电(833523) 财务指标

报告日期	2021-09-30	2021-06-30	2021-03-31	2020-12-31
每股指标				
摊薄每股收益(元)	0.4467	0.2743	0.1754	0.5744
加权每股收益(元)	0.52	0.33	0.18	0.6006
每股收益_调整后(元)	0.52	0.33	0.18	0.5996
扣除非经常性损益后的每股收益(元)	—	0.3	—	0.703
每股净资产_调整前(元)	4.9492	4.6163	3.4691	3.3937
每股净资产_调整后(元)	4.9492	4.62	3.4691	3.39
每股经营性现金流(元)	0.3635	0.2536	0.0121	0.9252
每股资本公积金(元)	2.0583	1.853	0.4157	0.4157
每股未分配利润(元)	1.6813	1.5473	1.7809	1.7055
调整后的每股净资产(元)	—	—	—	—
盈利能力				
总资产利润率(%)	7.7237	5.0569	4.0949	13.7832
主营业务利润率(%)	35.3442	35.5909	37.3667	40.8727

图 4-5　财务指标具体信息

（2）抓取两家公司最近一个季度的财务指标信息。

（3）用抓取的数据创建一个 Pandas 的 DataFrame 对象，存储到本地 Excel 文件中。

（4）抓取部分数据如图 4-6 所示，内容是抓取的股票代码为 bj833523、bj834682 的两家公司最近一季度的财务数据。由于数据列太长，图 4-6 仅列出前面几项数据。

股票代码	报告日期	摊薄每股收	加权每股收	每股收益_	扣除非经常	每股净资产	每股净资产	每股经营性	每股资本公	每股未分配	调整后的每	总资产利润	主营业务利	总资产净
bj833523	2021/9/30	0.4467	0.52	0.52	--	4.9492	4.9492	0.3635	2.0583	1.6813	--	7.7237	35.3442	9.939
bj834682	2021/9/30	0.2272	0.23	0.23	--	4.4492	4.4492	-1.5469	1.4408	1.7632	--	2.4068	10.3561	2.555

图 4-6　抓取的部分数据

二、任务操作

（1）引入相关的库。

代码如下：

```
#导入 selenium 库中的 webdriver 模块
from selenium import webdriver
#导入 By 包,方便进行网页中的元素定位
from selenium.webdriver.common.by import By
#导入 requests 库
import requests
#导入 BeautifulSoup,用于解析文档,方便抓取数据
from bs4 import BeautifulSoup as bs
import numpy as np
import pandas as pd
```

以上代码为导入相关的库和模块，以便后续使用它们提供的函数。

（2）使用 Selenium 库模拟登录。

这里使用 Selenium 库，而不使用 Requests 库，是因为要访问的页面源代码中没有我们需要的数据，数据是通过执行代码获取的。我们可以通过在页面上单击右键，在弹出的菜单中选择“查看网页源代码”（图 4-7）或按快捷键【Ctrl】+【U】，查看源代码。

图 4-7　查看网页源代码菜单项

代码如下：

```
#创建 Chrome 浏览器驱动,打开网页时会使用 Chrome 浏览器
browser= webdriver.Chrome()
browser.get('http://vip.stock.finance.sina.com.cn/mkt/#hangye_
  ZC38')  #访问网址
```

（3）获取访问网页内容中的<table>元素。

获取到返回的页面文档后，要根据元素标签或属性在文档中寻找需要的数据，查找的方式有很多种，在这里我们使用 XPath 来进行数据的抽取。XPath，全称 XML Path Language，即 XML 路径语言，是一门在 XML 文档中查找信息的语言，它同样适用于 HTML 文档的搜索。

获取 XPath 路径的方法非常简单，在页面上按【F12】键，打开开发者工具，用鼠标左键在页面上单击需要获取的元素，在元素上单击鼠标右键，选择“Copy”→“Copy full XPath”命令，即可复制这个元素在文档中的 XPath 路径。在这里，我们发现<table>元素下的<tbody>元素里包含了所需要的信息，如图 4-8 所示。我们需要获取它下面的每一行<tr>元素中的内容，所以要先获取 table→tbody 的路径，使我们的程序能够先定位到它，然后把它下面的每一个<tr>元素保存到一个变量中（<tr>元素中包含股票信息），如图 4-9 所示。

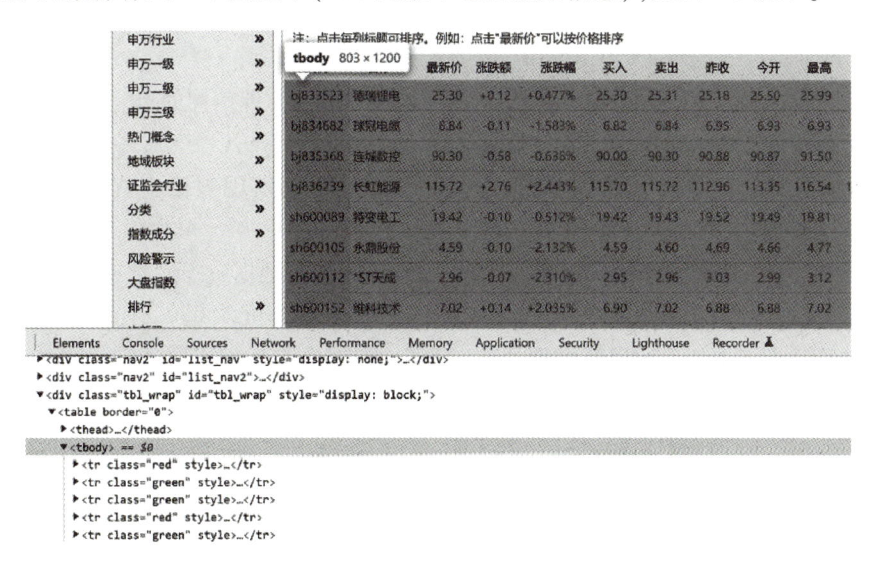

图 4-8 所需信息包含在<table>元素下的<tbody>元素中

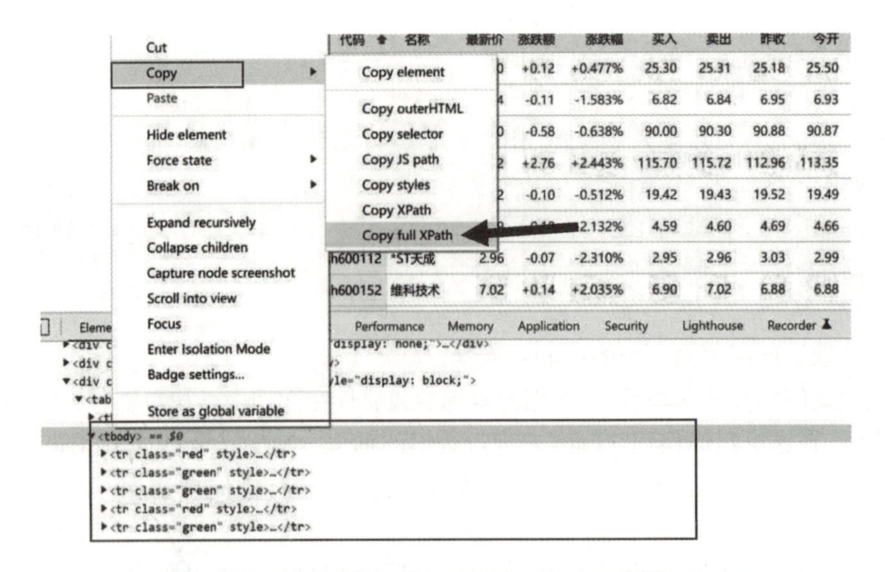

图 4-9　获取 XPath 路径的方法及它下面的所有<tr>元素

代码如下：

```
table=browser.find_element(By.XPATH,'/html/body/div[3]/div[5]/
  div[3]/div[4]/table/tbody')
trs=table.find_elements(By.TAG_NAME,'tr')
```

find_element：定位一个元素。通过查看源代码，我们发现信息都包含在一个表格元素中，所以我们使用 XPath 方式获取表格。

find_elements：定位一组元素。通过查看源代码，我们发现表格中有很多个<tr>元素，所以我们使用它们共有的元素名方式获取。

（4）我们已经把每一行保存到了 trs 变量中，下一步要根据<tr>元素中的内容分离出内容与网址。通过观察，发现每一个<tr>元素中的第一个<th>元素里就有我们需要的股票代码与详情链接（图 4-10）。所以我们遍历 trs 变量，提取每个<tr>元素中第一个<th>元素里的链接地址与文本就可以了。根据需求，我们只取前两只股票的链接与代码。

```
▼<table border="0">
  ▶<thead>…</thead>
  ▼<tbody>
    ▼<tr class="red" style>
      ▼<th class="sort_down">
          <a href="http://biz.finance.sina.com.cn/suggest/lookup_n.php?q=bj833523" target="_blank">bj833523</a> == $0
        </th>
      ▼<th>
        ▶<a href="http://biz.finance.sina.com.cn/suggest/lookup_n.php?q=bj833523" target="_blank">…</a>
        </th>
        <td class="colorize">25.30</td>
```

图 4-10　<tr>元素中包含的数据

代码如下：

```
1  urls=[]  #用于存储股票详情链接
2  codes=[]  #用于存储股票代码
   #爬取股票链接地址,保存到urls列表中,将股票代码保存到codes列表中
3  for tr in trs:
4      url=tr.find_element(by='xpath', value='.//th[1]/a').get_
         attribute('href')
5      urls.append(url)  #把获取到的链接添加到urls列表中
6      code=tr.find_element(by='xpath', value='.//th[1]/a').text
7      codes.append(code)  #把获取到的股票代码添加到codes列表中
8  print('股票代码:', codes)  #打印出股票代码
9  urls=urls[:2]  #通过切片操作截取urls列表中前两个链接地址
10 print('前两只链接:', urls)  #打印出股票的链接
```

第3—7行代码通过for循环获取trs变量里每一个<tr>元素中的链接与股票代码,分别把它们添加到urls列表和codes列表。

执行以上全部代码,会输出爬取到的当前页所有股票代码和前两只股票的链接,输出内容如下：

股票代码：['bj833523', 'bj834682', 'bj835368', 'bj836239', 'sh600089', 'sh600105', 'sh600112', 'sh600152', 'sh600192', 'sh600202', 'sh600241', 'sh600261', 'sh600268', 'sh600290', 'sh600312', 'sh600336', 'sh600379', 'sh600468', 'sh600478', 'sh600481', 'sh600487', 'sh600520', 'sh600522', 'sh600537', 'sh600550', 'sh600577', 'sh600580', 'sh600590', 'sh600651', 'sh600690', 'sh600732', 'sh600847', 'sh600854', 'sh600869', 'sh600884', 'sh600885', 'sh600973', 'sh600983', 'sh601012', 'sh601126']

前两只股票的链接：['http://biz.finance.sina.com.cn/suggest/lookup_n.php? q=bj833523', 'http://biz.finance.sina.com.cn/suggest/lookup_n.php? q=bj834682']

(5) 接下来,我们需要向浏览器发送这两只股票的链接请求,来获取详细内容。我们这里不使用Selenium库,而使用Requests库来发送请求,因为链接中返回的文档源代码中就含有我们需要的内容,而且使用Requests库比使用Selenium库速度更快。

由于我们要多次抓取不同的页面,这些页面的处理代码都是一样的,仅仅是链接不同,我们可以把相同的处理代码封装到一个函数中,然后在需要使用的地方调用它。函数封装与链接内容抓取代码如下：

```
1  def get_soup(url):
2      res=requests.get(url=url, verify=False)
3      res.encoding ="gb18030"
4      soup=Bs(res.text,'lxml')
```

```
5         return soup
6     whole_data=[]
7     for url in urls:
8         soup= get_soup(url)
9         columns=[]
10        data=[]
11        alink=soup.find_all('a', text='财务指标')
12        if len(alink)>0:
13            page_url=alink[0].get('href')
14            print('正在爬取' + page_url)
15            page_soup= get_soup(page_url)
16            columns_dom=page_soup.select('#BalanceSheetNewTable0>
                tbody>tr> td:nth-child(1)')
17            for col in columns_dom:
18                if col.next_sibling is not None:
19                    columns.append(col.text)
20            datas_dom=page_soup.select('#BalanceSheetNewTable0>
                tbody>tr>td:nth-child(2)')
21            for td in datas_dom:
22                data.append(td.text)
23        whole_data.append(data)
```

代码详解：

第 1—5 行：定义了 get_soup( ) 函数，接收一个 url 参数，函数体内使用 requests.get( ) 方法发送 url 请求，返回的文档使用 Beautiful Soup 的 LXML 解析器来解析，并返回解析后的内容给函数调用者。

第 7—23 行：使用 for 循环依次获取两只股票的数据。

第 8 行：调用 get_soup( ) 函数，并给它传递当前 for 循环下的 url 链接地址，接收函数返回的内容到 soup 变量。

第 11 行：使用变量 alink 存储返回的内容里文字为“财务指标”的链接。

第 12 行：进行判断，如果 alink 长度大于 0，说明存在“财务指标”链接，则先获取“财务指标”链接地址，再调用 get_soup( ) 函数获取这个链接里的内容。

第 16 行：获取返回内容里表格中每一行的第一列内容并存储到 columns_dom，如图 4-11 所示的左侧框中数据。select( ) 方法中参数为 CSS 选择器写法，可以使用开发者工具，在元素上单击鼠标右键，选择“Copy”→“Copy Selector”命令来获得。

德瑞锂电(833523) 财务指标				
报告日期	2021-09-30	2021-06-30	2021-03-31	2020-12-31
每股指标				
摊薄每股收益(元)	0.4467	0.2743	0.1754	0.5744
加权每股收益(元)	0.52	0.33	0.18	0.5996
每股收益_调整后(元)	0.52	0.33	0.18	0.5996
扣除非经常性损益后的每股收益(元)	—	0.3	—	0.703
每股净资产_调整前(元)	4.9492	4.6163	3.4691	3.3937
每股净资产_调整后(元)	4.9492	4.62	3.4691	3.39
每股经营性现金流(元)	0.3635	0.2536	0.0121	0.9252
每股资本公积金(元)	2.0583	1.853	0.4157	0.4157
每股未分配利润(元)	1.6813	1.5473	1.7809	1.7055
调整后的每股净资产(元)	—	—	—	—
盈利能力				
总资产利润率(%)	7.7237	5.0569	4.0949	13.7832
主营业务利润率(%)	35.3442	35.5909	37.3667	40.8727
总资产净利润率(%)	9.9395	6.2851	4.1512	15.7416
成本费用利润率(%)	35.5683	35.8105	39.7233	30.2292
营业利润率(%)	25.3954	25.7689	27.1443	22.4572
主营业务成本率(%)	64.1185	63.7957	62.1489	58.2914
销售净利率(%)	22.214	22.4189	23.5793	19.7386
股本报酬率(%)	44.6653	27.429	17.54	57.4364
净资产报酬率(%)	9.0248	5.9417	5.0561	16.9244

图 4-11　需要获取的列数据与最近一季度数据

第 17—19 行：遍历 columns_dom 每个单元格，如果此单元格后还有单元格，则把这个单元格内容添加到 columns 列表。这样可以过滤掉“每股指标”“盈利能力”等没有具体数据的指标。

第 20 行：获取返回的内容里表格中每一行的第二列内容（“2021-09-30”所在列）至 datas_dom 变量，如图 4-11 所示的右侧框中数据。

第 21、22 行：遍历 datas_dom 变量中的每一个单元格，把内容添加到 data 列表。

第 23 行：把 data 列表添加到 whole_data 列表中。执行完此条语句后，本次 for 循环结束。

for 循环执行两次后，whole_data 列表中会有两只股票的“2021-09-30”列的指标数据。

（6）所需要的数据已经抓取完毕，各种指标被放到了 columns 列表中，两只股票最近一季度的数据被放到了 whole_data 列表中。

（7）下面我们以 columns 列表中的各种指标为列名，以 wholc_data 列表中的数据为每行的数据，将它们生成为一个二维表，存储到 Excel 文件中。

```
1  df=pd.DataFrame(whole_data,columns=columns)
2  df['股票代码']=codes[:2]
3  df.set_index('股票代码',inplace=True)
4  df.to_excel('stock.xlsx')
5  print('文件生成成功!')
6  browser.quit()
```

代码详解：

第 1 行：根据 columns 和 whole_data 生成 DataFrame。

第 2 行：添加一列，列名为“股票代码”，值为 codes 变量中的前两个代码（bj833523，bj834682），即我们获取财务数据的两只股票的代码。添加完成后，“股票代码”在最后一列。

第 3 行：把“股票代码”列设置为索引，且设置 inplace=True，这样会直接在 df 中进行修改，执行完后，“股票代码”在第一列。

第 4 行：使用 to_excel()方法把 df 中的数据存储到“stock.xlsx”中。

第 5 行：输出提示信息。

第 6 行：退出之前 Selenium 创建的 chrome 驱动并关闭所有关联的浏览器窗口。

最后生成的 Excel 文件部分截图如图 4-12 所示。

	A	B	C	D	E	F	G	H	I	J	K	L	M	N	O
1	股票代码	报告日期	每股收益	每股收益	收益_调整	损益后的	资产_调整	资产_调整	营性现金	资本公积金	未分配利润	的每股净	资产利润率	业务利润率	产净利润率
2	bj833523	2021-09-3	0.4467	0.52	0.52	--	4.9492	4.9492	0.3635	2.0583	1.6813	--	7.7237	35.3442	9.9395
3	bj834682	2021-09-3	0.2272	0.23	0.23	--	4.4492	4.4492	-1.5469	1.4408	1.7632	--	2.4068	10.3561	2.5558

图 4-12　爬取的部分数据截图

任务二　应用 Pandas 进行数据清洗及整理

任务描述

在实际操作中，采集到的数据往往会存在很多异常情况，如数据中的重复值、异常值、空值，以及多余的空格和大小写错误的问题。这些异常直接影响数据分析效果，使结果出现偏差，所以在数据分析之前要对数据进行必要的清洗与整理。

数据清洗就是过滤那些不符合数据分析要求和自身异常的数据，主要包括对缺失数据、错误数据和重复数据的处理。这是一项复杂且烦琐的工作，同时也是整个数据分析过程中最为重要的环节。好的数据分析师必定是一名数据清洗高手，因为在整个数据分析过程中，数据清洗会花费 80%的时间。数据清洗的目的是让数据标准、干净。

一般情况下，数据经过清洗后，可能仍然无法满足数据分析需求，还要经过进一步的加工处理，如数据抽取、数据转换、数据计算等，最终形成简洁、规范、清晰的数据，为进行后续的分析工作做好准备。本任务我们将学习对不规范的数据进行清洗与整理。

案例导入

易购买是互联网行业企业，员工遍布全球。企业工会利用网络调查问卷方式收集了海外员工基本信息，但由于没有设置数据有效性检查，数据汇总后，发现了各种各样的问题。为了对收集的数据进行有效统计分析，需要先对数据进行整理。

知识储备

数据清洗、整理的主要类型和方法

数据清洗就是把数据变得干净、规整。这里概括讲解数据清洗和整理涉及的几个主要方面。

1. 重复值

重复值是指表格中重复出现的数据。对于重复数据的处理需要与业务部门确认,判断其是否合理有效,一般的去重操作就是直接删除。

2. 错误值

销量为负数、小数位数不统一、拼写错误、逻辑错误等情况属于数据值错误。

半角/全角字符、中英文字符存储错误,数据存储的编码错误,数据值头尾或中间有空格等情况属于数据格式错误。

日期型数据存储成数值型数据、数值型数据存储为字符型数据等情况属于数据类型错误。

3. 异常值

有的数据中有一个或多个异常大或小的数值,超出了这份数据实际的限定范围,例如一个人的年龄为200岁。若数据存在异常,则需要抽取限定范围的数据,过滤异常值。

4. 缺失值

在处理数据时经常会遇见数据统计不完整的情况,我们一般将那些缺失的数据称为缺失值。如果不是关键字段内容缺失,同时缺失数据占数据总量比例不大,则直接删除即可。如果数据本身就少,则根据数据的取值分布,选择有相同属性的数据进行替换,如众数、算数平均数、中位数、最大值、最小值等有代表性的数据,这种方法简单、直观且有一定的依据。

5. 属性丰富化

数据中也可以根据业务日期提取年、月、日这些属性来丰富数据的处理。

没有高质量的数据就没有高质量的分析结果,数据清洗及整理在数据分析中十分重要。

任务实施

一、任务要求

对采集来的数据进行分析、清洗、整理。

二、任务操作

1. 导入相关库

代码如下:

```
Import pandasas pd
```

2. 读取数据,观察数据

代码如下:

```
df=pd.read_excel('FriendsInfo.xlsx')
df
```

代码执行结果如图 4-13 所示。

	姓名	年龄	街区	所在地	喜欢颜色
0	Tranter, Melvyn	33.0	Region A	TORONTO	green\n
1	Lana, Courtne	32.0	Region A	LONDON	red\n
2	Abel, Shakti	40.0	Region B	New york	yellow\n
3	Vasu, Imogene	NaN	Region C	ATLANTA	blue
4	Lana, Courtne	32.0	Region A	LONDON	red
5	NaN	NaN	NaN	NaN	NaN

图 4-13　读取的原始数据

仔细观察这个数据集,发现存在整行数据缺失、年龄数据缺失、“街区”列有多余内容、“所在地”列单词大小写不统一、“喜欢颜色”列有特殊字符、索引为 1 和 4 的行内容重复等情况。为了方便后续正确分析数据,首先需要对这个数据集进行数据清洗与整理。

3. 数据清洗与整理

(1) 在 Pandas 中清理字符串。

Pandas 有着强大的文本数据处理能力,它可以去除字符串中的指定字符,将字符串拆分为列,替换字符串中的文本,等等。使用方法是先获取 Series 的 str 属性,然后在属性上调用函数,来完成对字符串的处理。Series.str 并不是 Python 原生字符串,而是 Series 自己的一套方法,不过大部分内容和原生 str 很相似。需要注意的是,DataFrame 上没有 str 属性和处理方法。

① 去除字符串中的指定字符。

我们可以看到“喜欢颜色”列在部分值的后面有个额外的特殊字符,可能是在采集的时候产生的,需要去除这个特殊字符。由于这个字符在值的后面(右面),我们可以使用字符串的 rstrip( ) 函数来去除。

代码如下:

```
1  df.loc[:,'喜欢颜色']=df['喜欢颜色'].str.rstrip(r'\n')
2  df
```

第 1 行代码先获得“喜欢颜色”列的 str 属性,然后调用 rstrip( ) 函数。由于'\'是一个特殊字符,代表转义,'\n'就表示换行,所以不能直接写'\n'。可以在前面加上一个 r,指明是字符的原始值,不作为转义字符。

代码执行结果如图 4-14 所示。

	姓名	年龄	街区	所在地	喜欢颜色
0	Tranter, Melvyn	33.0	Region A	TORONTO	gree
1	Lana, Courtne	32.0	Region A	LONDON	red
2	Abel, Shakti	40.0	Region B	New york	yellow
3	Vasu, Imogene	NaN	Region C	ATLANTA	blue
4	Lana, Courtne	32.0	Region A	LONDON	red
5	NaN	NaN	NaN	NaN	NaN

图 4-14 处理“喜欢颜色”列后的数据

② 将字符串拆分为列。

“姓名”列包含姓氏和名字，为了达到使数据整洁的目的，我们希望将此列分成两列，分别对应姓氏和名字。

Pandas 提供了 split( ) 函数来进行字符串的拆分，其语法如下：

```
pandas.Series.str.split(pat=None, n=-1, expand=False)
```

split( ) 函数各参数意义如下：

pat：分列的依据，可以是空格、符号、字符串等。

n：代表分割的次数，默认值为-1，即能分割多少次就分割多少次。

expand：决定了分割后的结果是分布在多列（返回 DataFrame）还是分布在一列（返回 Series），默认为 False，分布在一列中。

在此我们需要导入 expand=True 参数，以指示 Pandas 将值拆分为多列。

代码如下：

```
df[['姓','名']]=df['姓名'].str.split(',',expand=True)
df
```

代码执行结果如图 4-15 所示。

	姓名	年龄	街区	所在地	喜欢颜色	姓	名
0	Tranter, Melvyn	33.0	Region A	TORONTO	gree	Tranter	Melvyn
1	Lana, Courtne	32.0	Region A	LONDON	red	Lana	Courtne
2	Abel, Shakti	40.0	Region B	New york	yellow	Abel	Shakti
3	Vasu, Imogene	NaN	Region C	ATLANTA	blue	Vasu	Imogene
4	Lana, Courtne	32.0	Region A	LONDON	red	Lana	Courtne
5	NaN	NaN	NaN	NaN	NaN	NaN	NaN

图 4-15 拆分“姓名”列后的数据

③ 替换字符串中的文本。

在“街区”列中，“Region”一词是多余的。我们可以使用 replace( ) 函数来替换字符串中的文本。该函数接收一个被替换的字符串和一个想要替换为的字符串。因为我们想删除一个子字符串，所以我们只需要传入一个空字符串来替换。

代码如下：

```
df.loc[:,'街区']=df['街区'].str.replace('Region','')
df
```

代码执行结果如图 4-16 所示。

	姓名	年龄	街区	所在地	喜欢颜色	姓	名
0	Tranter, Melvyn	33.0	A	TORONTO	gree	Tranter	Melvyn
1	Lana, Courtne	32.0	A	LONDON	red	Lana	Courtne
2	Abel, Shakti	40.0	B	New york	yellow	Abel	Shakti
3	Vasu, Imogene	NaN	C	ATLANTA	blue	Vasu	Imogene
4	Lana, Courtne	32.0	A	LONDON	red	Lana	Courtne
5	NaN	NaN	NaN	NaN	NaN	NaN	NaN

图 4-16　删除“街区”列中多余字符串后的数据

④ 更改字符串大小写。

下面我们将修复“所在地”列中存在的大小写不一致的情况，Pandas 提供了一些更改字符串大小写的方法：

upper( )方法可以将字符串全部转换为大写。

lower( )方法可以将字符串全部转换为小写。

title( )方法可以将字符串转换为每个单词首字母大写。

我们希望“所在地”列每个单词首字母为大写，因此我们可以将 title( ) 方法应用于字符串。

代码如下：

```
df.loc[:,'所在地']=df['所在地'].str.title()
df
```

代码执行结果如图 4-17 所示。

	姓名	年龄	街区	所在地	喜欢颜色	姓	名
0	Tranter, Melvyn	33.0	A	Toronto	gree	Tranter	Melvyn
1	Lana, Courtne	32.0	A	London	red	Lana	Courtne
2	Abel, Shakti	40.0	B	New York	yellow	Abel	Shakti
3	Vasu, Imogene	NaN	C	Atlanta	blue	Vasu	Imogene
4	Lana, Courtne	32.0	A	London	red	Lana	Courtne
5	NaN	NaN	NaN	NaN	NaN	NaN	NaN

图 4-17 更改“所在地”中单词首字母为大写后的数据

(2) 在 Pandas 中处理缺失数据。

可以看到,数据集中包含了许多 NaN 值,这些空值对于数据分析来说毫无意义,我们需要对它们进行处理。

① 统计 Pandas DataFrame 中的缺失值。

Pandas 提供了一个非常有用的函数 isnull( ),它可以识别一个值是否丢失, 该方法返回一个布尔值,要么为 True(True 值为 1)要么为 False(False 值为 0)。

我们使用 isnull( ) 函数和 sum( ) 函数来统计缺失值。

代码如下:

```
#统计 True 的和,因为 True 是用 1 来表示的,所以和为多少就代表有多少个空值
df.isnull().sum()
```

代码执行结果如图 4-18 所示。

```
姓名        1
年龄        2
街区        1
所在地       1
喜欢颜色      1
姓         1
名         1
dtype: int64
```

图 4-18 缺失值统计

从统计结果可以看出,“年龄”列有 2 个空值,其他列都有一个空值。在处理丢失的数据时,我们可以采取删除记录或填充数据的方法。

② 删除缺失值。

我们先来看删除记录,Pandas 提供了 dropna( ) 函数,用于删除丢失的数据。

dropna( ) 函数的使用方法如下:

```
df.dropna(
    axis=0,  #0 指按行,1 指按列,默认为 0
```

```
    #取值为 any 表示只要有一个 NaN 值就删除,取值为 all 表示全部为 NaN 值才删除
    how='any',
    #参数可为数值 n,指明一行中非空的列数大于等于 n。默认为 None,不使用
    thresh=None,
    #参数为列名,如果列里面有空值,就去掉行。默认为 None,不使用
    subset=None,
    #是否在当前的 df 中直接修改
    inplace=False
)
```

默认情况下,Pandas 将删除缺少任何值的记录。所以在使用此函数时要确定删除记录的原则。在这里,我们把 how 参数置为 all,仅在所有记录都丢失时才删除。

代码如下:

```
df2=df.dropna(how='all')
df2
```

代码执行结果如图 4-19 所示。

	姓名	年龄	街区	所在地	喜欢颜色	姓	名
0	Tranter, Melvyn	33.0	A	Toronto	gree	Tranter	Melvyn
1	Lana, Courtne	32.0	A	London	red	Lana	Courtne
2	Abel, Shakti	40.0	B	New York	yellow	Abel	Shakti
3	Vasu, Imogene	NaN	C	Atlanta	blue	Vasu	Imogene
4	Lana, Courtne	32.0	A	London	red	Lana	Courtne

图 4-19　删除所有值为空值行后的数据

这时,再使用 df.isnull().sum()函数进行统计,会看出只剩下“年龄”列的一个缺失值了。

③ 在 Pandas DataFrame 中填充缺失的数据。

因为删除丢失的数据会从记录中删除任何关联数据,所以删除前要确认这样做不会影响我们的后续分析。因此,有时候填充缺失值会很有帮助。

我们可以使用 fillna()方法执行填充缺失值操作。该方法可以应用于整个 DataFrame 或单个列,通过填写一个常数作为参数,所有缺失值都将替换为该值,或者是估算它们的值,用估值来替换缺失值。

在这个数据集中,我们可以用平均年龄填充缺失的年龄值,通过传入该列的平均值来实现。

代码如下：

```
df.loc[:,'年龄']=df['年龄'].fillna(round(df['年龄'].mean()))
df
```

代码执行结果如图 4-20 所示。

	姓名	年龄	街区	所在地	喜欢颜色	姓	名
0	Tranter, Melvyn	33.0	A	Toronto	gree	Tranter	Melvyn
1	Lana, Courtne	32.0	A	London	red	Lana	Courtne
2	Abel, Shakti	40.0	B	New York	yellow	Abel	Shakti
3	Vasu, Imogene	34.0	C	Atlanta	blue	Vasu	Imogene
4	Lana, Courtne	32.0	A	London	red	Lana	Courtne

图 4-20 填充“年龄”缺失值后的数据

（3）在 Pandas 中处理重复数据。

由于多种原因，数据集中可能会存在重复的数据，这种情况有时候会给数据完整性带来严重问题。

在这个数据集中我们发现索引为 1 和 4 的记录是完全重复的。在数据量很大的情况下，我们是无法通过人工去识别重复记录的。Pandas 提供了一个有用的函数来识别数据集中的重复记录，即 duplicated( ) 函数。该函数与 isnull( ) 函数类似，在存在重复记录时返回布尔值，其语法如下：

```
DataFrame.duplicated(subset=None, keep='first')
```

subset 参数的值是列名，表示将列对应值相同的行进行标记，默认所有列。

keep 用来指明标记方式取值为 first、last、False。默认值为 first，除了第一次出现外，其余相同的值被标记为重复；last 表示除了最后一次出现外，其余相同的值被标记为重复；False 表示所有相同的值都被标记为重复。

代码如下：

```
df.duplicated()  #显示 df 中每一行是否与前面的行完全重复
```

代码执行结果如图 4-21 所示。

```
0     False
1     False
2     False
3     False
4      True
dtype: bool
```

图 4-21 查看重复行

当数据量很大的情况下,我们可以简单地将上面的 Series 相加来确定存在多少重复记录(False 为 0,True 为 1)。

代码如下:

```
df.duplicated().sum()  #返回结果为 1
```

确定了重复记录后,需要删除重复数据,Pandas 使用 drop_duplicates( )函数可以轻松删除重复记录。该函数语法如下:

```
df.drop_duplicates(
    subset=None,
    keep='first',
    inplace=False,
    ignore_index=False
)
```

该语法中 subset 和 keep 的意义与 duplicated( )函数的意义一样。inplace 表示是否直接在 df 中删除,默认为 False。ignore_index 表示去除行后是否自动重新分配自然索引(0,1,…,n-1)。

代码执行结果如图 4-22 所示。

	姓名	年龄	街区	所在地	喜欢颜色	姓	名
0	Tranter, Melvyn	33.0	A	Toronto	gree	Tranter	Melvyn
1	Abel, Shakti	40.0	B	New York	yellow	Abel	Shakti
2	Vasu, Imogene	34.0	C	Atlanta	blue	Vasu	Imogene
3	Lana, Courtne	32.0	A	London	red	Lana	Courtne

图 4-22 删除重复记录后的数据

(4) 将“姓”“名”列放到最前面,把原来的“姓名”列删除。

代码如下:

```
1  df=df.drop('姓名',axis=1)
2  df=df[['姓','名','年龄','街区','所在地','喜欢颜色']]
3  df
```

代码执行结果如图4-23所示。

	姓	名	年龄	街区	所在地	喜欢颜色
0	Tranter	Melvyn	33.0	A	Toronto	gree
1	Abel	Shakti	40.0	B	New York	yellow
2	Vasu	Imogene	34.0	C	Atlanta	blue
3	Lana	Courtne	32.0	A	London	red

图4-23 调整列顺序与删除多余列后的数据

经过上面的一些清洗、整理操作,数据集已经变得非常规整了,这为我们接下来的分析做好了基础工作。

任务三 对行业数据或指标进行分析及可视化展示

任务描述

数据可视化,是关于数据视觉表现形式的科学技术研究。人大脑的三分之一是用来处理视觉信息的,因此数据可视化的运用可以帮助人们更快速、方便地获取数据并理解隐藏在数字背后的信息。通过数据可视化,我们可以在错综复杂的数据之间建立联系,从而发现其中的规律和特征,获得具有商业价值的信息。

数据可视化与信息图形、信息可视化、科学可视化及统计图形密切相关。当前,在研究、教学和开发领域,数据可视化乃是一个极为活跃而又关键的方面。在本任务中,我们学习如何利用Python实现数据可视化。

案例导入

在现今这个越来越重视信用的社会,如何提高信用成为个人和企业迫切需要解决的问题。在信用评级过程中,有很多因素对信用等级的评定发挥着重要作用。

在企业的信用评级体系中,占据最重要位置的因素便是财务指标。海尔智能家居公司(简称"海尔智家")属于电气机械及器材制造业行业,公司决策团队想汇总分析本行业2015年至2020年的偿债能力指标、盈利能力指标、运营能力指标、成长能力指标等关键指标,以了解整个行业的收入与利润规模、盈利能力、劳动能力、偿债能力及成长性,进而评估

行业发展前景。

知识储备

一、Pandas 数据转置

Pandas 中的 DataFrame 具有行和列，数据转置就是把行和列互换。在数据分析中，我们为了更准确地研究数据，常常需要把数据进行行列转置。图 4-24 为数据转置示意图。

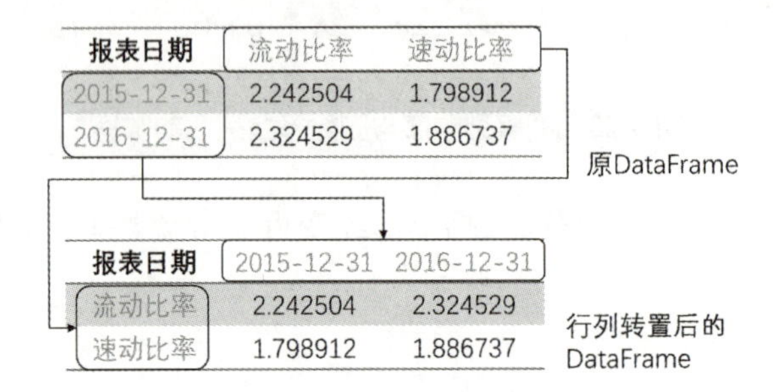

图 4-24　行列转置示意图

我们常使用 pandas.DataFrame.T 属性来进行数据转置操作，非常简便。DataFrame.T 属性（df.T 属性）是 DataFrame.transpose( ) 方法的别名、简写方法，我们只要记住“.T”就可以。

下面以实例演示行列转置，代码如下：

```
import pandas as pd
data = {'报表日期':['2015-12-21', '2016-12-31'],
        '流动比率':[2.242504, 1.798912],
        '速动比率':[2.324529, 1.886737]}
df = pd.DataFrame(data)
df=df.set_index('报表日期')
df
```

代码执行结果如图 4-25 所示。

	流动比率	速动比率
报表日期		
2015-12-21	2.242504	2.324529
2016-12-31	1.798912	1.886737

图 4-25　生成的示例数据

下面我们需要把行和列互换。

```
1  df1=df.T
2  df1
```

第 1 条语句使用了 df.T 属性来完成行列互换，对应的数据值也会正确互换，互换后的结果赋值给 df1 变量。代码执行结果如图 4-26 所示。

报表日期	2015-12-21	2016-12-31
流动比率	2.242504	1.798912
速动比率	2.324529	1.886737

图 4-26 行列互换后的数据

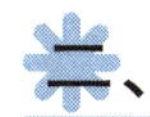

二、使用 Matplotlib 进行绘图

Matplotlib 是 Python 中一个非常实用的库。Pyplot 是 Matplotlib 中最常用的绘图模块，可以绘制各式各样的 2D 图表，包括折线图、条形图、饼图、雷达图等。

Pyplot 包含一系列绘图函数的相关函数，每个函数会对当前的图像进行一些修改，利用这些函数，我们可以绘制出所需的图形。

Pyplot 绘图模块的基本用法如下：

```
1  import matplotlib.pyplot as plt
   #导入 matplotlib 中的 pyplot 库,设置别名为 plt
2  fig=plt.figure(num=1,figsize=(4,4))
   #num 代表数量,figsize 代表尺寸,单位是英寸
3  plt.subplot(111) #111 表示将画布分为 1x1 布局,选中第一个子图进行操作
4  plt.plot([1,2,3,4],[1,2,3,4])
5  plt.show()
```

上述代码是最基本的绘制图形语句，生成的图形如图 4-27 所示。

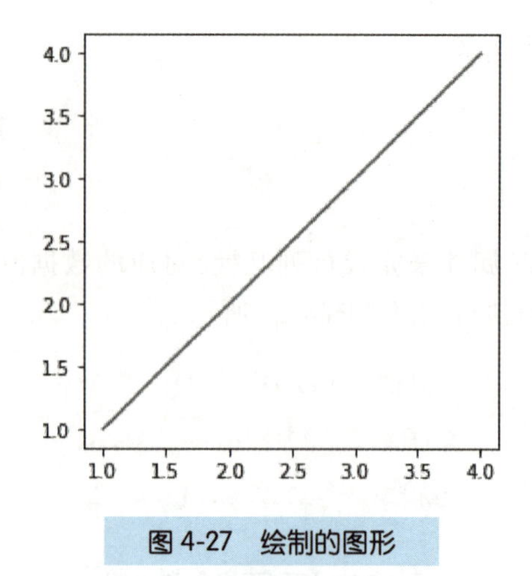

图 4-27 绘制的图形

在绘图语句中，figure 创建画布，subplot 创建子图，绘图只能在子图上进行。上述代码中如果省略第 3 行语句，那么 plt 就会自动创建一个子图，并占满整个画布。

一般完整结构的基本绘图流程如图 4-28 所示，最简单的流程为图中加粗部分。

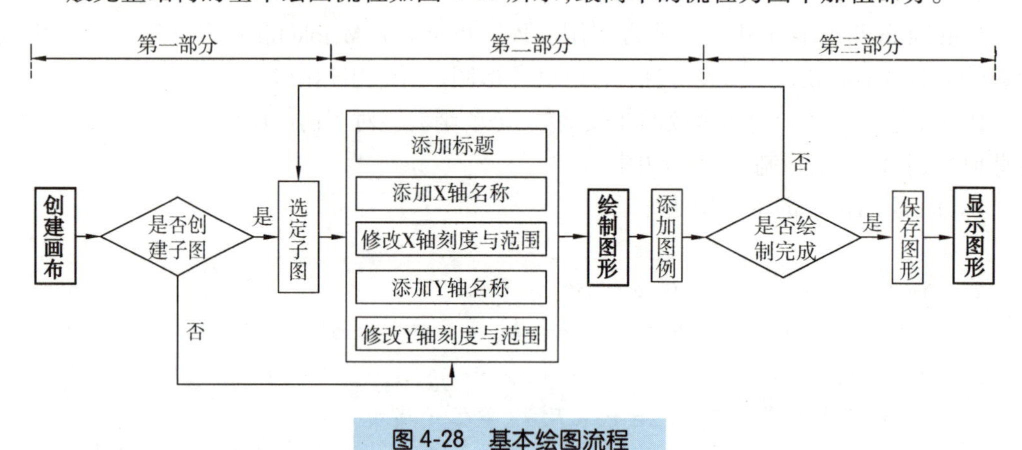

图 4-28 基本绘图流程

任务实施

一、任务要求

我们已经将新浪财经网站上股票信息中的公司简介、资产负债表、利润表、现金流量表、财务指标等都打包分装在 Onez 库中，那么接下来使用开源库 Onez 获取行业经济数据，并利用 Pandas 和 Matplotlib 库对数据进行清洗和可视化分析。

（1）在大数据中分析“电气机械及器材制造业”相关财务指标数据，生成一个 Excel 表，包含此行业 2015 年至 2020 年的偿债能力、盈利能力、运营能力、成长能力四大指标数据表。

（2）分别为四个能力表生成折线图。

二、任务操作

1. 导入 Onez、Pandas 库

代码如下：

```
import onez.finance as finance
import onez.tools as tools
import pandas as pd
from matplotlib import pyplot as plt
```

2. 定义要分析的行业

代码如下：

```
industry='电气机械及器材制造业'
```

用于分析的数据量非常大，包含的行业非常多。我们定义 industry 变量为我们本次要分析的行业“电气机械及器材制造业”。

3. 获取所要分析行业的财务指标数据

(1) 获取所要分析行业的财务指标数据。

代码如下：

```
1  json=finance.getIndustry(industry,'财务指标')
2  figIndDf=pd.DataFrame(json)
3  figIndDf
```

代码详解：

第 1 行：使用 finance 提供的 getIndustry( ) 函数获取“电气机械及器材制造业”的“财务指标”数据。getIndustry( ) 函数中第一个参数为我们要分析的行业，第二个参数为要获取的数据类别。

第 2 行：根据获取到的数据生成 DataFrame，赋给 figIndDf 变量。结果如图 4-29 所示。

	名称	代码	所属行业	报表日期	摊薄每股收益(元)	加权每股收益(元)	每股收益_调整后(元)	扣除非经常性损益后的每股收益(元)	每股净资产_调整前(元)	每股净资产_调整后(元)	...	2-3年以内应收帐款(元)	3年以内应收帐款(元)	1年以内预付货款(元)	1-2年以内预付货款(元)	2-3年以内预付货款(元)	3年以内预付货款(元)	1年以内其它应收款(元)	1-2年以内其它应收款(元)	2-3年以内其它应收款(元)	3年以内应收帐
0	龙源技术	sz300105	制造业-电气机械及器材制造业	2020-12-31	0.0191	0.0191	0.0191	-0.0353	3.6216	3.6216	...	4.29807e+07	4.86245e+07	–	2.84861e+06	2.11848e+06	–	–	223583	33143.1	30
1	龙源技	sz300105	制造业-电气机械及器	2019-12-31	0.0266	0.0272	0.0272	-0.047	3.8041	3.8041	...	2.7292e+07	5.94516e+07	–	4.675e+06	1.80856e+06	–	–	179459	44142	32

图 4-29　获取的数据

(2) 查看变量 figIndDf 中的列名。

代码如下：

```
figIndDf.columns
```

如图 4-30 所示为要分析的数据表中所有的列名。

```
Index(['名称', '代码', '所属行业', '报表日期', '摊薄每股收益(元)', '加权每股收益(元)', '每股收益_调整后(元)',
       '扣除非经常性损益后的每股收益(元)', '每股净资产_调整前(元)', '每股净资产_调整后(元)', '每股经营性现金流(元)',
       '每股资本公积金(元)', '每股未分配利润(元)', '调整后的每股净资产(元)', '总资产利润率(%)', '主营业务利润率(%)',
       '总资产净利润率(%)', '成本费用利润率(%)', '营业利润率(%)', '主营业务成本率(%)', '销售净利率(%)',
       '股本报酬率(%)', '净资产报酬率(%)', '资产报酬率(%)', '销售毛利率(%)', '三项费用比重', '非主营比重',
       '主营利润比重', '股息发放率(%)', '投资收益率(%)', '主营业务利润(元)', '净资产收益率(%)',
       '加权净资产收益率(%)', '扣除非经常性损益后的净利润(元)', '主营业务收入增长率(%)', '净利润增长率(%)',
       '净资产增长率(%)', '总资产增长率(%)', '应收账款周转率(次)', '应收账款周转天数(天)', '存货周转天数(天)',
       '存货周转率(次)', '固定资产周转率(次)', '总资产周转率(次)', '总资产周转天数(天)', '流动资产周转率(次)',
       '流动资产周转天数(天)', '股东权益周转率(次)', '流动比率', '速动比率', '现金比率(%)', '利息支付倍数',
       '长期债务与营运资金比率(%)', '股东权益比率(%)', '长期负债比率(%)', '股东权益与固定资产比率(%)',
       '负债与所有者权益比率(%)', '长期资产与长期资金比率(%)', '资本化比率(%)', '固定资产净值率(%)',
       '资本固定化比率(%)', '产权比率(%)', '清算价值比率(%)', '固定资产比重(%)', '资产负债率(%)', '总资产(元)',
       '经营现金净流量对销售收入比率(%)', '资产的经营现金流量回报率(%)', '经营现金净流量与净利润的比率(%)',
       '经营现金净流量对负债比率(%)', '现金流量比率(%)', '短期股票投资(元)', '短期债券投资(元)',
       '短期其他经营性投资(元)', '长期股票投资(元)', '长期债券投资(元)', '长期其他经营性投资(元)', '1年以内应收帐款(元)',
       '1-2年以内应收帐款(元)', '2-3年以内应收帐款(元)', '3年以内应收帐款(元)', '1年以内预付货款(元)',
       '1-2年以内预付货款(元)', '2-3年以内预付货款(元)', '3年以内预付货款(元)', '1年以内其他应收款(元)',
       '1-2年以内其他应收款(元)', '2-3年以内其他应收款(元)', '3年以内其他应收款(元)'],
      dtype='object')
```

图 4-30 figIndDf 中的列名

4. 把相关财务指标按报表日期取行业平均值并归类

将上述列中的财务指标分为“偿债能力指标”“盈利能力指标”“运营能力指标”“成长能力指标”四类。各能力指标具体包含的财务指标见表 4-1。

表 4-1 财务指标归类表

能力指标	所包含主要财务指标
偿债能力指标	流动比率、速动比率、资产负债率(%)、股东权益比率(%)、长期负债比率(%)、长期债务与营运资金比率(%)、负债与所有者权益比率(%)、长期资产与长期资金比率(%)、产权比率(%)
盈利能力指标	总资产利润率(%)、总资产净利润率(%)、营业利润率(%)、净资产收益率(%)、股本报酬率(%)
运营能力指标	应收账款周转率(次)、应收账款周转天数(天)、存货周转天数(天)、存货周转率(次),总资产周转率(次)、总资产周转天数(天)、流动资产周转率(次)、流动资产周转天数(天)
成长能力指标	主营业务收入增长率(%)、净利润增长率(%)、净资产增长率(%)、总资产增长率(%)

由于现在并不存在这些能力指标表,所以我们需要先创建这些能力指标表。那么这些能力指标表中要包含哪些内容呢？根据分析需求,我们设计出的能力指标表中应包含财务指标名称、报表日期以及各财务指标的平均值。以偿债能力指标表为例,设计如表 4-2 所示。

表 4-2 偿债能力指标表设计

报表日期	2015-12-31	2016-12-31	……	2020-12-31
流动比率				
速动比率				
资产负债率(%)				
……				
产权比率(%)				

考虑到财务指标很多,且分类方法一样,对于这种大量的重复性的操作,我们抽取出来,调用一个自定义函数 set_df_data( )来进行处理。

代码如下:

```
1  def set_df_data(fig_in_df,aim_df,name):
2      fig_in_df[name]=fig_in_df[name].apply(pd.to_numeric,
         errors='coerce')
3      aim_df[name]=fig_in_df.groupby('报表日期')[name].mean()
```

代码详解:

第 1 行:定义了 set_df_data( )函数。set_df_data( )函数有三个参数:fig_in_df 代表要处理的原始数据,aim_df 代表处理后数据要存入的目标 DataFrame,name 代表要进行归类的财务指标。

第 2 行:把财务指标转换为数值型。使用 apply( )函数对 name 变量这一整列的数据进行处理,pd.to_numeric 表示转换为数值型,"errors='coerce'"表示如果遇到不能转换的数据,使用 NaN 值来替换。

第 3 行:在目标 DataFrame 中添加要分类的财务指标列,"groupby('报表日期')"表示以"报表日期"分组,即相同的日期变为一行,然后取这个日期下的财务指标平均值。

(1) 生成偿债能力指标表。

代码如下:

```
1  df1=pd.DataFrame()
2  set_df_data(figIndDf,df1,'流动比率')
3  set_df_data(figIndDf,df1,'速动比率')
4  set_df_data(figIndDf,df1,'资产负债率(%)')
5  set_df_data(figIndDf,df1,'股东权益比率(%)')
6  set_df_data(figIndDf,df1,'长期负债比率(%)')
7  set_df_data(figIndDf,df1,'长期债务与营运资金比率(%)')
8  set_df_data(figIndDf,df1,'负债与所有者权益比率(%)')
```

```
9   set_df_data(figIndDf,df1,'长期资产与长期资金比率(%)')
10  set_df_data(figIndDf,df1,'产权比率(%)')
11  df1=df1.T
12  df1
```

代码详解：

第 1 行：创建一个新的 DataFrame 为 df1，作为偿债能力指标表。

第 2—10 行：分别调用 set_df_data( )函数对财务指标进行按报表日期求平均值。注意第三个参数一定要写正确，必须是英文状态下的符号，且不能有多余的空格。

第 11 行：对 df1 进行行列转置操作，把原来作为列的财务指标变为行，把原来作为行的报表日期变为列。

第 12 行：查看 df1 中的数据，结果如图 4-31 所示。

报表日期	2015-12-31	2016-12-31	2017-12-31	2018-12-31	2019-12-31	2020-12-31
流动比率	2.242504	2.324529	2.224084	2.118068	2.106765	2.295640
速动比率	1.798912	1.886737	1.791813	1.709420	1.709031	1.913990
资产负债率(%)	41.928843	42.084515	43.438923	44.812966	45.664248	45.796548
股东权益比率(%)	58.071157	57.915485	56.561077	55.187034	54.335752	54.203452
长期负债比率(%)	3.724016	5.226963	5.044762	4.562060	5.451926	5.667227
长期债务与营运资金比率(%)	0.277178	-1.777941	0.314892	0.440141	0.362191	0.910595
负债与所有者权益比率(%)	100.571966	96.523277	95.428571	106.330880	124.369247	86.854077
长期资产与长期资金比率(%)	76.861153	74.026151	76.400358	152.097100	79.939521	75.946366
产权比率(%)	92.927855	89.952353	88.926250	98.257015	110.766208	76.879407

图 4-31　偿债能力指标表数据

为了了解行列转置的作用，我们可以试着把第 11 行代码改为注释，观察运行结果，然后取消注释。

(2) 生成盈利能力指标表。

代码如下：

```
1   df2=pd.DataFrame()
2   set_df_data(figIndDf,df2,'总资产利润率(%)')
3   set_df_data(figIndDf,df2,'总资产净利润率(%)')
4   set_df_data(figIndDf,df2,'营业利润率(%)')
5   set_df_data(figIndDf,df2,'净资产收益率(%)')
6   set_df_data(figIndDf,df2,'股本报酬率(%)')
7   df2=df2.T
8   df2
```

代码详解：

第 1 行：新建一个 DataFrame 为 df2，作为盈利能力指标表。

第 2—6 行：调用 set_df_data( ) 函数对财务指标进行按报表日期求平均值。

第 7 行：对 df2 进行行列转置操作。

第 8 行：查看 df2 中的数据，结果如图 4-32 所示。

报表日期	2015-12-31	2016-12-31	2017-12-31	2018-12-31	2019-12-31	2020-12-31
总资产利润率(%)	6.558320	6.524521	4.723833	2.567273	2.337327	2.771797
总资产净利润率(%)	7.425146	7.398341	5.688800	3.650368	3.493415	3.769990
营业利润率(%)	8.331708	8.241186	7.728416	2.228308	0.536694	-24.799023
净资产收益率(%)	13.360321	12.113004	9.997828	-26.701348	1.673757	6.552642
股本报酬率(%)	104.155534	107.810957	107.355567	99.595921	121.106125	147.438267

图 4-32 盈利能力指标表数据

(3) 生成运营能力指标表。

代码如下：

```
df3=pd.DataFrame()
set_df_data(figIndDf,df3,'应收账款周转率(次)')
set_df_data(figIndDf,df3,'应收账款周转天数(天)')
set_df_data(figIndDf,df3,'存货周转率(次)')
set_df_data(figIndDf,df3,'存货周转天数(天)')
set_df_data(figIndDf,df3,'总资产周转率(次)')
set_df_data(figIndDf,df3,'总资产周转天数(天)')
set_df_data(figIndDf,df3,'流动资产周转率(次)')
set_df_data(figIndDf,df3,'流动资产周转天数(天)')
df3=df3.T
df3
```

代码执行结果如图 4-33 所示。

报表日期	2015-12-31	2016-12-31	2017-12-31	2018-12-31	2019-12-31	2020-12-31
应收账款周转率(次)	8.239225	11.522692	9.856383	6.984575	8150.866630	42.296337
应收账款周转天数(天)	129.069343	138.206577	135.534514	143.582359	148.248660	148.844621
存货周转率(次)	4.213978	4.326530	4.564244	4.340172	4.413362	4.372688
存货周转天数(天)	129.984929	123.256899	117.610228	122.457117	128.108632	117.311659
总资产周转率(次)	0.766112	0.729794	0.710747	0.694700	0.702972	0.662494
总资产周转天数(天)	657.272876	700.123723	722.011130	761.759367	775.209579	904.511058
流动资产周转率(次)	6.987398	11.117655	2.386725	1.138351	1.124075	1.551434
流动资产周转天数(天)	400.270623	409.315893	416.110126	449.965191	460.425539	565.680766

图 4-33 运营能力指标表数据

(4) 生成成长能力指标表。

代码如下：

```
df4=pd.DataFrame()
set_df_data(figIndDf,df4,'主营业务收入增长率(%)')
set_df_data(figIndDf,df4,'净利润增长率(%)')
set_df_data(figIndDf,df4,'净资产增长率(%)')
set_df_data(figIndDf,df4,'总资产增长率(%)')
df4=df4.T
df4
```

代码执行结果如图 4-34 所示。

报表日期	2015-12-31	2016-12-31	2017-12-31	2018-12-31	2019-12-31	2020-12-31
主营业务收入增长率(%)	23.324393	26.380860	33.300922	19.442886	44.011491	9.039172
净利润增长率(%)	108.515433	-3.124628	-29.447382	-109.914956	42.551994	-174.832043
净资产增长率(%)	40.154672	44.530300	31.466014	18.395547	12.457545	27.836279
总资产增长率(%)	33.629602	37.693122	31.089022	17.032006	21.972232	21.211313

图 4-34　成长能力指标表数据

5. 根据四个能力指标表中的数据分别绘制折线图

现在,我们已经生成了四个能力指标表,下面我们自定义画图函数 fig( ),然后分别制作四个指标的折线图。

画图函数 fig( )代码如下：

```
   #自定义函数 fig(),用于根据传入的参数画折线图
1  def fig(x,y):
2      fig=plt.figure(figsize=(15,8),dpi=100)
3      for i in range(len(x.index)):
4          plt.plot(x.columns.values,x.iloc[i],'.-',label=x.
              index[i])
5      plt.title(y)   #设置标题
6      plt.legend(loc='upper right')    #添加图例,位置为右上
7      fig.savefig('%s.png'%y)  #把图形保存为以变量 y 命名的 png 格式图片
8      return fig
   #自定义函数 fig()结束
9  plt.rcParams['font.family']='SimHei'  #设置字体为黑体
10 plt.rcParams['axes.unicode_minus']=False  #设置正常显示负号
11 fig(x=df1,y='偿债能力主要指标变化趋势图')  #调用 fig()函数,绘制折线图
```

```
12 fig(x=df2,y='盈利能力主要指标变化趋势图')
13 fig(x=df3,y='运营能力主要指标变化趋势图')
14 fig(x=df4,y='成长能力主要指标变化趋势图')
```

第 1—8 行：定义了函数 fig( )，第一个传入参数为 DataFrame，第二个传入参数为标题字符串。

第 2 行：创建图形。参数 figsize 指定图形宽和高，单位为英寸。参数 dpi 指定图形对象的分辨率。

第 3—4 行：使用 for 循环对成长能力指标表中的每个财务指标数据绘制折线图。

第 4 行：在图形上绘制点线，第一个参数是 X 轴的值，这里为列名(报表日期)；第二个参数代表 Y 轴的值，这里是每个具体的值；第三个参数指定绘制标记与连线格式，这里是圆点和单实线；第四个参数用于指定图例中标签内容，这里是每一行的索引值。图 4-35 为“成长能力指标表”生成的折线图。为了方便理解，加上了方框中的注释。

第 11—14 行代码分别调用 fig( ) 函数生成四个指标变化趋势图，正确执行后，会生成四个 PNG 图片。

代码执行结果如图 4-35 所示。

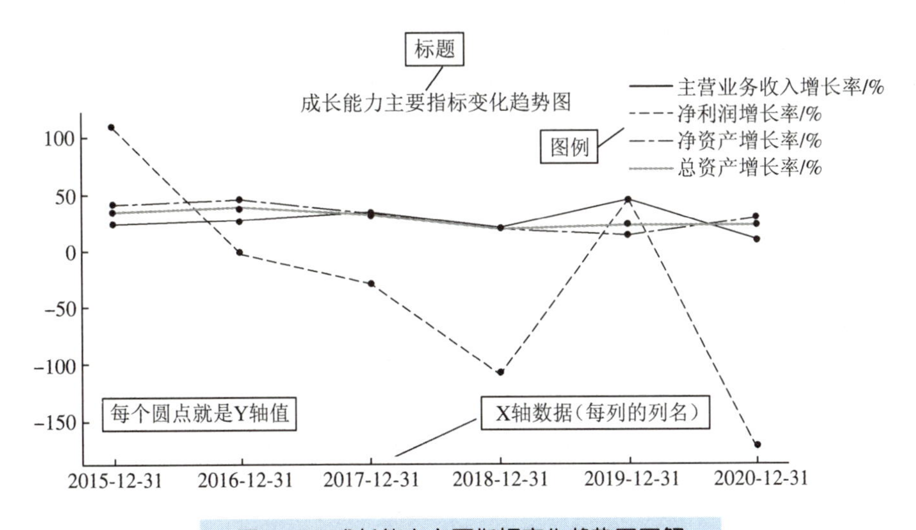

图 4-35　成长能力主要指标变化趋势图图解

注：为方便显示，将原图中 4 条单实线用不同线型表示。

6. 把四个能力指标表中的数据保存到一个 Excel 表中

创建行业财务分析基数数据表工作簿，将各类财务指标的数据表导出。

代码如下：

```
1   write=pd.ExcelWriter('电气机械及器材制造业 2015 年至 2020 年财务
      分析基数数据表.xlsx')
2   df1.to_excel(write,sheet_name='偿债能力指标')
```

```
3   df2.to_excel(write,sheet_name='盈利能力指标')
4   df3.to_excel(write,sheet_name='运营能力指标')
5   df4.to_excel(write,sheet_name='成长能力指标')
6   write.close()
```

代码详解：

第 1 行：利用 ExcelWriter 创建一个 Excel 工作簿文件。

第 2—5 行：向这个 Excel 工作簿中写入工作表。

第 6 行：关闭 ExcelWriter 对象。注意：如果不关闭 ExcelWriter 对象，Excel 文件会一直在占用中。

以上代码执行完毕后，会在程序的同名目录下生成一个 Excel 文件，如图 4-36 所示。

	A	B	C	D	E	F	G
1		2015-12-3	016-12-3	017-12-3	018-12-3	019-12-3	020-12-31
2	流动比率	2.242504	2.324529	2.224084	2.118068	2.106765	2.29564
3	速动比率	1.798912	1.886737	1.791813	1.70942	1.709031	1.91399
4	资产负债率(%)	41.92884	42.08452	43.43892	44.81297	45.66425	45.79655
5	股东权益比率(%)	58.07116	57.91548	56.56108	55.18703	54.33575	54.20345
6	长期负债比率(%)	3.724016	5.226963	5.044762	4.56206	5.451926	5.667227
7	长期债务与营运资金比率(%)	0.277178	-1.77794	0.314892	0.440141	0.362191	0.910595
8	负债与所有者权益比率(%)	100.572	96.52328	95.42857	106.3309	124.3692	86.85408
9	长期资产与长期资金比率(%)	76.86115	74.02615	76.40036	152.0971	79.93952	75.94637
10	产权比率(%)	92.92786	89.95235	88.92625	98.25702	110.7662	76.87941
11							
12							
13							
14							
15							
16							
17							
18							
19							

偿债能力指标 | 盈利能力指标 | 运营能力指标 | 成长能力指标

图 4-36　电气机械及器材制造业 2015 年至 2020 年财务分析基数数据表

任务四 将案例企业与同行业的指标进行对比分析并出具分析报告

任务描述

使用 Python 的开源包 Onez 获取行业经济数据和案例企业的经济数据，并利用 Pandas 和 Matplotlib 包对数据进行清洗和可视化分析，最终使用自动化处理形成数据分析报告。

案例导入

"海尔智家"属于电气机械及器材制造业行业，公司决策团队在汇总分析本行业 2015 年至 2020 年的偿债能力指标、盈利能力指标、运营能力指标、成长能力指标等关键指标后，对本企业同样的指标进行分析，并与行业指标进行对比，从而了解本企业在行业中的地位。

知识储备

Python 数据透视表的运用

在 Excel 中利用透视表可以快速地进行分类汇总，自由组合字段进行聚合计算。在 Python中透视表的操作由 pivot_table( ) 函数实现，其使用方法如下：

```
pandas.pivot_table(data, values=None, index=None, columns=
  None, aggfunc='mean', fill_value=None,
margins=False, dropna=True, margins_name='All', observed=False)
```

参数解释：

data：DataFrame 格式数据。

values：需要汇总计算的列，可多选。

index：行分组键，一般是用于分组的列名或其他分组键，作为结果 DataFrame 的行索引。

columns：列分组键，一般是用于分组的列名或其他分组键，作为结果 DataFrame 的列索引。

aggfunc：聚合函数或函数列表，默认为平均值。

fill_value：设定缺失替换值。

margins：是否添加行列的总计。

dropna：默认为 True，如果列的所有值都是 NaN，将不作为计算列；取值为 False 时，被保留。

margins_name：汇总行列的名称，默认为 All。

observed：是否显示观测值。

任务实施

一、任务要求

本项目任务三我们分析了某个行业的四个能力指标，本任务我们以一个企业作为案例，将其指标与行业的指标进行对比，用以分析案例企业在行业中的地位。

（1）生成一个财务分析报告 Word 文档，其内容包含“基本财务数据”“偿债能力”“成长能力”“盈利能力”“运营能力”等五个方面的分析报告。

（2）根据五个方面的数据表，生成折线图。

二、任务操作

1. 导入包

代码如下：

```
#导入相关模块
1   from docx import Document   #导入 Document 模块，用于操作 Word 文档
2   from docx.enum.text import WD_ALIGN_PARAGRAPH
3   from docx.oxml.ns import qn
4   from docx.shared import Pt
5   from docx.shared import Inches
6   import onez.finance as finance
7   import onez.tools as tools
8   import pandas as pd
9   from matplotlib import pyplot as plt
```

代码解释：

第 1—5 行：从 Docx 库中引入相关模块，用于对 Word 文档的操作。Docx 库可用于创建和编辑 Microsoft Word(.docx)文件。

2. 定义本任务需要分析的行业和案例企业

代码解释：

```
industry='电气机械及器材制造业'
company='海尔智家'
```

3. 获取行业数据

(1) 获取行业的资产负债表、利润表、现金流量表及各项财务指标。

代码如下:

```
json=finance.getIndustry(industry,'资产负债表')
indDf=pd.DataFrame(json)  #变量 indDf 代表"资产负债表"
json=finance.getIndustry(industry,'利润表')
incomeIndDf=pd.DataFrame(json)  #变量 incomeIndDf 代表"利润表"
json=finance.getIndustry(industry,'现金流量表')
caseIndDf=pd.DataFrame(json)  #变量 caseIndDf 代表"现金流量表"
json=finance.getIndustry(industry,'财务指标')
figIndDf=pd.DataFrame(json)  #变量 figIndDf 代表"财务指标"
```

(2) 获取案例企业的资产负债表、利润表、现金流量表。

代码如下:

```
1   df=indDf[indDf['名称']==company]  #df 为"海尔智家"的"资产负债表"
2   incomeDf=incomeIndDf[incomeIndDf['名称']==company]
    #incomeDf 为"海尔智家"的"利润表"
3   caseDf=caseIndDf[caseIndDf['名称']==company]
    #caseDf 为"海尔智家"的"现金流量表"
4   figDf=figIndDf[figIndDf['名称']==company]
    #figDf 为"海尔智家"的"财务指标"
```

4. 计算各类财务指标的行业平均值

自定义函数 set_df_data()计算各类财务指标的行业平均值。因为多个财务指标归类方法相同,所以将相同代码抽取为一个函数。

代码如下:

```
def set_df_data(fig_in_df,aim_df,name):
    fig_in_df[name]=fig_in_df[name].apply(pd.to_numeric,errors=
      'coerce')
    aim_df[name]=fig_oin_df.groupby('报表日期')[name].mean()
```

5. 整理行业与案例企业的主要偿债能力指标并进行对比

(1) 行业主要偿债能力指标平均值的数据处理。

代码如下:

```
1   cz_meanDF=pd.DataFrame()
2   set_df_data(figIndDf,cz_meanDF,'流动比率')
```

```
3   set_df_data(figIndDf,cz_meanDF,'速动比率')
4   set_df_data(figIndDf,cz_meanDF,'资产负债率(%)')
5   set_df_data(figIndDf,cz_meanDF,'产权比率(%)')
6   cz_meanDF=cz_meanDF.reset_index()
7   cz_meanDF['名称']=industry
8   cz_meanDF
```

代码详解：

第 1 行：创建行业偿债能力指标 DataFrame，并命名为 cz_meanDF。

第 2—5 行：调用 set_df_data( ) 函数处理对应的财务指标，把指标添加到 cz_meanDF 中。

第 6 行：重置 cz_meanDF 索引。

第 7 行：在 cz_meanDF 中添加一列，列名为“名称”，值为 industry 变量中的值(这里为“电气机械及器材制造业”)。

第 8 行：显示 cz_meanDF，结果如图 4-37 所示。

	报表日期	流动比率	速动比率	资产负债率(%)	产权比率(%)	名称
0	2015-12-31	2.24	1.80	41.93	92.93	电气机械及器材制造业
1	2016-12-31	2.32	1.89	42.08	89.95	电气机械及器材制造业
2	2017-12-31	2.22	1.79	43.44	88.93	电气机械及器材制造业
3	2018-12-31	2.12	1.71	44.81	98.26	电气机械及器材制造业
4	2019-12-31	2.11	1.71	45.66	110.77	电气机械及器材制造业
5	2020-12-31	2.30	1.91	45.80	76.88	电气机械及器材制造业

图 4-37　行业主要偿债能力指标数据

(2) 案例企业主要偿债能力指标的数据处理。

代码如下：

```
1   viewdf=figDf[(figDf['名称']==company)]
2   viewdf=viewdf[['名称','报表日期','流动比率','资产负债率(%)','产权比
      率(%)']]
3   viewdf=viewdf.apply(pd.to_numeric,errors='ignore')
4   viewdf
```

代码详解：

第 1 行：把 figDf 表中名称为 company 变量(这里为“海尔智家”)的所有数据赋给 viewdf。

第 2 行：在 viewdf 表中过滤出要使用的列。

第 3 行：使用 apply( ) 函数处理 viewdf 中的每一个值。pd.to_numeric 表示转换为数值型,“errors='ignore'”表示忽略无效数据。

第 4 行：显示 viewdf。

代码执行结果如图 4-38 所示。

	名称	报表日期	流动比率	速动比率	资产负债率(%)	产权比率(%)
582	海尔智家	2020-12-31	1.04	0.78	66.52	177.97
583	海尔智家	2019-12-31	1.05	0.76	65.33	167.54
584	海尔智家	2018-12-31	1.18	0.90	66.93	173.45
585	海尔智家	2017-12-31	1.15	0.87	69.13	198.78
586	海尔智家	2016-12-31	0.95	0.74	71.37	236.78
587	海尔智家	2015-12-31	1.38	1.16	57.34	123.70

图 4-38 案例企业主要偿债能力指标数据

(3) 行业与案例企业的主要偿债能力指标纵向合并。

代码如下：

```
resDf=pd.concat([viewdf,cz_meanDF])
resDf
```

使用 concat( ) 函数把生成的两个主要偿债能力指标表进行纵向合并,合并后赋值给 resDf,然后显示,结果如图 4-39 所示。

	名称	报表日期	流动比率	速动比率	资产负债率(%)	产权比率(%)
582	海尔智家	2020-12-31	1.04	0.78	66.52	177.97
583	海尔智家	2019-12-31	1.05	0.76	65.33	167.54
584	海尔智家	2018-12-31	1.18	0.90	66.93	173.45
585	海尔智家	2017-12-31	1.15	0.87	69.13	198.78
586	海尔智家	2016-12-31	0.95	0.74	71.37	236.78
587	海尔智家	2015-12-31	1.38	1.16	57.34	123.70
0	电气机械及器材制造业	2015-12-31	2.24	1.80	41.93	92.93
1	电气机械及器材制造业	2016-12-31	2.32	1.89	42.08	89.95
2	电气机械及器材制造业	2017-12-31	2.22	1.79	43.44	88.93
3	电气机械及器材制造业	2018-12-31	2.12	1.71	44.81	98.26
4	电气机械及器材制造业	2019-12-31	2.11	1.71	45.66	110.77
5	电气机械及器材制造业	2020-12-31	2.30	1.91	45.80	76.88

图 4-39 行业与案例企业主要偿债能力指标合并后的数据

(4) 构建数据透视表,按名称分组,列名为报表日期。

代码如下：

```
cz=resDf.pivot_table(index='名称',columns='报表日期')
cz
```

使用 pivot_table( ) 函数生成数据透视表,赋值给 cz 变量, index 参数代表行索引,即用于分组的列。要通过透视表查看什么信息就按照相应的顺序设置字段,每个 pivot_table( ) 函数必须拥有一个 index。columns 表示设置的列索引,可以更细化地展示一些内容。

代码执行结果如图 4-40 所示,我们可以观察到有两层列索引,一层是“产权比率(%)”“流动比率”“资产负债率(%)”“速动比率”列,另一层是把原来“报表日期”列里的值抽取出来作为列。

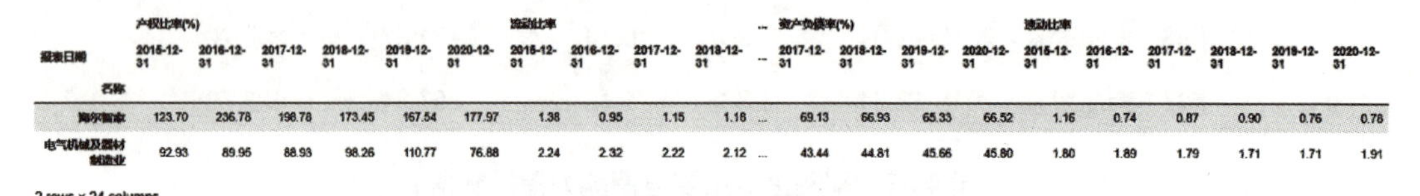

	产权比率(%)						流动比率				...	资产负债率(%)				速动比率					
报表日期	2015-12-31	2016-12-31	2017-12-31	2018-12-31	2019-12-31	2020-12-31	2015-12-31	2016-12-31	2017-12-31	2018-12-31	...	2017-12-31	2018-12-31	2019-12-31	2020-12-31	2015-12-31	2016-12-31	2017-12-31	2018-12-31	2019-12-31	2020-12-31
名称																					
海尔智家	123.70	236.78	198.78	173.45	167.54	177.97	1.38	0.95	1.15	1.18	...	69.13	66.93	65.33	66.52	1.16	0.74	0.87	0.90	0.76	0.78
电气机械及器材制造业	92.93	89.95	88.93	98.26	110.77	76.88	2.24	2.32	2.22	2.12	...	43.44	44.81	45.66	45.80	1.80	1.89	1.79	1.71	1.71	1.91

2 rows × 24 columns

图 4-40　以名称分组、报表日期为列索引的数据透视表

(5) 将分层索引列中的第一层(图 4-41)转为行。

	产权比率(%)						流动比率				...	资产负债率(%)				速动比率					
报表日期	2015-12-31	2016-12-31	2017-12-31	2018-12-31	2019-12-31	2020-12-31	2015-12-31	2016-12-31	2017-12-31	2018-12-31	...	2017-12-31	2018-12-31	2019-12-31	2020-12-31	2015-12-31	2016-12-31	2017-12-31	2018-12-31	2019-12-31	2020-12-31
名称																					
海尔智家	123.70	236.78	198.78	173.45	167.54	177.97	1.38	0.95	1.15	1.18	...	69.13	66.93	65.33	66.52	1.16	0.74	0.87	0.90	0.76	0.78
电气机械及器材制造业	92.93	89.95	88.93	98.26	110.77	76.88	2.24	2.32	2.22	2.12	...	43.44	44.81	45.66	45.80	1.80	1.89	1.79	1.71	1.71	1.91

2 rows × 24 columns

图 4-41　分层索引列中的第一层

代码如下：

```
cz=cz.stack(level=0)
cz
```

使用 stack( ) 函数将数据表第一层列索引转为行。因为本数据透视表有多层列索引,level=0 表示第一层的索引(这里为各类财务指标列)。代码执行结果如图 4-42 所示。

报表日期		2015-12-31	2016-12-31	2017-12-31	2018-12-31	2019-12-31	2020-12-31
名称							
海尔智家	产权比率(%)	123.70	236.78	198.78	173.45	167.54	177.97
	流动比率	1.38	0.95	1.15	1.18	1.05	1.04
	资产负债率(%)	57.34	71.37	69.13	66.93	65.33	66.52
	速动比率	1.16	0.74	0.87	0.90	0.76	0.78
电气机械及器材制造业	产权比率(%)	92.93	89.95	88.93	98.26	110.77	76.88
	流动比率	2.24	2.32	2.22	2.12	2.11	2.30
	资产负债率(%)	41.93	42.08	43.44	44.81	45.66	45.80
	速动比率	1.80	1.89	1.79	1.71	1.71	1.91

图4-42 第一层列索引转为行后的数据透视表

(6) 根据指标,新增“超同行业平均值”行,各个指标的数据为案例企业的指标数据减去行业指标平均值。

代码如下:

```
for x in cz.index.get_level_values(1).unique():
    cz.loc[('超同行业平均值','%s'%x),:]=cz.loc[('%s'% company,'%s'%
      x),:]-cz.loc[('%s'% industry,'%s'%x),:]
cz
```

同现有的名称一样,我们要在“超同行业平均值”行下增加和上面一致的指标。各类指标在表中作为行索引,所以我们可以用get_level_values(1)函数获取索引为1的所有值,并取唯一值后进行遍历,把它们增加到表中。代码执行结果如图4-43所示。

报表日期		2015-12-31	2016-12-31	2017-12-31	2018-12-31	2019-12-31	2020-12-31
名称							
海尔智家	产权比率(%)	123.70	236.78	198.78	173.45	167.54	177.97
	流动比率	1.38	0.95	1.15	1.18	1.05	1.04
	资产负债率(%)	57.34	71.37	69.13	66.93	65.33	66.52
	速动比率	1.16	0.74	0.87	0.90	0.76	0.78
电气机械及器材制造业	产权比率(%)	92.93	89.95	88.93	98.26	110.77	76.88
	流动比率	2.24	2.32	2.22	2.12	2.11	2.30
	资产负债率(%)	41.93	42.08	43.44	44.81	45.66	45.80
	速动比率	1.80	1.89	1.79	1.71	1.71	1.91
超同行业平均值	产权比率(%)	30.77	146.83	109.86	75.19	56.78	101.09
	流动比率	-0.86	-1.38	-1.08	-0.94	-1.06	-1.25
	资产负债率(%)	15.41	29.28	25.70	22.12	19.67	20.73
	速动比率	-0.63	-1.15	-0.92	-0.81	-0.95	-1.14

图4-43 增加“超同行业平均值”及指标后的数据透视表

(7) 新增变量cz_bh,用于计算标准差。

```
1  cz_bh=cz.std(axis=1)
2  cz_bh
```

axis=1 代表跨列,即按行统计标准差。代码执行结果如图 4-44 所示。

```
名称
海尔智家          产权比率(%)     37.28
                  流动比率         0.15
                  资产负债率(%)    4.80
                  速动比率         0.16
电气机械及器材制造业  产权比率(%)     11.22
                  流动比率         0.09
                  资产负债率(%)    1.73
                  速动比率         0.09
超同行业平均值       产权比率(%)     41.27
                  流动比率         0.19
                  资产负债率(%)    4.84
                  速动比率         0.20
dtype: float64
```

图 4-44　计算 cz 表中的标准差

至此,主要偿债能力指标对比完成。

6. 整理案例企业与同行业的主要盈利能力指标并进行对比

按照上述步骤整理案例企业与同行业的主要盈利能力指标并进行对比。

代码如下:

```
yl_meanDF=pd.DataFrame()
set_df_data(figIndDf,yl_meanDF,'总资产利润率(%)')
set_df_data(figIndDf,yl_meanDF,'总资产净利润率(%)')
set_df_data(figIndDf,yl_meanDF,'营业利润率(%)')
set_df_data(figIndDf,yl_meanDF,'净资产收益率(%)')
set_df_data(figIndDf,yl_meanDF,'股本报酬率(%)')
yl_meanDF=yl_meanDF.reset_index()
yl_meanDF['名称']=industry
viewyl=figDf[(figDf['名称']==company)]
viewyl=viewyl[['名称','报表日期','总资产利润率(%)','总资产净利润率
  (%)','营业利润率(%)','净资产收益率(%)','股本报酬率(%)']]
viewyl=viewyl.apply(pd.to_numeric,errors='ignore')
resDf=pd.concat([viewyl,yl_meanDF])
yl=resDf.pivot_table(index='名称',columns='报表日期')
yl=yl.stack(level=0)
for x in yl.index.get_level_values(1).unique():
    yl.loc[('超同行业平均值','%s'%x),:]=yl.loc[('%s'%company,'%s'%
  x,:)]-yl.loc[('%s'% industry,'%s'%x),:]
```

```
yl_bh=yl.std(axis=1)
display(yl)
display(yl_bh)
```

代码执行结果如图 4-45 所示。

	报表日期	2015-12-31	2016-12-31	2017-12-31	2018-12-31	2019-12-31	2020-12-31
名称							
海尔智家	净资产收益率(%)	18.95	19.10	21.50	18.88	17.14	13.29
	总资产净利润率(%)	7.85	6.46	6.40	6.14	6.97	5.79
	总资产利润率(%)	7.80	5.10	5.98	5.86	6.58	5.57
	股本报酬率(%)	195.91	237.28	303.60	349.61	435.49	313.87
	营业利润率(%)	7.19	5.98	6.35	6.21	7.20	6.48
电气机械及器材制造业	净资产收益率(%)	13.36	12.11	10.00	-26.70	1.67	6.55
	总资产净利润率(%)	7.43	7.40	5.69	3.65	3.49	3.77
	总资产利润率(%)	6.56	6.52	4.72	2.57	2.34	2.77
	股本报酬率(%)	104.16	107.81	107.36	99.60	121.11	147.44
	营业利润率(%)	8.33	8.24	7.73	2.23	0.54	-24.80
超同行业平均值	净资产收益率(%)	5.59	6.99	11.50	45.58	15.47	6.74
	总资产净利润率(%)	0.42	-0.94	0.71	2.49	3.47	2.02
	总资产利润率(%)	1.24	-1.43	1.25	3.29	4.24	2.79
	股本报酬率(%)	91.75	129.47	196.25	250.02	314.38	166.43
	营业利润率(%)	-1.14	-2.26	-1.38	3.99	6.66	31.28

```
名称
海尔智家          净资产收益率(%)      2.75
                 总资产净利润率(%)     0.72
                 总资产利润率(%)       0.94
                 股本报酬率(%)        84.36
                 营业利润率(%)         0.51
电气机械及器材制造业  净资产收益率(%)    15.07
                 总资产净利润率(%)     1.86
                 总资产利润率(%)       1.97
                 股本报酬率(%)        17.63
                 营业利润率(%)        12.78
超同行业平均值      净资产收益率(%)     15.28
                 总资产净利润率(%)     1.60
                 总资产利润率(%)       2.01
                 股本报酬率(%)        81.21
                 营业利润率(%)        12.78
dtype: float64
```

图 4-45 主要盈利能力指标对比数据

7. 整理案例企业与同行业主要运营能力指标并进行对比

按照上述步骤整理案例企业与同行业主要运营能力指标并进行对比。

代码如下：

```
yy_meanDF=pd.DataFrame()
set_df_data(figIndDf,yy_meanDF,'应收账款周转率(次)')
set_df_data(figIndDf,yy_meanDF,'应收账款周转天数(天)')
set_df_data(figIndDf,yy_meanDF,'存货周转率(次)')
set_df_data(figIndDf,yy_meanDF,'存货周转天数(天)')
set_df_data(figIndDf,yy_meanDF,'总资产周转率(次)')
```

```
set_df_data(figIndDf,yy_meanDF,'总资产周转天数(天)')
set_df_data(figIndDf,yy_meanDF,'流动资产周转率(次)')
set_df_data(figIndDf,yy_meanDF,'流动资产周转天数(天)')
yy_meanDF=yy_meanDF.reset_index()
yy_meanDF['名称']=industry
viewyy=figDf[(figDf['名称']==company)]
viewyy=viewyy[['名称','报表日期','应收账款周转率(次)','应收账款周转天
  数(天)','存货周转率(次)','存货周转天数(天)','总资产周转率(次)','总资产
  周转天数(天)','流动资产周转率(次)','流动资产周转天数(天)']]
viewyy=viewyy.apply(pd.to_numeric,errors='ignore')
resDf=pd.concat([viewyy,yy_meanDF])
yy=resDf.pivot_table(index='名称',columns='报表日期')
yy=yy.stack(level=0)
for x in yy.index.get_level_values(1).unique():
    yy.loc[('超同行业平均值','%s'%x),:]=yy.loc[('%s'%company,
      '%s'%x),:]-yy.loc[('%s'%industry,'%s'%x),:]
yy
```

代码执行结果如图 4-46 所示。

	报表日期	2015-12-31	2016-12-31	2017-12-31	2018-12-31	2019-12-31	2020-12-31
名称							
海尔智家	存货周转天数(天)	44.87	52.16	60.18	60.69	64.66	70.39
	存货周转率(次)	8.02	6.90	5.98	5.93	5.57	5.11
	应收账款周转天数(天)	22.94	27.80	27.91	22.47	19.23	23.13
	应收账款周转率(次)	15.69	12.95	12.90	16.02	18.72	15.57
	总资产周转天数(天)	302.78	313.26	319.55	312.42	317.52	335.51
	总资产周转率(次)	1.19	1.15	1.13	1.15	1.13	1.07
	流动资产周转天数(天)	229.33	188.04	178.41	179.29	174.66	184.35
	流动资产周转率(次)	1.57	1.91	2.02	2.01	2.06	1.95
电气机械及器材制造业	存货周转天数(天)	129.98	123.26	117.61	122.46	128.11	117.31
	存货周转率(次)	4.21	4.33	4.56	4.34	4.41	4.37
	应收账款周转天数(天)	129.07	138.21	135.53	143.58	148.25	148.84
	应收账款周转率(次)	8.24	11.52	9.86	6.98	8150.87	42.30
	总资产周转天数(天)	657.27	700.12	722.01	761.76	775.21	904.51
	总资产周转率(次)	0.77	0.73	0.71	0.69	0.70	0.66
	流动资产周转天数(天)	400.27	409.32	416.11	449.97	460.43	565.68
	流动资产周转率(次)	6.99	11.12	2.39	1.14	1.12	1.55
超同行业平均值	存货周转天数(天)	-85.12	-71.10	-57.43	-61.77	-63.45	-46.92
	存货周转率(次)	3.81	2.58	1.42	1.59	1.15	0.74
	应收账款周转天数(天)	-106.13	-110.41	-107.62	-121.12	-129.02	-125.72
	应收账款周转率(次)	7.45	1.43	3.04	9.04	-8132.15	-26.73
	总资产周转天数(天)	-354.50	-386.86	-402.47	-449.34	-457.69	-569.00
	总资产周转率(次)	0.42	0.42	0.42	0.46	0.43	0.41
	流动资产周转天数(天)	-170.94	-221.28	-237.70	-270.67	-285.76	-381.33
	流动资产周转率(次)	-5.42	-9.20	-0.37	0.87	0.94	0.40

图 4-46　主要运营能力指标对比数据

8. 整理案例企业与同行业主要成长能力指标并进行对比

按照上述步骤整理案例企业与同行业主要成长能力指标并进行对比。

代码如下：

```
czn_meanDF=pd.DataFrame()
set_df_data(figIndDf,czn_meanDF,'主营业务收入增长率(%)')
set_df_data(figIndDf,czn_meanDF,'净利润增长率(%)')
set_df_data(figIndDf,czn_meanDF,'净资产增长率(%)')
set_df_data(figIndDf,czn_meanDF,'总资产增长率(%)')
czn_meanDF=czn_meanDF.reset_index()
czn_meanDF['名称']=industry
viewczn=figDf[(figDf['名称']==company)]
viewczn=viewczn[['名称','报表日期','主营业务收入增长率(%)','净利润增
  长率(%)','净资产增长率(%)','总资产增长率(%)']]
viewczn=viewczn.apply(pd.to_numeric,errors='ignore')
resDf=pd.concat([viewczn,czn_meanDF])
czn=resDf.pivot_table(index='名称',columns='报表日期')
czn=czn.stack(level=0)
for x in czn.index.get_level_values(1).unique():
    czn.loc[('超同行业平均值','%s'%x),:]=czn.loc[('%s'% company,
  '%s'%x),:]-czn.loc[('%s'% industry,'%s'%x),:]
czn
```

代码执行结果如图4-47所示。

	报表日期	2015-12-31	2016-12-31	2017-12-31	2018-12-31	2019-12-31	2020-12-31
名称							
海尔智家	主营业务收入增长率(%)	1.10	32.67	33.75	15.11	9.52	4.46
	净利润增长率(%)	-11.51	12.99	35.27	7.94	26.24	-8.20
	净资产增长率(%)	11.27	15.98	24.40	17.93	17.88	4.80
	总资产增长率(%)	1.27	72.79	15.40	10.06	12.45	8.54
电气机械及器材制造业	主营业务收入增长率(%)	23.32	26.38	33.30	19.44	44.01	9.04
	净利润增长率(%)	108.52	-3.12	-29.45	-109.91	42.55	-174.83
	净资产增长率(%)	40.15	44.53	31.47	18.40	12.46	27.84
	总资产增长率(%)	33.63	37.69	31.09	17.03	21.97	21.21
超同行业平均值	主营业务收入增长率(%)	-22.23	6.29	0.45	-4.33	-34.49	-4.57
	净利润增长率(%)	-120.02	16.11	64.72	117.86	-16.31	166.63
	净资产增长率(%)	-28.88	-28.55	-7.07	-0.47	5.43	-23.03
	总资产增长率(%)	-32.36	35.10	-15.69	-6.97	-9.52	-12.67

图4-47 主要成长能力指标对比数据

9. 获取案例企业的资产负债表和利润表中的主要财务数据并生成一张新表

查看案例企业的资产负债表和利润表的列名，摘取两张财务报表中的主要财务数据。

查看列名代码如下：

```
print(df.columns)
print(incomeDf.columns)
```

代码执行后，显示资产负债表和利润表中所有列名，如图 4-48 所示。

```
Index(['名称', '代码', '所属行业', '报表日期', '货币资金', '交易性金融资产', '衍生金融资产', '应收票据及应收账款',
       '应收票据', '应收账款', '应收款项融资', '预付款项', '其他应收款(合计)', '应收利息', '应收股利', '其他应收款',
       '买入返售金融资产', '存货', '划分为持有待售的资产', '一年内到期的非流动资产', '待摊费用', '待处理流动资产损益',
       '其他流动资产', '流动资产合计', '发放贷款及垫款', '可供出售金融资产', '持有至到期投资', '长期应收款', '长期股权投资',
       '投资性房地产', '在建工程(合计)', '在建工程', '工程物资', '固定资产及清理(合计)', '固定资产净额', '固定资产清理',
       '生产性生物资产', '公益性生物资产', '油气资产', '使用权资产', '无形资产', '开发支出', '商誉', '长期待摊费用',
       '递延所得税资产', '其他非流动资产', '非流动资产合计', '资产总计', '短期借款', '交易性金融负债', '应付票据及应付账款',
       '应付票据', '应付账款', '预收款项', '应付手续费及佣金', '应付职工薪酬', '应交税费', '其他应付款(合计)',
       '应付利息', '应付股利', '其他应付款', '预提费用', '一年内的递延收益', '应付短期债券', '一年内到期的非流动负债',
       '其他流动负债', '流动负债合计', '长期借款', '应付债券', '租赁负债', '长期应付职工薪酬', '长期应付款(合计)',
       '长期应付款', '专项应付款', '预计非流动负债', '递延所得税负债', '长期递延收益', '其他非流动负债', '非流动负债合计',
       '负债合计', '实收资本(或股本)', '资本公积', '减：库存股', '其他综合收益', '专项储备', '盈余公积',
       '一般风险准备', '未分配利润', '归属于母公司股东权益合计', '少数股东权益', '所有者权益(或股东权益)合计',
       '负债和所有者权益(或股东权益)总计', '合同资产', '其他权益工具投资', '其他非流动金融资产', '衍生金融负债', '合同负债',
       '持有待售负债'],
      dtype='object')
Index(['名称', '代码', '所属行业', '报表日期', '一、营业总收入', '营业收入', '二、营业总成本', '营业成本',
       '营业税金及附加', '销售费用', '管理费用', '财务费用', '研发费用', '资产减值损失', '公允价值变动收益', '投资收益',
       '其中:对联营企业和合营企业的投资收益', '汇兑收益', '三、营业利润', '加:营业外收入', '减：营业外支出',
       '其中：非流动资产处置损失', '四、利润总额', '减：所得税费用', '五、净利润', '归属于母公司所有者的净利润', '少数股东损益',
       '基本每股收益(元/股)', '稀释每股收益(元/股)', '七、其他综合收益', '八、综合收益总额',
       '归属于母公司所有者的综合收益总额', '归属于少数股东的综合收益总额', '利息费用', '利息收入', '其他收益', '资产处置收益'],
      dtype='object')
```

图 4-48 “海尔智家”公司资产负债表与利润表中的列名

摘取主要财务数据代码如下：

```
1  zy1=df[['报表日期','流动资产合计','非流动资产合计','资产总计','流动
      负债合计','非流动负债合计','负债合计','所有者权益(或股东权益)
      合计']]
2  zy2=incomeDf[['报表日期','一、营业总收入','二、营业总成本','三、营业利
      润','四、利润总额','五、净利润']]
3  zy=pd.merge(zy1,zy2)
4  zy=zy.rename(columns={'一、营业总收入':'营业总收入','二、营业总成
      本':'营业总成本','三、营业利润':'营业利润','四、利润总额':'利润总额',
      '五、净利润':'净利润'})
5  zy=zy.set_index('报表日期').T
6  zy
```

代码详解：

第 1 行：从“海尔智家”资产负债表中摘取列数据。

第 2 行：从“海尔智家”利润表中摘取列数据。

第 3 行：使用 pd.merge() 函数合并从资产负债表与利润表中摘取的数据。

第 4 行：更改合并后表中的部分列名。

代码执行结果如图 4-49 所示。

报表日期	2020-12-31	2019-12-31	2018-12-31	2017-12-31	2016-12-31	2015-12-31
流动资产合计	11424759.07	10054714.46	9426033.13	8833245.14	6951618.90	5486724.01
非流动资产合计	8921190.52	8690709.17	7243921.29	6313065.93	6173910.13	2109343.27
资产总计	20345949.59	18745423.63	16669954.42	15146311.07	13125529.03	7596067.28
流动负债合计	10939285.03	9560973.74	8008166.12	7689445.05	7345285.51	3978331.44
非流动负债合计	2595563.84	2685463.86	3148760.42	2781865.40	2022206.89	377509.64
负债合计	13534848.87	12246437.60	11156926.53	10471310.46	9367492.39	4355841.07
所有者权益(或股东权益)合计	6811100.72	6498986.03	5513027.89	4675000.61	3758036.64	3240226.21
营业总收入	20972582.11	20076198.33	18331656.02	15925446.69	11906582.52	8974832.04
营业总成本	19988642.40	19262578.75	17486650.63	15215654.21	11366263.60	8452608.18
营业利润	1359795.50	1444944.39	1139051.10	1011312.24	711755.47	645231.78
利润总额	1355448.05	1463060.88	1162937.68	1054445.59	818320.03	697485.89
净利润	1132261.63	1233439.25	977059.99	905164.92	669133.43	592208.95

图 4-49　摘取资产负债表和利润表中主要财务数据并合并后的结果

10. 根据上述五张表制作折线图

自定义画图函数 fig( )，将上述五张表制作成各种分析报告中所需要的图。

代码如下：

```
   #自定义函数 fig()，用于画折线图
1  def fig(x,y):
2      fig=plt.figure(figsize=(15,8),dpi=100)
3      for i in range(len(x.index)):
4          plt.plot(x.columns.values,x.iloc[i],label=x.index[i])
5      plt.title(y)  #设置标题
6      plt.legend(loc='upper right')  #显示图例在右上方
7      fig.savefig('%s.png'%y)  #保存图形
8      return fig  #返回图形给调用者
9  plt.rcParams['font.family']='SimHei'  #设置中文字体
10 plt.rcParams['axes.unicode_minus']=False  #中文字体下负号正常显示
   #财报主要数据变化趋势图
11 fig(x=zy,y='%s 财报主要数据变化趋势图'% company)
   #偿债能力主要指标变化趋势图
12 fig(x=cz.loc['超同行业平均值'],y='%s 与同行业偿债能力主要指标对比
     变化趋势图'% company)
   #盈利能力主要指标变化趋势图
13 fig(x=yl.loc['超同行业平均值'],y='%s 与同行业盈利能力主要指标对比
     变化趋势图'% company)
   #运营能力主要指标变化趋势图
14 fig(x=yy.loc['超同行业平均值'],y='%s 与同行业运营能力主要指标对比
     变化趋势图'%company)
```

```
    #成长能力主要指标变化趋势图
15  fig(x=czn.loc['超同行业平均值'],y='%s 与同行业成长能力主要指标对
      比变化趋势图'% company)
```

代码详解：

第 1—8 行：定义了一个自定义函数 fig( )，用于绘制折线图，保存并返回图形。

第 2 行：设置图形大小及分辨率。15 为图形的宽，8 为图形的高，单位为英寸。

第 3—4 行：根据传入的数据来绘制折线图。plt.plot( ) 函数的第一个参数代表 X 轴的值（这里是每列的名称），第二个参数代表 Y 轴的值（这里是每一行的值），第三个参数代表定义图例。

第 11—15 行代码调用 fig( ) 函数，绘制每个指标的图形并保存。

至此我们已经完成了数据的分析及图形的绘制，下面我们需要撰写 Word 分析报告文档。下面先来定义财务分析报告中所需的一些函数。

11. 定义财务分析报告中所需函数

代码如下：

```
st=pd.DatetimeIndex(zy.columns).year[-1]# zy.columns=['2020-12
  -31','2019-12-31','2018-12-31','2017-12-31','2016-12-31','2015-
  12-31']
et=pd.DatetimeIndex(zy.columns).year[0]  #显示年份
#财务指标函数定义
def change(x,y):
    if x.loc[y,'%s-12-31' % et] < x.loc[y,'%s-12-31' % st]:
        return ('%s 由%s 年的% .2f 万元,变化为%s 年的% .2f 万元,变化数
          为% .2f 万元,变化率为% .2f' %
              (y,st,x.loc[y,'%s-12-31' % st],et,x.loc[y,'%s-12-
                31' % et],round(x.loc[y,'%s-12-31' % et]-x.loc
                [y,'%s-12-31' % st],2),
              round((x.loc[y,'%s-12-31' % et]-x.loc[y,'%s-12-31'
                % st])/x.loc[y,'%s-12-31' % st],2)))
    else:
        return ('%s 由%s 年的% .2f 万元,变化为%s 年的% .2f 万元,变化数
          为% .2f 万元,变化率为% .2f' %
              (y,st,x.loc[y,'%s-12-31' % st],et,x.loc[y,'%s-12-
                31' % et],round(x.loc[y,'%s-12-31' % et] - x.
                loc[y,'%s-12-31' % st],2),
              round((x.loc[y,'%s-12-31' % et] - x.loc[y,'%s-12-31' %
                st])/x.loc[y,'%s-12-31' % st],2)))
```

```
def up(x,y):
    if x.loc[('超同行业平均值',y),'%s-12-31' % et] < x.loc[('超同行业
      平均值',y),'%s-12-31' % st]:
        return ('%s与%s相比后的%s指标由%s年的% .2f,变化为%s年的%
          .2f,变化数为% .2f,由此看出该公司的%s指标变弱' %
              (company,industry,y,st,x.loc[('超同行业平均值',y),'%
                s-12-31' % st],et,x.loc[('超同行业平均值',y),'%s-12-
                31' % et],round(x.loc[('超同行业平均值',y),'%s-12-
                31' % et]-x.loc[('超同行业平均值',y),'%s-12-31' %
                st],2),y))
    else:
        return ('%s与%s相比后的%s指标由%s年的% .2f,变化为%s年的%
          .2f,变化数为% .2f,由此看出该公司的%s指标变强' %
              (company,industry,y,st,x.loc[('超同行业平均值',y),'%
                s-12-31' % st],et,x.loc[('超同行业平均值',y),'%s-12-
                31' % et],round(x.loc[('超同行业平均值',y),'%s-12-
                31' % et]-x.loc[('超同行业平均值',y),'%s-12-31'%
                st],2),y))
def down(x,y):
    if x.loc[('超同行业平均值',y),'%s-12-31' % et] < x.loc[('超同行业
      平均值',y),'%s-12-31' % st]:
        return ('%s与%s相比后的%s指标由%s年的% .2f,变化为%s年的%
          .2f,变化数为% .2f,由此看出该公司的%s指标变强' %
              (company,industry,y,st,x.loc[('超同行业平均值',y),'%
                s-12-31' % st],et,x.loc[('超同行业平均值',y),'%s-12-
                31' % et],round(x.loc[('超同行业平均值',y),'%s-12-
                31' % et]-x.loc[('超同行业平均值',y),'%s-12-31' %
                st],2),y))
    else:
        return ('%s与%s相比后的%s指标由%s年的% .2f,变化为%s年的%
          .2f,变化数为% .2f,由此看出该公司的%s指标变弱' %
              (company,industry,y,st,x.loc[('超同行业平均值',y),'%
                s-12-31' % st],et,x.loc[('超同行业平均值',y),'%s-12-
                31' % et],round(x.loc[('超同行业平均值',y),'%s-12-
                31' % et]-x.loc[('超同行业平均值',y),'%s-12-31'%
                st],2),y))
```

```
#生成表格函数
def data_table(x,y):
    t=d1.add_table(rows=y.shape[0]+1,cols=y.shape[1]+1,style=
     'Table Grid')
    for n in range(len(x)):
        t.cell(0,n+1).text=x[n]
        for m in range(len(list(y.index))):
            t.cell(m+1,0).text=list(y.index)[m]
    for j in range(y.shape[0]):
        for i in range(y.shape[1]):
            t.cell(j+1,i+1).text=str(y.iloc[j,i])
    return t
```

12. 制作财务分析报告文档

（1）文档标题部分。

代码如下：

```
#文章正文标题部分
d1=Document()
p1 =d1.add_paragraph()
p1.alignment=WD_ALIGN_PARAGRAPH.CENTER
r1=p1.add_run('%s 财务分析报告' % company )
r1.font.size=Pt(14)
r1.font.bold =True
r1.font.name ='仿宋_GB2312'
r1._element.rPr.rFonts.set(qn('w:eastAsia'),u'仿宋_GB2312')
```

（2）文档正文第一部分——财报主要数据。

代码如下：

```
#文章正文第一部分-财报主要数据
p2=d1.add_paragraph()
r2=p2.add_run('一、公司基本财务数据 \n 下表数据为%s%s 年至%s 年主要财
  务数据:'% (company,st,et))
r2.font.size=Pt(10)
r2.font.name='仿宋_GB2312'
r2._element.rPr.rFonts.set(qn('w:eastAsia'),u'仿宋_GB2312')
#插入财报主要数据表格
```

```
data_table(x=list(zy.columns),y=zy)
#财报主要数据的描述
p22=d1.add_paragraph()
run22=p22.add_run('从上表数据中可以看出,%s;%s;%s;%s;%s;%s;%s.\n
    下图为各项数据的变化趋势图:' % (change(x=zy,y='资产总计'),change
   (x=zy,y='负债合计'),change(x=zy,y='所有者权益(或股东权益)合计'),
   change(x=zy,y='营业总收入'),change(x=zy,y='营业总成本'),change
   (x=zy,y='利润总额'),change(x=zy,y='净利润')))
run22.font.name='仿宋_GB2312'
run22._element.rPr.rFonts.set(qn('w:eastAsia'),u'仿宋_GB2312')
run22.font.size=Pt(10)
#插入财报主要数据变化趋势图
tu 1=d1.add_picture('%s 财报主要数据变化趋势图.png' % company,width=
   Inches(6),height=Inches(4))
tu1.alignment=WD_ALIGN_PARAGRAPH.CENTER
```

(3) 文档正文第二部分——偿债能力分析。

代码如下:

```
p3 =d1.add_paragraph()
r3=p3.add_run('二、综合财务指标分析 \n  1. 偿债能力分析\n  下表数据
   为%s 与% s% s 年至% s 年偿债能力分析指标主要数据。'% (company,
   industry,st,et))
r3.font.size=Pt(10)
r3.font.name ='仿宋_GB2312'
r3._element.rPr.rFonts.set(qn('w:eastAsia'),u'仿宋_GB2312')
#插入偿债能力表
data_table(x=list(cz.columns),y=cz)
#插入偿债能力指标分析段落
p31=d1.add_paragraph()
run31=p31.add_run('上表数据反映出,%s;%s;%s;%s。其中变化最大的指标
   为%s。下图为各项指标数据的变化趋势图:'% (up(x=cz,y='流动比率'),
      up(x=cz,y='速动比率'),down(x=cz,y='资产负债率(% )'),down(x=
       cz,y='产权比率(% )'),change(x=cz,y=cz_bh.idxmax())))
run31.font.name ="仿宋_GB2312"
run31._element.rPr.rFonts.set(qn('w:eastAsia'),u'仿宋_GB2312')
run31.font.size=Pt(10)
```

```
#插入偿债能力变化趋势图
tu 2=d1.add_picture('%s 与同行业偿债能力主要指标对比变化趋势图.png'
    % company,width=Inches(6),height=Inches(4))
tu2.alignment=WD_ALIGN_PARAGRAPH.CENTER
```

(4) 文档正文第三部分——盈利能力分析。

代码如下：

```
p4 =d1.add_paragraph()
r4=p4.add_run('2. 盈利能力分析\n   下表数据为%s 与%s%s 年至%s 年偿债
   能力分析指标主要数据。'% (company,industry,st,et))
r4.font.size=Pt(10)
r4.font.name ='仿宋_GB2312'
r4._element.rPr.rFonts.set(qn('w:eastAsia'),u'仿宋_GB2312')
#插入盈利能力表
data_table(x=list(yl.columns),y=yl)
#插入盈利能力指标分析段落
p41=d1.add_paragraph()
run41=p41.add_run('上表数据反映出,%s;%s;%s;%s;%s。其中变化最大的指
    标为%s。下图为各项指标数据的变化趋势图:'% (up(x=yl,y='总资产利润率
    (%)'),
          up (x=yl,y='总资产净利润率(%)'),up(x=yl,y='营业利润率
             (%)'),up(x=yl,y='净资产收益率(%)'),up(x=yl,y='股本报酬
             率(%)'),change(x=yl,y=yl_bh.idxmax())) )
run41.font.name ="仿宋_GB2312"
run41._element.rPr.rFonts.set(qn('w:eastAsia'),u'仿宋_GB2312')
run41.font.size=Pt(10)
#插入盈利能力变化趋势图
tu 3=d1.add_picture('%s 与同行业盈利能力主要指标对比变化趋势图.png'%
    company,width=Inches(6),height=Inches(4))
tu3.alignment=WD_ALIGN_PARAGRAPH.CENTER
```

(5) 文档正文第四部分——运营能力分析。

代码如下：

```
p5 =d1.add_paragraph()
r5=p5.add_run('3. 运营能力分析\n     下表数据为%s与%s%s年至%s年偿
  债能力分析指标主要数据。'% (company,industry,st,et))
r5.font.size=Pt(10)
r5.font.name ='仿宋_GB2312'
r5._element.rPr.rFonts.set(qn('w:eastAsia'),u'仿宋_GB2312')
#插入运营能力表
data_table(x=list(yy.columns),y=yy)
#插入运营能力指标分析段落
p51=d1.add_paragraph()
run51=p51.add_run('上表数据反映出,%s;%s;%s;%s;%s;%s;%s;%s。\n
  下图为各项指标数据的变化趋势图:'% (up(x=yy,y='应收账款周转率(次)'),
down(x=yy,y='应收账款周转天数(天)'),up(x=yy,y='存货周转率(次)'),
  down(x=yy,y='存货周转天数(天)'),up(x=yy,y='总资产周转率(次)'),
down(x=yy,y='总资产周转天数(天)'),up(x=yy,y='流动资产周转率(次)'),
  down(x=yy,y='流动资产周转天数(天)')))
run51.font.name ="仿宋_GB2312"
run51._element.rPr.rFonts.set(qn('w:eastAsia'),u'仿宋_GB2312')
run51.font.size=Pt(10)
#插入运营能力变化趋势图
tu 4=d1.add_picture('%s与同行业运营能力主要指标对比变化趋势图.png'%
   company,width=Inches(6),height=Inches(4))
tu4.alignment=WD_ALIGN_PARAGRAPH.CENTER
```

(6) 文档正文第五部分——成长能力分析。

代码如下：

```
# p6 =d1.add_paragraph()
r6=p6.add_run('4. 成长能力分析\n     下表数据为%s与%s%s年至%s年偿
  债能力分析指标主要数据。'% (company,industry,st,et))
r6.font.size=Pt(10)
r6.font.name ='仿宋_GB2312'
r6._element.rPr.rFonts.set(qn('w:eastAsia'),u'仿宋_GB2312')
#插入成长能力表
data_table(x=list(czn.columns),y=czn)
#插入成长能力指标分析段落
```

```
p61=d1.add_paragraph()
run61=p61.add_run('上表数据反映出,%s;%s;%s;%s。\n  下图为各项指标
  数据的变化趋势图:'% ( up(x=czn,y='主营业务收入增长率(%)'),
        up (x=czn,y='净利润增长率(%)'),up(x=czn,y='净资产增长率
          (%)'),up(x=czn,y='总资产增长率(%)')))
run61.font.name ="仿宋_GB2312"
run61._element.rPr.rFonts.set(qn('w:eastAsia'),u'仿宋_GB2312')
run61.font.size=Pt(10)
#插入成长能力变化趋势图
tu 5=d1.add_picture('%s 与同行业成长能力主要指标对比变化趋势图.png'%
   company,width=Inches(6),height=Inches(4))
tu5.alignment=WD_ALIGN_PARAGRAPH.CENTER
```

13. 财务分析报告导出

代码如下：

```
d1.save('%s%s 年度至%s 年度财务分析.docx' % (company,st,et))
```

项目五

综合应用

项目描述

随着大数据技术的发展,数据资产越来越受到重视,而财务工作人员是掌握企业的信息流、物流、资金流数据最全面的人员,如何运用好数据资产进行数据分析、挖掘数据资产价值,是当前企业财务分析人员所面临的一个重要考验。

本项目主要训练财务人员应用 Python 进行业财数据分析,一共包括 5 个综合训练,涉及前面项目介绍的内容,帮助财务人员更好更快地运用 Python 来处理业务与分析数据。

对现有数据进行处理和分析的一般流程如图 5-1 所示。

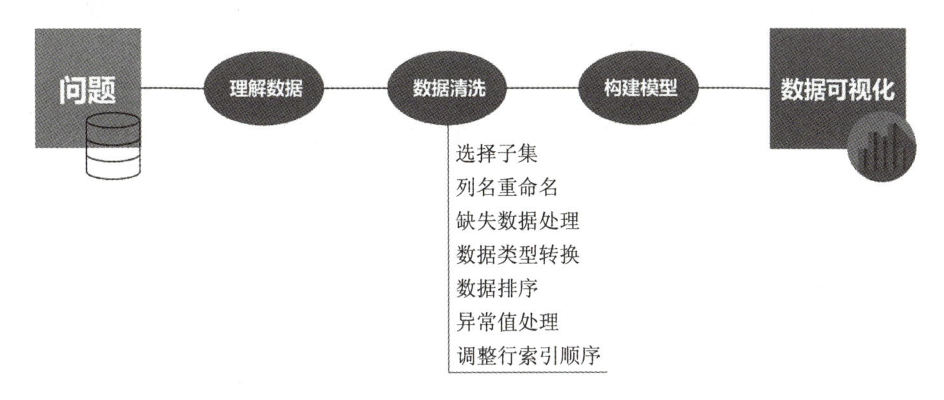

图 5-1 数据处理、分析的一般流程

学习目标

1. 熟练运用 Python 进行业财数据分析。
2. 掌握 Python 在人员结构分析中的应用方法。
3. 掌握 Python 在编制科目余额表中的应用方法。
4. 掌握 Python 在应收账款管理分析中的应用方法。
5. 掌握 Python 在计提摊销和折旧中的应用方法。
6. 掌握 Python 在销售管理分析中的应用方法。

任务一　Python 在人员结构分析中的应用

案例导入

某贸易有限公司是一家商务贸易公司，致力于自营和代理各类商品及技术的进出口业务，以及灯饰、灯具、百货、帐篷、工艺美术品等的销售。

公司不断进取，业务遍及各大洲数十个国家，已具备相当规模及稳定的供应链和客户群。公司秉承"学习创新、精益求精"的坚定信念，注重掌握全球各种品牌产品信息，不断为客户提供专业、优质的产品及增值服务，不断创新以满足客户的需求。当前，公司进入快速发展期，大力发展医用口罩和医护人员防护用品批发等业务。

随着公司规模不断壮大，其经营管理理念也在不断发展。在竞争日益激烈的货物流通领域，要想取得辉煌的业绩和高速的发展，公司领导层的经营管理决策必须具有有效性和前瞻性。对贸易公司而言，数据的统计与分析工作可以对企业出现一些问题进行收集并及时反馈出有效信息，从而有依据地提出一些新的建议和想法，为企业领导者的经营管理决策提供正确、有效的依据。在互联网信息化时代，企业可以借助大数据，利用相关数据的分析降低成本，提高效率，开发新产品，做出更加明智的业务决策，等等。

目前，公司由于要开拓国外医用口罩和医护人员防护用品批发业务，近期要对销售部门人员的工作进行调动，同时准备招聘新员工。在这之前管理层想先了解一下公司八大部门目前在职员工的人数、工龄、文化程度等。

任务实施

一、任务要求

根据该公司提供的人员结构分析与人员变动分析表(图 5-2)，分析在职员工的部门分布情况、工龄及文化程度。这有助于该公司在了解员工整体情况后，安排相关企业培训，增强员工文化底蕴，宣传企业文化，为拓展新业务做足准备。

	A	B	C	D	E	F	G	H	I	J
1	员工工号	姓名	性别	部门	职称	职级	出生日期	入职日期	离职日期	文化程度
2	A0001	刘阳	男	办公室	总经理	15	1963/12/19	2018/1/1		本科
3	A0002	李重	男	办公室	副总经理	14	1973/2/4	2018/6/19		本科
4	A0003	李泉	女	办公室	副总经理	14	1975/2/12	2018/11/19		硕士
5	A0004	刘起	男	办公室	总助	9	1986/7/24	2018/8/20		本科
6	A0006	李动	女	办公室	总助	9	1987/1/17	2018/8/31	2019/8/1	本科
7	A0007	独孤理	女	办公室	总助	8	1992/5/30	2018/2/12		大专
8	A0008	刘翠	女	人力	部门经理	12	1972/9/7	2018/5/23	2018/6/26	本科
9	A0009	杨李	女	人力	专员	6	1994/1/2	2018/3/12	2019/6/8	初中
10	A0010	令狐湖	男	人力	专员	8	1979/2/25	2018/5/30	2020/2/19	初中
11	A0011	丘山	男	人力	专员	6	1992/2/12	2018/11/16		高中
12	A0015	莫山伟	女	人力	专员	6	1994/6/26	2018/5/25	2019/6/18	本科
13	A0016	武里里	男	人力	专员	6	1987/9/17	2018/4/15	2019/6/28	本科
14	A0019	刘力	男	人力	专员	6	1991/12/10	2018/3/24	2018/11/13	本科
15	A0022	李美丽	男	人力	专员	7	1994/7/13	2018/7/10		初中
16	A0024	倪美丽	女	人力	专员	7	1991/2/19	2018/5/20	2018/9/26	本科
17	A0025	曹磊	女	人力	专员	7	1986/7/9	2018/3/23	2019/11/4	大专
18	A0027	丘二	男	人力	专员	8	1986/9/22	2018/4/5	2019/7/27	本科
19	A0029	李强	男	人力	专员	8	1992/3/3	2018/1/6	2020/8/16	本科
20	A0033	李左	男	财务部	部门经理	12	1981/10/5	2018/2/13		本科
21	A0034	李友	男	财务部	专员	6	1993/4/7	2018/9/23	2019/12/19	本科
22	A0035	胡小花	女	财务部	专员	6	1991/7/14	2018/8/20	2019/3/23	大专
23	A0036	刘琳琳	女	财务部	专员	6	1992/6/4	2018/1/4	2018/11/13	本科
24	A0039	金花花	女	财务部	专员	6	1987/4/17	2018/2/22	2020/4/7	高中

员工信息

图 5-2 原始 Excel 数据表(人员结构分析与人员变动分析)

二、任务操作

1. 利用 Pandas 读取 Excel 表数据

(1) 导入相关库。

代码如下:

```
import pandas as pd
from matplotlib import pyplot as plt
```

(2) 读取“人员结构分析与人员变动分析.xlsx”工作簿中的工作表并赋值给 df,观察现有数据。

代码如下:

```
1   df=pd.read_excel('人员结构分析与人员变动分析.xlsx')
2   df  #显示 df 中的数据
```

代码详解:

第 1 行: 读取 Excel 表,把表中内容赋值给 df 变量。读取的 Excel 文件根据实际路径填写。

第 2 行: 显示 df 中的数据。

代码执行结果如图 5-3 所示。

	员工工号	姓名	性别	部门	职称	职级	出生日期	入职日期	离职日期	文化程度
0	A0001	刘阳	男	办公室	总经理	15	1963-12-19	2018-01-01 00:00:00	NaT	本科
1	A0002	李重	男	办公室	副总经理	14	1973-02-04	2018-06-19 00:00:00	NaT	本科
2	A0003	李泉	女	办公室	副总经理	14	1975-02-12	2018-11-19 00:00:00	NaT	硕士
3	A0004	刘起	男	办公室	总助	9	1986-07-24	2018-08-20 00:00:00	NaT	本科
4	A0006	李动	女	办公室	总助	9	1987-01-17	2018-08-31 00:00:00	2019-08-01	本科
...	...	...	...	...	...	...	...	...	...	...
1254	A1339	崔文	女	销售部	初级导购	1	1988-02-15	2020-08-10 00:00:00	NaT	初中
1255	A1340	崔文	男	销售部	初级导购	1	1989-11-06	2020-06-06 00:00:00	NaT	高中
1256	A1341	崔文	女	销售部	初级导购	1	1989-11-13	2019-10-02 00:00:00	2020-05-13	初中
1257	A1342	崔鹤	女	销售部	初级导购	1	1996-12-06	2019-01-22 00:00:00	2019-03-26	高中
1258	A1343	崔乙	女	销售部	初级导购	1	1991-05-14	2018-04-08 00:00:00	NaT	初中

1259 rows × 10 columns

图 5-3 表中所有数据(1259 条)

2. 数据的情况与处理

(1) 数据中 NaT 值的处理。

通过观察,发现数据中未离职员工的"离职日期"列应该是空值,但在这里变成了 NaT(NaT 代表 Not A TIME,"不是一个时间"的意思),为了后续的处理,我们把 NaT 填充为空值。

代码如下:

```
df=df.fillna('')
df
```

代码执行结果如图 5-4 所示。

	员工工号	姓名	性别	部门	职称	职级	出生日期	入职日期	离职日期	文化程度
0	A0001	刘阳	男	办公室	总经理	15	1963-12-19	2018-01-01 00:00:00		本科
1	A0002	李重	男	办公室	副总经理	14	1973-02-04	2018-06-19 00:00:00		本科
2	A0003	李泉	女	办公室	副总经理	14	1975-02-12	2018-11-19 00:00:00		硕士
3	A0004	刘起	男	办公室	总助	9	1986-07-24	2018-08-20 00:00:00		本科
4	A0006	李动	女	办公室	总助	9	1987-01-17	2018-08-31 00:00:00	2019-08-01 00:00:00	本科
...	...	...	...	...	...	...	...	...	...	...
1254	A1339	崔文	女	销售部	初级导购	1	1988-02-15	2020-08-10 00:00:00		初中
1255	A1340	崔文	男	销售部	初级导购	1	1989-11-06	2020-06-06 00:00:00		高中
1256	A1341	崔文	女	销售部	初级导购	1	1989-11-13	2019-10-02 00:00:00	2020-05-13 00:00:00	初中
1257	A1342	崔鹤	女	销售部	初级导购	1	1996-12-06	2019-01-22 00:00:00	2019-03-26 00:00:00	高中
1258	A1343	崔乙	女	销售部	初级导购	1	1991-05-14	2018-04-08 00:00:00		初中

1259 rows × 10 columns

图 5-4 NaT 填充为空值后 df 中的数据

(2) 过滤掉离职员工的信息。

代码如下：

```
#筛选出在职人员
df=df[df['离职日期']=='']
df
```

代码执行结果如图 5-5 所示。

	员工工号	姓名	性别	部门	职称	职级	出生日期	入职日期	离职日期	文化程度
0	A0001	刘阳	男	办公室	总经理	15	1963-12-19	2018-01-01 00:00:00		本科
1	A0002	李重	男	办公室	副总经理	14	1973-02-04	2018-06-19 00:00:00		本科
2	A0003	李泉	女	办公室	副总经理	14	1975-02-12	2018-11-19 00:00:00		硕士
3	A0004	刘起	男	办公室	总助	9	1986-07-24	2018-08-20 00:00:00		本科
5	A0007	独孤理	女	办公室	总助	8	1992-05-30	2018-02-12 00:00:00		大专
...	...	...	...	...	...	...	...	...	...	...
1250	A1335	崔景	男	销售部	初级导购	2	1990-09-02	2019-11-05 00:00:00		高中
1253	A1338	崔源	女	销售部	初级导购	2	1994-10-28	2019-08-19 00:00:00		大专
1254	A1339	崔文	女	销售部	初级导购	1	1988-02-15	2020-08-10 00:00:00		初中
1255	A1340	崔文	男	销售部	初级导购	1	1989-11-06	2020-06-06 00:00:00		高中
1258	A1343	崔乙	女	销售部	初级导购	1	1991-05-14	2018-04-08 00:00:00		初中

664 rows × 10 columns

图 5-5　在职人员数据(664 条)

(3)查看 df 数据表各列的数据类型。

代码如下：

```
df.dtypes
```

代码执行结果如图 5-6 所示。

```
员工工号            object
姓名               object
性别               object
部门               object
职称               object
职级                int64
出生日期    datetime64[ns]
入职日期           object
离职日期           object
文化程度           object
dtype: object
```

图 5-6　df 各列数据类型

(4) 调整“入职日期”列的数据类型，从字符型转为日期型。

代码如下：

```
df=df.copy()
df['入职日期']=pd.to_datetime(df['入职日期'])
df
```

代码执行结果如图 5-7 所示。

	员工工号	姓名	性别	部门	职称	职级	出生日期	入职日期	离职日期	文化程度
0	A0001	刘阳	男	办公室	总经理	15	1963-12-19	2018-01-01		本科
1	A0002	李重	男	办公室	副总经理	14	1973-02-04	2018-06-19		本科
2	A0003	李泉	女	办公室	副总经理	14	1975-02-12	2018-11-19		硕士
3	A0004	刘起	男	办公室	总助	9	1986-07-24	2018-08-20		本科
5	A0007	独孤理	女	办公室	总助	8	1992-05-30	2018-02-12		大专
...	...	...	...	...	...	...	...	...	...	...
1250	A1335	崔景	男	销售部	初级导购	2	1990-09-02	2019-11-05		高中
1253	A1338	崔源	女	销售部	初级导购	2	1994-10-28	2019-08-19		大专
1254	A1339	崔文	女	销售部	初级导购	1	1988-02-15	2020-08-10		初中
1255	A1340	崔文	男	销售部	初级导购	1	1989-11-06	2020-06-06		高中
1258	A1343	崔乙	女	销售部	初级导购	1	1991-05-14	2018-04-08		初中

664 rows × 10 columns

图 5-7　调整入职日期类型后的数据

(5) 增加“工龄”列并计算员工入职时间。

代码如下：

```
   #定义函数
1  def working_years(a):
2      now=pd.datetime.now()  #取得当前日期
3      return now.year-a.year  #返回当前年年份与入职年年份之差
4  df ['工龄']=df['入职日期'].map(working_years)
   #map 函数把“入职日期”列中的数据一个一个传到 working_years 函数中进行处理
5  df
```

代码详解：

第 1—3 行：定义了一个函数 working_years( )，返回值为当前年份减去入职年份。

第 4 行：添加“工龄”列，并使用 working_years( ) 函数计算工龄。

代码执行结果如图 5-8 所示。

	员工工号	姓名	性别	部门	职称	职级	出生日期	入职日期	离职日期	文化程度	工龄
0	A0001	刘阳	男	办公室	总经理	15	1963-12-19	2018-01-01		本科	3
1	A0002	李重	男	办公室	副总经理	14	1973-02-04	2018-06-19		本科	3
2	A0003	李泉	女	办公室	副总经理	14	1975-02-12	2018-11-19		硕士	3
3	A0004	刘起	男	办公室	总助	9	1986-07-24	2018-08-20		本科	3
5	A0007	独孤理	女	办公室	总助	8	1992-05-30	2018-02-12		大专	3
...	...	...	...	...	...	...	...	...	...	...	...
1250	A1335	崔景	男	销售部	初级导购	2	1990-09-02	2019-11-05		高中	2
1253	A1338	崔源	女	销售部	初级导购	2	1994-10-28	2019-08-19		大专	2
1254	A1339	崔文	女	销售部	初级导购	1	1988-02-15	2020-08-10		初中	1
1255	A1340	崔文	男	销售部	初级导购	1	1989-11-06	2020-06-06		高中	1
1258	A1343	崔乙	女	销售部	初级导购	1	1991-05-14	2018-04-08		初中	3

664 rows × 11 columns

图 5-8　添加职工“工龄”列

(6) 查看公司员工的文化程度。

代码如下：

```
df['文化程度'].unique()
```

这里不能使用 count( ) 函数，因为 count( ) 函数用于统计个数。我们要使用 unique( ) 函数，unique( ) 函数会返回去除重复元素后的元素数组或列表。

代码执行结果如图 5-9 所示。

```
array(['本科', '硕士', '大专', '高中', '初中'], dtype=object)
```

图 5-9　显示表中文化程度列表

(7) 筛选出各部门入职满 2 年且文化程度是本科及以上的人员。

代码如下：

```
#使用“&”(并且) 和“|”(或)时，每个条件要用小括号括起来
df1=df[(df['工龄']>=2) & ((df['文化程度']=='本科') | (df['文化程度']==
  '硕士'))]
df1
```

需要注意并掌握的是：

① 使用“&”(并且) 和 “|”(或)时，每个条件都要用小括号括起来。

② 注意“&”和“|”的运算顺序。因为系统默认会先进行“&”运算再进行“|”运算，所以这里要用小括号来改变运算顺序，先对“文化程度”进行“|”运算，再将结果与“工龄”进行“&”运算。

代码执行结果如图 5-10 所示。

	员工工号	姓名	性别	部门	职称	职级	出生日期	入职日期	离职日期	文化程度	工龄
0	A0001	刘阳	男	办公室	总经理	15	1963-12-19	2018-01-01		本科	4
1	A0002	李重	男	办公室	副总经理	14	1973-02-04	2018-06-19		本科	4
2	A0003	李泉	女	办公室	副总经理	14	1975-02-12	2018-11-19		硕士	4
3	A0004	刘起	男	办公室	总助	9	1986-07-24	2018-08-20		本科	4
18	A0033	李左	男	财务部	部门经理	12	1981-10-05	2018-02-13		本科	4
...	...	...	...	...	...	...	...	...	...	...	...
1126	A1211	崔鲁	男	物流部	专员	7	1992-04-21	2019-01-25		本科	3
1128	A1213	崔子	女	物流部	专员	7	1986-04-06	2019-04-17		本科	3
1131	A1216	崔福	男	物流部	专员	7	1996-07-28	2019-01-07		本科	3
1134	A1219	崔金	女	物流部	专员	7	1992-09-28	2019-07-13		本科	3
1137	A1222	崔建	男	物流部	专员	6	1985-08-23	2018-11-20		本科	4

162 rows × 11 columns

图 5-10　按条件筛选后的数据(162 条)

(8) 构建数据透视表,按部门统计人员的数量。

代码如下:

```
1   df2=df1.pivot_table(index='部门', values='姓名', aggfunc=
      'count')
2   df2
```

代码详解:

第 1 行: pivot_table()函数用于生成数据透视表,赋值给 df2。index 参数代表行索引字段,即按照这个字段来查看。需要通过透视表查看什么信息就按照相应的顺序设置索引字段,可设置多个。每个 pivot_table()函数必须拥有一个 index 参数;values 参数用于设置需要计算的列,也可以设置多个;aggfunc 参数用于设置我们对数据列进行计算时的函数操作。

依据题意,按部门统计,我们把 index 设置为“部门”;因为是计数,所以 values 可设置为任一字段,这里我们设置为“姓名”;把 aggfunc 设置为“count”。

代码执行结果如图 5-11 所示。

部门	姓名
办公室	4
后勤部	47
客服	11
物流部	44
生产部	28
营销部	4
财务部	2
销售部	22

图 5-11　按部门统计人数

(9) 列名重命名,将“姓名”改为“员工人数”。

代码如下:

```
1   df2=df2.rename(columns={'姓名':'员工人数'})
2   df2
```

df2 的内容为图 5-11 显示的表,其"姓名"列其实是部门人数,我们要把表中的"姓名"改为"员工人数"。

代码详解:

第 1 行:使用 df2.rename( )方法修改列名,表示 df2 要进行重命名操作,参数 columns 表示修改的列,并以字典的形式映射,把原来的"姓名"改为"员工人数",修改后再赋值给 df2。

代码执行结果如图 5-12 所示。

部门	员工人数
办公室	4
后勤部	47
客服	11
物流部	44
生产部	28
营销部	4
财务部	2
销售部	22

图 5-12 修改列名"姓名"为"员工人数"

3. 数据的可视化呈现

制作饼图可以更直观地查看各部门工龄 2 年及以上、学历本科及以上人员分布。

代码如下:

```
1  plt.rcParams['font.family']='Simsun'  #设置字体为宋体
2  plt.rcParams['axes.unicode_minus']=False  #正常显示负号
3  plt.figure(figsize=(8,8))  #设置画布的宽与高,在正方形中可绘出正圆
4  x=df2['员工人数']  #设置扇形面积值
5  label=df2.index  #定义饼图的标签,即部门名称
6  explode=[0,0,0,0,0,0,0,0.1]  #设定各项距离圆心 N 个半径,销售部会突出 0.1
   #绘制饼图,"autopct='% .2f% % '"显示保留 2 位小数的百分比数据
7  plt.pie(x,explode=explode,labels=label,autopct='% .2f% % ',
     shadow=True,textprops={'fontsize':18,'color':'black','font-
     family':'SimHei'})
8  plt.legend(fontsize=15,bbox_to_anchor=(1.4,1.05))  #设置显示图例
9  plt.title('各部门工龄 2 年及以上、学历本科及以上人员分布图',
     fontsize=18)  #设置标题
```

代码详解:

第 1—6 行:设置各种参数。

第 7 行:是真正绘图的语句。pie( )函数代表绘制饼图,根据传递的参数进行绘制。饼图通过将一个圆饼按照分类的占比划分成多个区块,整个圆饼代表数据的总量,每个区块(扇形)表示该分类占总体的比例大小,所有区块(扇形)的和等于 100%。pie( )函数中的参数 x 代表各部门员工人数;explode 参数用于突出显示饼图中的指定部分;labels 参数指定每部分的名称;autopct 参数指定占比显示为"%.2f%%"(占位符形式的写法,表示以保留两位小数的 float 类型显示百分比,两个"%"代表一个真正的%);shadow 参数用于设置是否带阴

影;textprops 设置标签和比例文字的格式,如图 5-13 中黑体部分。

第 8 行:设置显示图例,即图 5-13 右上角的说明图例。参数 fontsize 代表字体大小,bbox_to_anchor 代表图例所在的位置为(1.4,1.05)(以饼图为基准点)。

代码执行结果如图 5-13 所示。

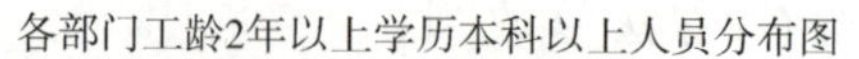

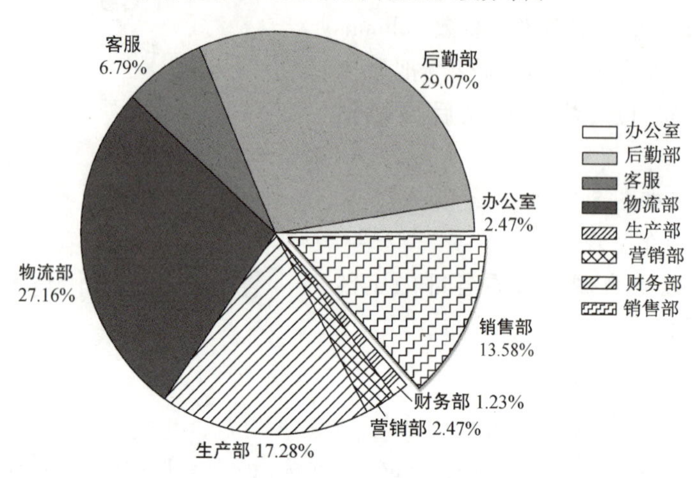

图 5-13 各部门工龄 2 年及以上、学历本科及以上人员分布饼图

任务二 Python 在编制科目余额表中的应用

案例导入

某金属制品有限公司创建于 1999 年,位于江西南昌。公司秉承“品质就是生命”的生产理念,以精益生产方式为指导,以严格的管理推动持续改进。公司是国内专业开发生产五金产品的企业,是一家自产自销和外加工型的企业。随着时代的发展,公司在技术领域不断创新、开拓,现在已拥有模具设计和制造、自动化生产等生产流水线。公司拥有先进的生产设备以及质量监控与检测设备,凭着精练和先进的技术,能及时地向客户供给高强度、高精密模具。公司一贯奉行“与时俱进、追求卓越”的经营理念,立志于发展成为深受客户和地方喜爱的企业。

随着制造业等领域转型升级的深入推进,近年来金属行业也展开了智能化升级行动。公司充分结合我国金属加工行业产品品种多、订单批量小、生产工艺路线长、产品精度要求高、生产运行速度快、物流调度频繁等特点,合理规划建设目标。在企业已有自动化、信息化建设基础上,公司推进互联网、大数据、人工智能、5G、边缘计算、虚拟现实等前沿技术在加工工厂中的应用:开展了数字化、标准化建设工作,开展成套智能装备应用,实现工厂数字化、网络化、少人化,打造具有自感知、自学习、自决策、自执行、自适应的金属智能加工工厂;

并依据企业实际情况及能力，对主要生产装备进行数字化改造，提升自动控制水平。

公司财务部门的总账会计小刘凭着敏锐的洞察力，发现近两年来科技的变革在财务中的应用层出不穷。从企业资源计划（ERP）到财务共享、财务中台，再到财务机器人，财务人员一直处在被信息技术和人工智能取代的恐慌之中。在财务信息化的大趋势下，财务人员不仅面临着行业冲击，还身处被科技变革淘汰的大风大浪中。所以小刘也加入了学习Python、领会大数据神奇的大部队中。

2020年5月，公司下属子公司上交了一个月的记账凭证业务表格，现要求按旬编制科目余额表，将上、中、下旬的主营业务收入进行比较，看一下主营业务收入集中在哪一个旬，并要求子公司做出经营方案调整，力求上、中、下旬的收入差距缩小，并保证收入持续增长。小刘刚好可以趁热打铁，运用自己所学的Python知识尝试编制科目余额表。请你帮助小刘完成这项任务。

任务实施

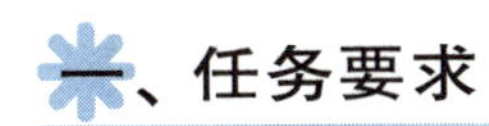

一、任务要求

根据2020年4月1—30日的记账凭证，编制总账科目上、中、下旬的借、贷方余额，并保存到Excel表。原始Excel表如图5-14所示。

	A	B	C	D	E	F	G
1	名称	日期	摘要	总账	明细	借方金额	贷方金额
2	业务1	2020年04月01日	支付投标保证金	其他应收款	宿迁升典金属制品有限责任公司	18000.00	
3				银行存款	中国建设银行宿迁市宿城区支行-4193759		18000.00
4	业务9	2020年04月02日	申请签发银行汇票	其他货币资金	银行汇票	1752630.00	
5				银行存款	中国建设银行宿迁市宿城区支行-4193759		1752630.00
6	业务13	2020年04月03日	销售产品	应收票据	临沂驰顿金属制品有限责任公司	7634393.00	
7				主营业务收入	商品销售收入-SS1		3938130.00
8				主营业务收入	商品销售收入-SS2		2412604.00
9				应交税费	应交增值税-销项税额		878293.00
10				预计负债	应付退货款-SS1		251370.00
11				预计负债	应付退货款-SS2		153996.00
12	业务14	2020年04月03日	支付运输费	销售费用	运输装卸费	5300.00	
13				应交税费	应交增值税-进项税额	477.00	
14				银行存款	中国建设银行宿迁市宿城区支行-4193759		5777.00
15	业务15	2020年04月06日	采购材料并入库	原材料	T01	750600.00	
16				原材料	T02	800400.00	
17				应交税费	应交增值税-进项税额	201630.00	
18				其他货币资金	银行汇票		1752630.00
19	业务16	2020年04月06日	购买汽车	固定资产	运输工具-雷诺轿车	207971.67	
20				应交税费	应交增值税-进项税额	24865.70	
21				税金及附加	车船税	270.00	
22				预付账款	汽车保险费	5145.00	
23				银行存款	中国建设银行宿迁市宿城区支行-4193759		238195.70
24				银行存款	中国建设银行宿迁市宿城区支行-4193759		56.67

Sheet1

图5-14　原始Excel数据表（记账凭证业务）

二、任务操作

1. 读取数据，观察数据，理解数据类型与目前数据存在的问题

（1）导入库。

代码如下：

```
import pandas as pd
```

（2）读取“记账凭证业务.xlsx”工作簿中的工作表并赋值给 df，观察现有数据。

代码如下：

```
df=pd.read_excel('记账凭证业务.xlsx')
df
```

代码执行结果如图 5-15 所示。

	名称	日期	摘要	总账	明细	借方金额	贷方金额
0	业务1	2020年04月01日	支付投标保证金	其他应收款	宿迁升典金属制品有限责任公司	18000.0	NaN
1	NaN	NaN	NaN	银行存款	中国建设银行宿迁市宿城区支行-41937596438554	NaN	18000.00
2	业务9	2020年04月02日	申请签发银行汇票	其他货币资金	银行汇票	1752630.0	NaN
3	NaN	NaN	NaN	银行存款	中国建设银行宿迁市宿城区支行-41937596438554	NaN	1752630.00
4	业务13	2020年04月03日	销售产品	应收票据	临沂驰顿金属制品有限责任公司	7634393.0	NaN
...	...	...	...	...	...	...	...
213	NaN	NaN	NaN	管理费用	无形资产摊销费	NaN	6833.00
214	NaN	NaN	NaN	管理费用	工资	NaN	66300.00
215	NaN	NaN	NaN	信用减值损失	坏账损失	NaN	316146.33
216	NaN	NaN	NaN	营业外支出	非流动资产处置损失	NaN	66000.00
217	NaN	NaN	NaN	所得税费用	当期所得税费用	NaN	1571913.55

218 rows × 7 columns

图 5-15　df 中的数据

通过观察，我们发现目前数据中有以下问题：

① 存在很多 NaN 值。编制科目余额表，需要日期、科目、借方金额、贷方金额，目前数据中同一笔业务只写了借方日期，我们要把“日期”列的 NaN 值替换为它上一行的值。其他列的 NaN 值不影响我们的分析，可以不做处理。

② 表中没有能够直接区分上、中、下旬的字段。

2. 对数据进行清理

为了方便后续处理分析，我们需要对数据进行清洗和加工。

（1）处理“日期”列的 NaN 值。

（2）新增“年”“月”“日”列，值为分解“日期”后的相关值。

代码如下：

```
df['日期']=df['日期'].fillna(method='ffill') #ffill,以上一行值填充
df['年']=df['日期'].str[0:4]  #截取日期中的年
df['月']=df['日期'].str[5:7]  #截取日期中的月
df['日']=df['日期'].str[8:10] #截取日期中的日
df
```

代码执行结果如图 5-16 所示。

	名称	日期	摘要	总账	明细	借方金额	贷方金额	年	月	日
0	业务1	2020年04月01日	支付投标保证金	其他应收款	宿迁升典金属制品有限责任公司	18000.0	NaN	2020	04	01
1	NaN	2020年04月01日	NaN	银行存款	中国建设银行宿迁市宿城区支行-41937596438554	NaN	18000.00	2020	04	01
2	业务9	2020年04月02日	申请签发银行汇票	其他货币资金	银行汇票	1752630.0	NaN	2020	04	02
3	NaN	2020年04月02日	NaN	银行存款	中国建设银行宿迁市宿城区支行-41937596438554	NaN	1752630.00	2020	04	02
4	业务13	2020年04月03日	销售产品	应收票据	临沂驰顿金属制品有限责任公司	7634393.0	NaN	2020	04	03
...	...	...	...	...	...	...	...	...	...	...
213	NaN	2020年04月30日	NaN	管理费用	无形资产摊销费	NaN	6833.00	2020	04	30
214	NaN	2020年04月30日	NaN	管理费用	工资	NaN	66300.00	2020	04	30
215	NaN	2020年04月30日	NaN	信用减值损失	坏账损失	NaN	316146.33	2020	04	30
216	NaN	2020年04月30日	NaN	营业外支出	非流动资产处置损失	NaN	66000.00	2020	04	30
217	NaN	2020年04月30日	NaN	所得税费用	当期所得税费用	NaN	1571913.55	2020	04	30

218 rows × 10 columns

图 5-16 清洗加工后的数据

3. 对数据进行加工

(1) 筛选出需要分析的“年”“月”“日”“总账”“借方金额”“贷方金额”列。

代码如下:

```
df_1=df.loc[:,['年','月','日','总账','借方金额','贷方金额']]
#为了可以进行运算,把日期列转换为整数型
df_1['日']=df['日'].astype('int32')
df_1.head()
```

代码执行结果如图 5-17 所示。

	年	月	日	总账	借方金额	贷方金额
0	2020	04	1	其他应收款	18000.0	NaN
1	2020	04	1	银行存款	NaN	18000.0
2	2020	04	2	其他货币资金	1752630.0	NaN
3	2020	04	2	银行存款	NaN	1752630.0
4	2020	04	3	应收票据	7634393.0	NaN

图 5-17 过滤列和转换“日”类型后的前 5 行数据

(2) 编制上旬(1—10 日)的科目余额表。

代码如下：

```
1  df_s=df_1.loc[df_1['日']<=10]  #筛选出上旬的数据,赋给 df_s
   #根据上旬的数据编制科目汇总表
2  df_s=pd.pivot_table(df_s,index=['总账'],values=['借方金额','贷
     方金额'],aggfunc='sum',fill_value=0)
3  df_s.rename(columns={'借方金额':'1—10 日借方金额','贷方金额':'1—
     10 日贷方金额'},inplace=True)
4  df_s.reset_index(inplace=True)
5  df_s.head()
```

代码详解：

第 2 行：pd.pivot_table()函数根据我们对数据的分析、计算、显示要求，生成数据透视表，最简单的透视表必须有一个 DataFrame 和一个索引。本行代码中各参数意义如下：

df_s：代表使用的数据帧。

index：行索引，即生成的表按什么查看，这里是按“总账”列查看。每个 pivot_table()函数必须拥有一个 index 参数，可以有多个索引。

values：要进行计算的列，多个列使用“[]”括起来，用逗号分隔。

aggfunc：指定计算的方法，这里是“sum”，即对 values 指定的列进行求和运算。

fill_value：替换缺失值的方式，我们发现数据中有许多个 NaN(图 5-14)，设置为用 0 来替换。

第 3 行：使用 rename()函数来更改“借方金额”与“贷方金额”列名，“inplace=True”表示直接在源数据帧上修改、生效。

第 4 行：重置索引，因为生成数据透视表后，行索引被设置为了“总账”列。

代码执行结果如图 5-18 所示。

	总账	1-10日借方金额	1-10日贷方金额
0	主营业务收入	0.0	6350734.00
1	债权投资	0.0	4565.24
2	其他应付款	30728.5	30728.50
3	其他应收款	18000.0	0.00
4	其他货币资金	1814230.0	1752630.00

图 5-18 科目汇总表数据(上旬)

(3) 编制中旬(11—20 日)的科目余额表。

代码如下：

```
1  df_z=df_1[(df_1['日']>=11)&(df_1['日']<=20)]
2  df_z=pd.pivot_table(df_z,index=['总账'],values=['借方金额','贷
     方金额'],aggfunc='sum',fill_value=0)
3  df_z.rename(columns={'借方金额':'11—20日借方金额','贷方金额':
     '11—20日贷方金额'},inplace=True)
4  df_z.reset_index(inplace=True)
5  df_z.head()
```

代码详解：

第1行：过滤出日期在11—20日之间的数据。需要注意的是：使用“&”(且)连接条件，每个条件都要用小括号括起来。

代码执行结果如图5-19所示。

	总账	11-20日借方金额	11-20日贷方金额
0	主营业务收入	0.00	5237974.0
1	交易性金融资产	0.00	154080.0
2	其他货币资金	157101.25	0.0
3	原材料	1497105.00	0.0
4	在途物资	1495610.00	1495610.0

图5-19　科目汇总表数据(中旬)

(4) 编制下旬(21日之后)的科目余额表。

代码如下：

```
df_x=df_1[(df_1['日']>=21)]
df_x=pd.pivot_table(df_x,index=['总账'],values=['借方金额','贷方
  金额'],aggfunc='sum',fill_value=0)
df_x.rename(columns={'借方金额':'21—30日借方金额','贷方金额':'21—
  30日贷方金额'},inplace=True)
df_x.reset_index(inplace=True)
df_x.head()
```

代码执行结果如图5-20所示。

	总账	21-30日借方金额	21-30日贷方金额
0	主营业务成本	4665733.71	4665733.71
1	主营业务收入	11588708.00	0.00
2	交易性金融资产	0.00	3210.00
3	信用减值损失	316146.33	316146.33
4	公允价值变动损益	3210.00	3210.00

图 5-20　科目汇总表数据(下旬)

4. 使用透视表分别统计上、中、下旬的借、贷方金额

(1) 把上、中、下旬的科目余额表进行拼接。

代码如下：

```
1  df_kmyeb=pd.merge(df_s,df_z,how='outer')
2  df_kmyeb=pd.merge(df_kmyeb,df_x,how='outer')
3  df_kmyeb=df_kmyeb.fillna(0)
4  df_kmyeb.head()
```

代码详解：

第 1—2 行：分别通过 merge( ) 函数对上、中、下旬三个 DataFrame 进行连接后赋值给 df_kmyeb。how 参数指明连接匹配方式，“outer”是取两个表的并集。两表连接时，一般用 on 参数指定连接字段，如未指定，则按两表交集字段连接。此处未指定连接字段，两表的交集字段“总账”被作为连接键。两表相连接时，匹配不到的值用 NaN 填充。

第 3 行：使用 0 填充连接后产生的 DataFrame 中的 NaN 值。

代码执行结果如图 5-21 所示。

	总账	1-10日借方金额	1-10日贷方金额	11-20日借方金额	11-20日贷方金额	21-30日借方金额	21-30日贷方金额
0	主营业务收入	0.0	6350734.00	0.00	5237974.0	11588708.0	0.0
1	债权投资	0.0	4565.24	0.00	0.0	0.0	0.0
2	其他应付款	30728.5	30728.50	0.00	0.0	0.0	0.0
3	其他应收款	18000.0	0.00	0.00	0.0	0.0	0.0
4	其他货币资金	1814230.0	1752630.00	157101.25	0.0	0.0	0.0

图 5-21　上、中、下旬数据拼接后的结果

(2) 将按旬编制的科目汇总导出。

代码如下：

```
df_kmyeb.to_excel('按旬编制的科目汇总表.xlsx')
```

(3) 从按旬编制的科目汇总表可以清晰地看出每个科目的发生额情况,下面看一下主营业务收入就可以知道公司的销售主要集中在哪个时间段了。

代码如下:

```
#总账列设为索引
df_kmyeb.set_index('总账',inplace=True)
df_kmyeb.head()
```

为了方便后续查找,我们使用 set_index( ) 函数把“总账”列设为索引。

代码执行结果如图 5-22 所示。

	1-10日借方金额	1-10日贷方金额	11-20日借方金额	11-20日贷方金额	21-30日借方金额	21-30日贷方金额
总账						
主营业务收入	0.0	6350734.00	0.00	5237974.0	11588708.0	0.0
债权投资	0.0	4565.24	0.00	0.0	0.0	0.0
其他应付款	30728.5	30728.50	0.00	0.0	0.0	0.0
其他应收款	18000.0	0.00	0.00	0.0	0.0	0.0
其他货币资金	1814230.0	1752630.00	157101.25	0.0	0.0	0.0

图 5-22　把“总账”列设为索引

(4) 使用 loc( ) 函数查找上、中、下旬“主营业务收入”数据及计算中旬对比上旬的变化值并打印。

代码如下:

```
#打印上旬主营业务收入
print('上旬的主营业务收入是')
print(df_kmyeb.loc['主营业务收入','1—10 日贷方金额'])
#打印中旬主营业务收入
print('中旬的主营业务收入是')
print(df_kmyeb.loc['主营业务收入','11—20 日贷方金额'])
#打印下旬主营业务收入
print('下旬的主营业务收入是')
print(df_kmyeb.loc['主营业务收入','21—30 日贷方金额'])
#计算中旬对比上旬的主营业务收入变化
print('中旬的主营业务收入对比上旬的变化值是')
print(df_kmyeb.loc['主营业务收入','11—20 日贷方金额']-df_kmyeb.loc
  ['主营业务收入','1—10 日贷方金额'])
```

代码执行结果如图 5-23 所示。

```
上旬的主营业务收入是
6350734.0
中旬的主营业务收入是
5237974.0
下旬的主营业务收入是
0.0
中旬的主营业务收入对比上旬的变化值是
-1112760.0
```

图 5-23 上、中、下旬主营业务收入及中旬对比上旬的变化值

任务三 Python 在应收账款管理分析中的应用

案例导入

我国进入新时代后，经济结构不断调整，产业布局发生重大变化，节能减排已经成为能源企业面对的、不可回避的突出问题。目前，跟随着时代的发展步伐，在“互联网+”的背景下，大数据技术在能源行业中的应用凸显了骄人的效能，基于大数据平台对能源行业进行相应研究和综合性服务，对于提高能源企业的能效水平具有显著作用。

某能源公司位于广州，是一家提供综合能源技术服务的高新企业，具有电力行业设计乙级资质、电力工程总承包资质，拥有上百项发明专利等知识产权，以核心科技产品为客户提供电力数字化服务。

公司践行“让用电更简单”的使命，致力于为客户提供售电、光伏电站、储能站、充电站等综合能源服务的一站式技术解决方案。业务涵盖项目开发、投资运营、物资供应、设计、施工、运维、培训和金融服务，立足广东，面向全国，辐射东南亚。

公司以客户为中心，以“诚信、创造、共享”为核心价值观，擅于高效整合全产业链资源，通过技术和商业模式的创新，全力为客户创造价值。

任务实施

一、任务要求

根据公司提供的应收款明细表（图 5-24），对该表进行处理，先分析出每家客户单位 5 月份对应的收款金额，因为其中有些单位是子公司，划分为内部单位；再进一步区分内、外部的收款金额是多少。

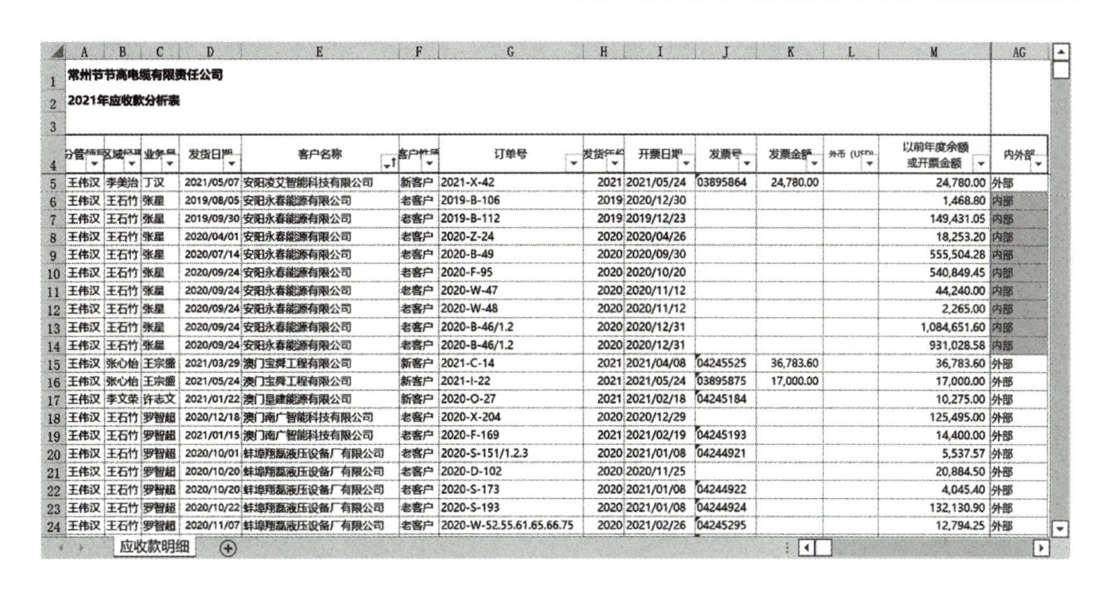

常州节节高电缆有限责任公司

2021年应收款分析表

	A	B	C	D	E	F	G	H	I	J	K	L	M	AG
4	分管领导	区域经理	业务员	发货日期	客户名称	客户性质	订单号	发货年份	开票日期	发票号	发票金额	外币（USD）	以前年度余额或开票金额	内外部
5	王伟汉	李美治	丁汉	2021/05/07	安阳凌艾智能科技有限公司	新客户	2021-X-42	2021	2021/05/24	03895864	24,780.00		24,780.00	外部
6	王伟汉	王石竹	张星	2019/08/05	安阳永春能源有限公司	老客户	2019-B-106	2019	2020/12/30				1,468.80	内部
7	王伟汉	王石竹	张星	2019/09/30	安阳永春能源有限公司	老客户	2019-B-112	2019	2019/12/23				149,431.05	内部
8	王伟汉	王石竹	张星	2020/04/01	安阳永春能源有限公司	老客户	2020-Z-24	2020	2020/04/26				18,253.20	内部
9	王伟汉	王石竹	张星	2020/07/14	安阳永春能源有限公司	老客户	2020-B-49	2020	2020/09/30				555,504.28	内部
10	王伟汉	王石竹	张星	2020/09/24	安阳永春能源有限公司	老客户	2020-F-95	2020	2020/10/20				540,849.45	内部
11	王伟汉	王石竹	张星	2020/09/24	安阳永春能源有限公司	老客户	2020-W-47	2020	2020/11/12				44,240.00	内部
12	王伟汉	王石竹	张星	2020/09/24	安阳永春能源有限公司	老客户	2020-W-48	2020	2020/11/12				2,265.00	内部
13	王伟汉	王石竹	张星	2020/09/24	安阳永春能源有限公司	老客户	2020-B-46/1.2	2020	2020/12/31				1,084,651.60	内部
14	王伟汉	王石竹	张星	2020/09/24	安阳永春能源有限公司	老客户	2020-B-46/1.2	2020	2020/12/31				931,028.58	内部
15	王伟汉	张心怡	王宗盛	2021/03/29	澳门宝舜工程有限公司	新客户	2021-C-14	2021	2021/04/08	04245525	36,783.60		36,783.60	外部
16	王伟汉	张心怡	王宗盛	2021/05/24	澳门宝舜工程有限公司	新客户	2021-I-22	2021	2021/05/24	03895875	17,000.00		17,000.00	外部
17	王伟汉	李文荣	许志文	2021/01/22	澳门皇建能源有限公司	新客户	2020-O-27	2021	2021/02/18	04245184			10,275.00	外部
18	王伟汉	王石竹	罗智超	2020/12/18	澳门南广智能科技有限公司	老客户	2020-X-204	2020	2020/12/29				125,495.00	外部
19	王伟汉	王石竹	罗智超	2021/01/15	澳门南广智能科技有限公司	老客户	2020-F-169	2021	2021/02/19	04245193			14,400.00	外部
20	王伟汉	王石竹	罗智超	2020/10/01	蚌埠翔磊液压设备厂有限公司	老客户	2020-S-151/1.2.3	2020	2021/01/08	04244921			5,537.57	外部
21	王伟汉	王石竹	罗智超	2020/10/20	蚌埠翔磊液压设备厂有限公司	老客户	2020-D-102	2020	2020/11/25				20,884.50	外部
22	王伟汉	王石竹	罗智超	2020/10/20	蚌埠翔磊液压设备厂有限公司	老客户	2020-S-173	2020	2021/01/08	04244922			4,045.40	外部
23	王伟汉	王石竹	罗智超	2020/10/22	蚌埠翔磊液压设备厂有限公司	老客户	2020-S-193	2020	2021/01/08	04244924			132,130.90	外部
24	王伟汉	王石竹	罗智超	2020/11/07	蚌埠翔磊液压设备厂有限公司	老客户	2020-W-52.55.61.65.66.75	2020	2021/02/26	04245295			12,794.25	外部

应收款明细

图 5-24　原始 Excel 数据表(应收款明细)

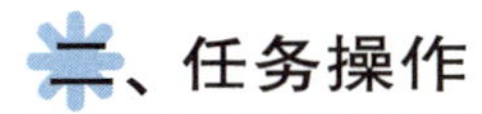

二、任务操作

1. 读取数据

(1) 导入库。

代码如下:

```
import pandas as pd
import numpy as np
```

(2) 读取“应收款明细 1.xlsx”工作簿中名为“应收款明细”的工作表内容并赋值给变量 df,并显示出来前 5 条,帮助我们了解数据的结构与值。

代码如下:

```
1   df=pd.read_excel('应收账款明细 1.xlsx',sheet_name='应收款明细',
        header=3)
2   df.head()
```

代码详解:

第 1 行:使用 read_excel( ) 函数读取 Excel 文件内容。sheet_name 参数表示读取工作表的名称;header=3 代表用第 4 行作列名(索引值从 0 开始)。原始 Excel 文件内容如图 5-24 所示。

代码执行结果如图 5-25 所示。

	分管领导	区域经理	业务员	发货日期	客户名称	客户性质	订单号	发货年份	开票日期	发票号	...	收款方式2	收款金额2	收款日期3	收款方式3	收款金额3	收款日期4	收款方式4	收款金额4	余额	内外部
0	王伟汉	李美治	丁汉	2021-05-07	安阳凌艾智能科技有限公司	新客户	2021-X-42	2021	2021-05-24	03895864	...	NaN	8000.0	2021-05-07	NaN	16160.0	NaT	NaN	NaN	0.0	外部
1	王伟汉	王石竹	张晨	2019-08-05	安阳永春能源有限公司	老客户	2019-B-106	2019	2020-12-30	NaN	...	NaN	NaN	NaT	NaN	NaN	NaT	NaN	NaN	0.0	内部
2	王伟汉	王石竹	张晨	2019-09-30	安阳永春能源有限公司	老客户	2019-B-112	2019	2019-12-23	NaN	...	NaN	NaN	NaT	NaN	NaN	NaT	NaN	NaN	0.0	内部
3	王伟汉	王石竹	张晨	2020-04-01	安阳永春能源有限公司	老客户	2020-Z-24	2020	2020-04-26	NaN	...	NaN	NaN	NaT	NaN	NaN	NaT	NaN	NaN	0.0	内部
4	王伟汉	王石竹	张晨	2020-07-14	安阳永春能源有限公司	老客户	2020-B-49	2020	2020-09-30	NaN	...	NaN	NaN	NaT	NaN	NaN	NaT	NaN	NaN	0.0	内部

5 rows × 33 columns

图 5-25　读取 Excel 表中“应收款明细”工作表后 df 中的数据

2. 对数据进行清理和加工

（1）分析收款金额。由于有些款项分批次收取，所以数据表中的收款日期与收款金额分别有四组数据，因而筛选需要用的列“客户名称”“收款日期 1”“收款金额 1”“收款日期 2”“收款金额 2”“收款日期 3”“收款金额 3”“收款日期 4”“收款金额 4”“内外部”。

代码如下：

```
df=df[['客户名称','收款日期1','收款金额1','收款日期2','收款金额2','收款
  日期3','收款金额3','收款日期4','收款金额4','内外部']]
df=df.fillna('') #缺失值用空值填充
df
```

代码执行结果如图 5-26 所示。

	客户名称	收款日期1	收款金额1	收款日期2	收款金额2	收款日期3	收款金额3	收款日期4	收款金额4	内外部
0	安阳凌艾智能科技有限公司	2021-03-05 00:00:00	620	2021-04-07 00:00:00	8000	2021-05-07 00:00:00	16160			外部
1	安阳永春能源有限公司	2021-01-18 00:00:00	1468.8							内部
2	安阳永春能源有限公司	2021-01-18 00:00:00	149431							内部
3	安阳永春能源有限公司	2021-02-08 00:00:00	18253.2							内部
4	安阳永春能源有限公司	2021-01-18 00:00:00	555504							内部

图 5-26　过滤列并用空值填充 NaN 后的数据

（2）创建自定义函数，功能是根据“客户名称”“收款日期”“收款金额”这三个字段统计 5 月份每家单位收款额。

代码如下：

```
def cal_may_sale(x,y,z):
    global df  #声明函数内部使用的df是在函数外部定义的全局变量df
    df_=df.loc[:,[x,y,z]]
    #按客户名称、收款日期、收款金额字段过滤出对应的列
    df_['月']=pd.to_datetime(df_[y],errors='coerce').dt.month
    #转换收款日期列数据类型为datetime,将无效解析设置为NaT,再从收款日期提取月
    df_=df_.loc[df_['月']==5.0]  #筛选月=5.0值的数据行
    #使用数据透视表,根据客户名称分类统计收款金额
    df_=pd.pivot_table(df_,index=x,values=z,aggfunc='sum').re-
      set_index()
    return df_  #返回生成的数据透视表
```

(3) 利用自定义函数,根据“客户名称”“收款日期 1”“收款金额 1”统计 5 月份每家单位收款额。

代码如下:

```
df1=cal_may_sale('客户名称','收款日期 1','收款金额 1')
df1.head()
```

代码执行结果如图 5-27 所示。

	客户名称	收款金额1
0	上海圣千仪表电器有限公司	2210.00
1	上海大复实业有限公司	1615.50
2	上海美艾实业有限公司	565000.00
3	东莞义盈能源有限公司	42058.00
4	中山丝大物资有限公司	12048.36

图 5-27　按“客户名称”“收款日期 1”“收款金额 1”统计后前 5 行数据

(4) 利用自定义函数,根据“客户名称”“收款日期 2”“收款金额 2”统计 5 月份每家单位收款额。

代码如下:

```
df2=cal_may_sale('客户名称','收款日期 2','收款金额 2')
df2.head()
```

代码执行结果如图 5-28 所示。

	客户名称	收款金额2
0	上海美艾实业有限公司	48091.02
1	东莞义盈能源有限公司	66887.18
2	中山乐泰重工有限公司	5683.00
3	乐山亚达实业有限公司	201961.88
4	北海进贝海洋装备有限公司	513059.28

图 5-28　按“客户名称”“收款日期 2”“收款金额 2”统计后前 5 行数据

(5) 利用自定义函数,根据“客户名称”“收款日期 3”“收款金额 3”统计 5 月份每家单位收款额。

代码如下:

```
df3=cal_may_sale('客户名称','收款日期 3','收款金额 3')
df3.head()
```

代码执行结果如图 5-29 所示。

	客户名称	收款金额3
0	北海瑞珀电缆有限责任公司	29000.00
1	北海进贝海洋装备有限公司	80823.20
2	大连晶鑫电机有限公司	127864.16
3	安阳凌艾智能科技有限公司	16160.00
4	岳阳森天电源有限公司	204505.24

图 5-29　按“客户名称”“收款日期 3”“收款金额 3”统计后前 5 行数据

(6) 利用自定义函数,根据“客户名称”“收款日期 4”“收款金额 4”统计 5 月份每家单位收款额。

代码如下:

```
df4=cal_may_sale('客户名称','收款日期4','收款金额4')
df4.head()
```

代码执行结果如图 5-30 所示。

	客户名称	收款金额4
0	丽江全达智能科技有限公司	-970117.25
1	九江源和电缆有限责任公司	-2591.77
2	保定润益物资有限公司	0.00
3	北海进贝海洋装备有限公司	-170415.72
4	南京通福海洋装备有限公司	179829.95

图 5-30　按“客户名称”“收款日期 4”“收款金额 4”统计后前 5 行数据

4. 使用透视表分别统计内、外部的收款金额

(1) 将四张表拼接在一起,计算出 5 月各家单位合计收款金额。

代码如下:

```
df5=pd.merge(df1,df2,on=['客户名称'],how='outer')
df6=pd.merge(df3,df4,on=['客户名称'],how='outer')
df7=pd.merge(df5,df6,on=['客户名称'],how='outer')
df7=df7.fillna(0)  #拼接后产生的 NaN 用 0 填充
df7['5月收款合计']=df7[['收款金额1','收款金额2','收款金额3','收款金额
    4']].sum(axis=1)
df7.loc['合计']=df7[['收款金额1','收款金额2','收款金额3','收款金额
    4']].sum()
df7.loc['合计','客户名称']=''  #设置合计行的客户名称为空
df7
```

代码执行结果如图 5-31 所示。

	客户名称	收款金额1	收款金额2	收款金额3	收款金额4	5月收款合计
0	上海圣干仪表电器有限公司	2210.00	0.00	0.00	0.00	2210.00
1	上海大复实业有限公司	1615.50	0.00	0.00	0.00	1615.50
2	上海美艾实业有限公司	565000.00	48091.02	0.00	0.00	613091.02
3	东莞义盈能源有限公司	42058.00	66887.18	0.00	0.00	108945.18
4	中山丝大物资有限公司	12048.36	0.00	0.00	0.00	12048.36
...	...	...	...	...	...	...
115	九江源和电缆有限责任公司	0.00	0.00	0.00	-2591.77	-2591.77
116	南京通福海洋装备有限公司	0.00	0.00	0.00	179829.95	179829.95
117	常州鑫盈仪表电器有限公司	0.00	0.00	0.00	91299.69	91299.69
118	武汉攀绿电源有限公司	0.00	0.00	0.00	28786.51	28786.51
合计		54926913.59	6029301.06	621507.37	883394.95	NaN

120 rows × 6 columns

图 5-31 5 月份各家单位的收款情况与收款合计

（2）进一步计算 5 月收款总额中内部收款和外部收款分别是多少。

代码如下：

```
1  df8=df[['客户名称','内外部']]
2  df9=pd.merge(df7,df8,on='客户名称',how='left')
3  df9
```

代码详解：

第 1 行：选取 df 中“客户名称”“内外部”列数据到 df8。

第 2 行：指定 df7 和 df8 根据“客户名称”连接合并，“how='left'”表示左连接，即左侧 df7 取全部数据，右侧 df8 匹配左侧 df7。若匹配不到，则使用 NaN 填充。

代码执行结果如图 5-32 所示。

	客户名称	收款金额1	收款金额2	收款金额3	收款金额4	5月收款合计	内外部
0	上海圣干仪表电器有限公司	2210.00	0.00	0.00	0.00	2210.00	外部
1	上海圣干仪表电器有限公司	2210.00	0.00	0.00	0.00	2210.00	外部
2	上海圣干仪表电器有限公司	2210.00	0.00	0.00	0.00	2210.00	外部
3	上海圣干仪表电器有限公司	2210.00	0.00	0.00	0.00	2210.00	外部
4	上海圣干仪表电器有限公司	2210.00	0.00	0.00	0.00	2210.00	外部
...	...	...	...	...	...	...	...
1416	常州鑫盈仪表电器有限公司	0.00	0.00	0.00	91299.69	91299.69	外部
1417	武汉攀绿电源有限公司	0.00	0.00	0.00	28786.51	28786.51	外部
1418	武汉攀绿电源有限公司	0.00	0.00	0.00	28786.51	28786.51	外部
1419	武汉攀绿电源有限公司	0.00	0.00	0.00	28786.51	28786.51	外部
1420		54926913.59	6029301.06	621507.37	883394.95	NaN	NaN

1421 rows × 7 columns

图 5-32 在 df7 数据表中合并“内外部”列数据

代码如下：

```
1  df10=df9[['客户名称','5月收款合计','内外部']].drop_duplicates()
2  df10.head()
```

代码详解：

第 1 行：从 df9 中选择“客户名称”“5 月收款合计”“内外部”列，并删除重复值，保留第一项后存储到 df10。

代码执行结果如图 5-33 所示。

	客户名称	5月收款合计	内外部
0	上海圣千仪表电器有限公司	2210.00	外部
6	上海大复实业有限公司	1615.50	外部
9	上海美艾实业有限公司	613091.02	内部
18	东莞义盈能源有限公司	108945.18	外部
40	中山丝大物资有限公司	12048.36	外部

图 5-33　在合并后的表中过滤列并删除重复值后的数据

到目前为止，我们已经分析出了各公司在 5 月份内外部收款合计情况。但是这样的可视化不友好，并不能直接看出内、外部的情况。我们需要把内、外部提取出来作为列显示。

代码如下：

```
1  df_new=df10.pivot_table(index=['客户名称'],columns=['内外
     部'],values='5月收款合计',aggfunc=np.sum,fill_value=0,mar-
     gins=True,margins_name='合计')
2  df_new.columns.name=''
3  df_new.head()
```

代码详解：

第 1 行：生成数据透视表，参数 columns 设置列索引字段，是可选的，它提供一种额外的方法来分割我们所关心的实际值，在这里设置“内外部”为列索引字段（把“内外部”字段中的值变为列）。margins 为 True 代表添加行、列的总计值，计算方法与 aggfunc 指定的聚合函数相同。margins_name 设置总计值的列名为“合计”。

第 2 行：设置列索引的名称为空，代码执行结果如图 5-34 所示；否则会显示如图 5-35 所示的结果。

	内部	外部	合计
客户名称			
上海圣千仪表电器有限公司	0.00	2210.00	2210.00
上海大复实业有限公司	0.00	1615.50	1615.50
上海美艾实业有限公司	613091.02	0.00	613091.02
东莞义盈能源有限公司	0.00	108945.18	108945.18
中山丝大物资有限公司	0.00	12048.36	12048.36
...	...	...	...
镇江名隆工程有限公司	0.00	485826.60	485826.60
镇江格鑫物资有限公司	0.00	199898.64	199898.64
镇江谦霸能源有限公司	0.00	1412394.91	1412394.91
黄山鸿源电子有限责任公司	0.00	1288194.04	1288194.04
合计	962831.76	61498285.21	62461116.97

120 rows × 3 columns

图 5-34 内、外部以列索引的形式显示(列索引名设置为空)

内外部	内部	外部	合计
客户名称			
上海圣千仪表电器有限公司	0.00	2210.00	2210.00
上海大复实业有限公司	0.00	1615.50	1615.50
上海美艾实业有限公司	613091.02	0.00	613091.02
东莞义盈能源有限公司	0.00	108945.18	108945.18
中山丝大物资有限公司	0.00	12048.36	12048.36
...	...	...	...
镇江名隆工程有限公司	0.00	485826.60	485826.60
镇江格鑫物资有限公司	0.00	199898.64	199898.64
镇江谦霸能源有限公司	0.00	1412394.91	1412394.91
黄山鸿源电子有限责任公司	0.00	1288194.04	1288194.04
合计	962831.76	61498285.21	62461116.97

120 rows × 3 columns

图 5-35 内、外部以列索引的形式显示(列索引名为默认)

(3) 将数据表以“5 月收款明细.xlsx”为名导出。

代码如下：

```
df_new.to_excel('5月收款明细.xlsx')
```

任务四　Python 在计提摊销和折旧中的应用

案例导入

某机械制造有限公司创建于 2000 年，专业从事减速机的开发、生产和销售，公司坐落于上海。公司拥有三个实力雄厚的生产基地，占地面积约 1 000 万平方米，有近 25 000 平方米的厂房车间，办公楼建筑面积达 2 000 余平方米。

公司拥有各类齐全的机械加工设备，采用国内外先进的工艺技术，不断开发适应机械传动发展需求的各种标准和非标减速机，这些减速机广泛应用于工程机械、水泥机械、分离机械、建筑机械等专用设备。

随着大数据时代的来临，各行业纷纷都与大数据技术进行结合，以求在社会快速发展中提升自身的市场竞争力。目前公司也意识到大数据技术的重要性，管理层要求本公司机械制造要与大数据技术相融合，以有效促进本公司的发展。公司可以根据自身的发展状况，对制造过程中的各个环节进行数据收集、处理，从而实施大数据技术的应用，有效挖掘数据的潜在价值，促进经营管理水平不断提升，使得公司可以实现稳定可持续发展。

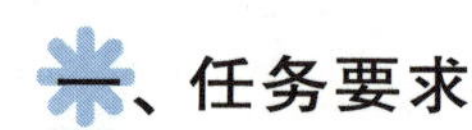

任务实施

一、任务要求

（1）根据公司当月专利信息 Excel 表（图 5-36）中数据，按专利类型统计原值、累计摊销、账面价值，并存入新的 Excel 表。

（2）对固定资产累计折旧进行审计，根据原始 Excel 表（图 5-37）中数据，计算固定资产累计折旧，并与原始 Excel 表中的累计折旧进行比对，把有差异的数据存入新的 Excel 表。

	A	B	C	D	E	F	G	H	I	J	K
1	序号	专利号	专利类型	专利名称	申请日	授权公告日	取得方式	使用部门	原值	摊销月数	基准日期
2	1	ZL200910136067.7	发明专利	一种紧固件自动上料机	2009-04-27	2010-12-08	原始取得	生产二车间	118000.00	120	2021-01-01
3	2	ZL201520182644.7	实用新型	螺母点凸焊板式下电极	2015-03-30	2015-08-19	原始取得	生产一车间	166000.00	120	2021-01-01
4	3	ZL201521038292.4	实用新型	一种汽车螺母	2015-12-15	2016-06-22	原始取得	生产一车间	130000.00	120	2021-01-01
5	4	ZL201610950597.5	发明专利	自动铆接压力监控装置	2016-10-27	2019-02-01	原始取得	生产三车间	190000.00	120	2021-01-01
6	5	ZL201621176644.7	实用新型	自动铆接压力监控装置	2016-10-27	2017-05-17	原始取得	生产三车间	168000.00	120	2021-01-01
7	6	ZL201230023650.X	外观设计	车轮螺母 91000101	2012-02-07	2012-07-04	原始取得	生产一车间	102000.00	120	2021-01-01
8	7	ZL201230023653.3	外观设计	车轮固定螺栓总成9644576680	2012-02-07	2012-07-18	原始取得	生产一车间	217000.00	120	2021-01-01
9	8	ZL201230023654.8	外观设计	车轮固定螺栓9634648980	2012-02-07	2012-07-04	原始取得	生产一车间	220000.00	120	2021-01-01
10	9	ZL201220565041.1	实用新型	有带齿半垫圈的六角法兰带齿螺栓	2012-10-31	2013-04-17	原始取得	生产一车间	128000.00	120	2021-01-01
11	10	ZL201821369611.3	实用新型	水冷却的下电极	2018-08-24	2019-03-22	原始取得	生产三车间	183000.00	120	2021-01-01
12	11	ZL201821370911.3	实用新型	高效的下电极电极座	2018-08-24	2019-03-22	原始取得	生产二车间	142000.00	120	2021-01-01
13	12	ZL201821369760X	实用新型	高精度冲压件简易检查装置	2018-08-24	2019-02-05	原始取得	生产三车间	94000.00	120	2021-01-01
14	13	ZL200910136068.1	发明专利	胎螺母自动焊接机	2009-04-27	2010-12-08	原始取得	生产一车间	115000.00	120	2021-01-01
15	14	ZL201020552549.9	实用新型	一种车门铰链的螺栓组件	2010-09-30	2011-05-04	原始取得	生产一车间	198000.00	120	2021-01-01
16	15	ZL201220565055.3	实用新型	球头螺栓	2012-10-31	2013-04-17	原始取得	生产一车间	201000.00	120	2021-01-01
17	16	ZL201220565051.5	实用新型	偏心螺栓	2012-10-31	2013-04-17	原始取得	生产一车间	197000.00	120	2021-01-01

Sheet1

图 5-36　原始 Excel 数据表(无形资产明细表 1)

	A	B	C	D	E	F	G	H	I	J	K	L	M	N
1	资产编号	资产名称	类别名称	使用状况	使用部门	使用年限	残值率	开始使用日期	折旧到期日	折旧方法	原值	月折旧额	累计折旧	净值
2	1001	电脑HP	电子设备	在用	专设销售机构	3	0.04	2019-12-04	2022-12-04	年限平均法	15000.77	400.52	6808.84	8191.93
3	1002	会议桌椅	工具器具及家具	在用	办公室	5	0.04	2018-05-05	2023-05-05	年限平均法	25900.90	414.41	14918.76	10982.14
4	1003	办公楼D	房屋及建筑物	在用	采购部门	20	0.04	2018-12-06	2038-12-06	年限平均法	994000.31	3976.00	115304.00	878696.31
5	1004	厂房B	房屋及建筑物	在用	生产车间	20	0.04	2018-12-09	2038-12-09	年限平均法	732230.89	2928.92	84938.68	647292.21
6	1005	机器设备Z	机器设备	在用	生产车间	10	0.04	2019-01-08	2029-01-08	年限平均法	100231.75	801.85	22451.80	77779.95
7	1006	机器设备X	机器设备	在用	生产车间	10	0.04	2018-12-07	2028-12-07	年限平均法	65045.40	520.36	15090.44	49954.96
8	1007	机器设备F	机器设备	在用	生产车间	10	0.04	2020-04-06	2030-04-06	年限平均法	135022.88	1080.18	14042.34	120980.54
9	1008	机器设备G	机器设备	在用	生产车间	10	0.04	2018-04-06	2028-04-06	年限平均法	70005.27	560.04	20721.48	49283.79
10	1009	福特汽车	运输工具	在用	办公室	4	0.04	2019-12-07	2023-12-07	年限平均法	165004.66	3300.09	56101.53	108903.13
11	1010	东风汽车	运输工具	在用	财务部门	4	0.04	2018-05-18	2022-05-18	年限平均法	280033.76	5600.68	201624.48	78409.28
12	1011	格力空调	电子设备	在用	生产车间	3	0.04	2019-03-23	2022-03-23	年限平均法	200075.94	5342.03	138892.78	61183.16
13	1012	联想电脑	电子设备	在用	生产车间	3	0.04	2018-11-26	2021-11-26	年限平均法	180023.67	4806.63	144198.90	35824.77
14	1013	电脑HP	电子设备	在用	专设销售机构	3	0.04	2020-12-28	2023-12-28	年限平均法	9057.90	241.85	1209.25	7848.65
15	1014	美的空调	电子设备	提足折旧	专设销售机构	3	0.04	2018-01-06	2021-01-06	年限平均法	4399.56	117.47	4399.56	0.00
16	1015	松下空调	电子设备	在用	采购部门	3	0.04	2018-03-04	2021-03-04	年限平均法	5020.90	134.06	5020.90	0.00
17	1016	联想电脑	电子设备	在用	采购部门	3	0.04	2018-12-01	2021-12-01	年限平均法	9002.82	240.38	6971.02	2031.80
18	1017	联想电脑	电子设备	在用	财务部门	3	0.04	2018-12-01	2021-12-01	年限平均法	13501.90	360.50	10454.50	3047.40
19	1018	格力空调	电子设备	在用	财务部门	3	0.04	2019-09-07	2022-09-07	年限平均法	5030.78	134.32	2686.40	2344.38
20	1019	打印机	电子设备	在用	财务部门	3	0.04	2018-05-23	2021-05-23	年限平均法	5036.19	134.47	4840.92	195.27
21	1020	电脑DELL	电子设备	在用	办公室	3	0.04	2019-06-18	2022-06-18	年限平均法	13523.56	361.08	8304.84	5218.72
22	1021	苹果电脑	电子设备	在用	研发部门	3	0.04	2019-01-14	2022-01-14	年限平均法	18980.68	506.78	14189.84	4790.84
23	1022	华帝油烟机	电子设备	在用	福利部门	3	0.04	2019-02-04	2022-02-04	年限平均法	2037.20	54.39	1468.53	568.67
24	1023	机器设备A	机器设备	季节性停用	生产车间	10	0.04	2019-05-01	2029-05-01	年限平均法	2755078.24	22040.63	528975.12	2226103.12

Sheet1

图 5-37　原始 Excel 数据表(固定资产折旧明细表 1)

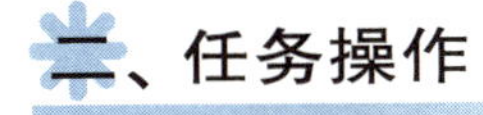

二、任务操作

1. 读取数据

(1) 导入相关库。

代码如下：

```
import pandas as pd
import numpy as np
from datetime import date
```

(2) 读取“无形资产明细表 1.xlsx”工作簿中的工作表内容，并赋值给变量 data。

代码如下：

```
#第一部分　无形资产
data=pd.read_excel('./excel/SD财务数据分析案例集/无形资产明细表1.
  xlsx')
data
```

代码执行结果如图 5-38 所示。

	序号	专利号	专利类型	专利名称	申请日	授权公告日	取得方式	使用部门	原值	摊销月数	基准日期
0	1	ZL200910136067.7	发明专利	一种紧固件自动上料机	2009-04-27	2010-12-08	原始取得	生产二车间	118000	120.0	2021-01-01
1	2	ZL201520182644.7	实用新型	螺母点凸焊板式下电极	2015-03-30	2015-08-19	原始取得	生产一车间	166000	120.0	2021-01-01
2	3	ZL201521038292.4	实用新型	一种汽车螺母	2015-12-15	2016-06-22	原始取得	生产一车间	130000	120.0	2021-01-01
3	4	ZL201610950597.5	发明专利	自动铆接压力监控装置	2016-10-27	2019-02-01	原始取得	生产三车间	190000	120.0	2021-01-01
4	5	ZL201621176644.7	实用新型	自动铆接压力监控装置	2016-10-27	2017-05-17	原始取得	生产三车间	168000	120.0	2021-01-01
...	...	...	...	...	...	...	...	...	...	...	...
91	92	ZL201821644197.2	实用新型	高效简便的电泳挂具	2018-10-11	2019-05-03	原始取得	生产二车间	144000	120.0	2021-01-01
92	93	ZL201821644197.2	实用新型	高效的冲压板厚检测装置	2018-10-11	2019-03-29	原始取得	生产二车间	172000	120.0	2021-01-01
93	94	ZL201821704426.5	实用新型	高效的冲压件检具间隙靠板	2018-10-22	2019-04-05	原始取得	生产二车间	124000	120.0	2021-01-01
94	95	ZL201821704347.4	实用新型	高效的冲压件翻板检测装置	2018-10-22	2019-03-29	原始取得	生产二车间	247000	120.0	2021-01-01
95	合计	NaN	NaN	NaN	NaT	NaT	NaN	NaN	14949000	NaN	NaT

96 rows × 11 columns

图 5-38 “无形资产明细表 1”中的数据

2. 对数据进行清理和加工

(1) 合计行影响数据分析，需要删除第 95 行的合计行。

代码如下：

```
1   data.drop(labels=95,inplace=True)
2   data
```

代码详解：

第 1 行：drop()函数根据标签删除行或列，labels 参数指定标签。

代码执行结果如图 5-39 所示。

	序号	专利号	专利类型	专利名称	申请日	授权公告日	取得方式	使用部门	原值	摊销月数	基准日期
0	1	ZL200910136067.7	发明专利	一种紧固件自动上料机	2009-04-27	2010-12-08	原始取得	生产二车间	118000	120.0	2021-01-01
1	2	ZL201520182644.7	实用新型	螺母点凸焊板式下电极	2015-03-30	2015-08-19	原始取得	生产一车间	166000	120.0	2021-01-01
2	3	ZL201521038292.4	实用新型	一种汽车螺母	2015-12-15	2016-06-22	原始取得	生产一车间	130000	120.0	2021-01-01
3	4	ZL201610950597.5	发明专利	自动铆接压力监控装置	2016-10-27	2019-02-01	原始取得	生产三车间	190000	120.0	2021-01-01
4	5	ZL201621176644.7	实用新型	自动铆接压力监控装置	2016-10-27	2017-05-17	原始取得	生产三车间	168000	120.0	2021-01-01
...	...	...	...	...	...	...	...	...	...	...	...
90	91	ZL201821369767.1	实用新型	带不锈钢盖的车轮螺栓	2018-08-24	2019-03-22	原始取得	生产一车间	94000	120.0	2021-01-01
91	92	ZL201821644197.2	实用新型	高效简便的电泳挂具	2018-10-11	2019-05-03	原始取得	生产二车间	144000	120.0	2021-01-01
92	93	ZL201821644197.2	实用新型	高效的冲压板厚检测装置	2018-10-11	2019-03-29	原始取得	生产二车间	172000	120.0	2021-01-01
93	94	ZL201821704426.5	实用新型	高效的冲压件检具间隙靠板	2018-10-22	2019-04-05	原始取得	生产二车间	124000	120.0	2021-01-01
94	95	ZL201821704347.4	实用新型	高效的冲压件翻板检测装置	2018-10-22	2019-03-29	原始取得	生产二车间	247000	120.0	2021-01-01

95 rows × 11 columns

图 5-39　删除合计行后的数据

（2）我们发现目前 DataFrame 和我们最终想要的数据相比，没有“累计摊销”“账面价值”列。需要添加这两列，并计算出它们的值。

根据我们所学的会计知识，计算方法如下：

账面价值=原值-累计摊销

累计摊销=已摊销月数×月摊销额

月摊销额=年摊销额÷12

年摊销额=无形资产的应摊销金额÷预计使用年限

我们观察到 DataFrame 中也没有“月摊销额”列，因为“累计摊销”需要用到它，所以要添加“月摊销额”列。根据“月摊销额”和“年摊销额”的公式推导出“月摊销额”的公式可以变化为：月摊销额=无形资产的应摊销金额÷摊销月数。

由此分析出，目前 DataFrame 中还需要添加“月摊销额”“累计摊销”“账面价值”三列，并根据公式计算出它们的值。

根据它们之间的依赖关系，首先添加“月摊销额”列。

代码如下：

```
data['月摊销额']=round(data['原值']/data['摊销月数'],2)
data.head()
```

代码执行结果如图 5-40 所示。

	序号	专利号	专利类型	专利名称	申请日	授权公告日	取得方式	使用部门	原值	摊销月数	基准日期	月摊销额
0	1	ZL200910136067.7	发明专利	一种紧固件自动上料机	2009-04-27	2010-12-08	原始取得	生产二车间	118000	120.0	2021-01-01	983.33
1	2	ZL201520182644.7	实用新型	螺母点凸焊板式下电极	2015-03-30	2015-08-19	原始取得	生产一车间	166000	120.0	2021-01-01	1383.33
2	3	ZL201521038292.4	实用新型	一种汽车螺母	2015-12-15	2016-06-22	原始取得	生产一车间	130000	120.0	2021-01-01	1083.33
3	4	ZL201610950597.5	发明专利	自动铆接压力监控装置	2016-10-27	2019-02-01	原始取得	生产三车间	190000	120.0	2021-01-01	1583.33
4	5	ZL201621176644.7	实用新型	自动铆接压力监控装置	2016-10-27	2017-05-17	原始取得	生产三车间	168000	120.0	2021-01-01	1400.00

图 5-40　新增“月摊销额”列后的前 5 行数据

(3) 根据“累计摊销”的计算公式,我们还需要知道“已摊销月数”数据,其值为“授权公告日”至“基准日期”之间的月数。因为专利权自公告之日起生效,所以可以当月开始摊销。

为了方便计算,我们定义一个函数 month_delta()来处理两个日期之间所隔的月数。然后在 DataFrame 中添加“已摊销月数”列。

代码如下:

```
1   def month_delta(start_date,end_date):
2       flag=True
3       if start_date>end_date:
4           start_date,end_date=end_date,start_date
5           flag=False
        #结束日期的年-开始日期的年
6       year_diff=end_date.year-start_date.year
        #(结束日期的年-开始日期的年)* 12+结束日期的月
7       end_month=year_diff* 12+end_date.month
        #(结束日期的年-开始日期的年)* 12+结束日期的月-开始日期的月
8       delta=end_month-start_date.month
9       return -delta if flag is False else delta
10  data['已摊销月数']=data.apply(lambda x:month_delta(x['授权公告
      日'],x['基准日期']),axis=1)
11  data.head()
```

代码详解:

第 1—8 行:自定义函数 month_delta()。

第 9 行:判断 flag 变量为 False 则返回-delta,否则返回 delta。

第 14 行:使用 apply()函数自动遍历 data 中的每一行,把行中的“授权公告日”和“基准日期”中的值传递到 month_delta()函数中处理。“axis=1”代表按行处理。

代码执行结果如图 5-41 所示。

	序号	专利号	专利类型	专利名称	申请日	授权公告日	取得方式	使用部门	原值	摊销月数	基准日期	月摊销额	已摊销月数
0	1	ZL200910136067.7	发明专利	一种紧固件自动上料机	2009-04-27	2010-12-08	原始取得	生产二车间	118000	120.0	2021-01-01	983.33	121
1	2	ZL201520182644.7	实用新型	螺母点凸焊板式下电极	2015-03-30	2015-08-19	原始取得	生产一车间	166000	120.0	2021-01-01	1383.33	65
2	3	ZL201521038292.4	实用新型	一种汽车螺母	2015-12-15	2016-06-22	原始取得	生产一车间	130000	120.0	2021-01-01	1083.33	55
3	4	ZL201610950597.5	发明专利	自动铆接压力监控装置	2016-10-27	2019-02-01	原始取得	生产三车间	190000	120.0	2021-01-01	1583.33	23
4	5	ZL201621176644.7	实用新型	自动铆接压力监控装置	2016-10-27	2017-05-17	原始取得	生产三车间	168000	120.0	2021-01-01	1400.00	44

图 5-41　新增“已摊销月数”列后的前 5 行数据

(4) 现在可以新增“累计摊销”与“账面价值”列,其值计算方法如下:

$$累计摊销=\begin{cases}月摊销额\times已摊销月数(已摊销月数\leqslant摊销月数)\\0(已摊销月数>摊销月数)\end{cases}$$

账面价值=原值-累计摊销

代码如下：

```
data['累计摊销']=data.apply(lambda x:round(x['月摊销额']* x['已摊销
  月数'],2) if x['已摊销月数']<x['摊销月数'] else 0,axis=1)
data['账面价值']=round(data['原值']-data['累计摊销'],2)
data.head()
```

代码执行结果如图 5-42 所示。

	序号	专利号	专利类型	专利名称	申请日	授权公告日	取得方式	使用部门	原值	摊销月数	基准日期	月摊销额	已摊销月数	累计摊销	账面价值
0	1	ZL200910136067.7	发明专利	一种紧固件自动上料机	2009-04-27	2010-12-08	原始取得	生产二车间	118000	120.0	2021-01-01	983.33	121	0.00	118000.00
1	2	ZL201520182644.7	实用新型	螺母点凸焊板式下电极	2015-03-30	2015-08-19	原始取得	生产一车间	166000	120.0	2021-01-01	1383.33	65	89916.45	76083.55
2	3	ZL201521038292.4	实用新型	一种汽车螺母	2015-12-15	2016-06-22	原始取得	生产一车间	130000	120.0	2021-01-01	1083.33	55	59583.15	70416.85
3	4	ZL201610950597.5	发明专利	自动铆接压力监控装置	2016-10-27	2019-02-01	原始取得	生产三车间	190000	120.0	2021-01-01	1583.33	23	36416.59	153583.41
4	5	ZL201621176644.7	实用新型	自动铆接压力监控装置	2016-10-27	2017-05-17	原始取得	生产三车间	168000	120.0	2021-01-01	1400.00	44	61600.00	106400.00

图 5-42 新增“累计摊销”列与“账面价值”列后的前 5 行数据

3. 利用数据透视表汇总呈现出所需要的数据并存入新的 Excel 表

（1）新建数据透视表，因为按照“专利类型”统计，所以行索引为“专利类型”，要计算的列为“原值”“累计摊销”“账面价值”，每列求和，并增加一行“小计”。

代码如下：

```
data1=pd.pivot_table(data,index=['专利类型'],values=['原值','累计
  摊销','账面价值'], aggfunc ='sum', margins = True, margins _name =
  '小计')
data1.head()
```

代码执行结果如图 5-43 所示。

	原值	累计摊销	账面价值
专利类型			
发明专利	2534000	1008617.08	1525382.92
商标权	708000	9916.65	698083.35
外观设计	1116000	948600.00	167400.00
实用新型	10591000	3959600.29	6631399.71
小计	14949000	5926734.02	9022265.98

图 5-43 生成数据透视表数据

（2）将数据透视表 data1 导出。

代码如下：

```
data1.to_excel('无形资产汇总表.xlsx')
```

通过以上步骤,我们完成了对无形资产的数据处理。下面我们继续对固定资产累计折旧进行审核。

4. 固定资产数据的分析与处理

审计人员在核算固定资产相关事项时,对固定资产计提折旧的验证是必不可少的重要一环。最为稳妥的方式就是重新计算,将重新计算的结果与被审计单位编制的固定资产累计折旧进行对比,如有差异,分析差异原因。

（1）读取“固定资产折旧明细表 1.xlsx”工作簿中的工作表内容,并赋值给 df。

代码如下：

```
#第二部分　固定资产
df=pd.read_excel('固定资产折旧明细表1.xlsx')
df.head()
```

代码执行结果如图 5-44 所示。

	资产编号	资产名称	类别名称	使用状况	使用部门	使用年限	残值率	开始使用日期	折旧到期日	折旧方法	原值	月折旧额	累计折旧	净值
0	1001	电脑HP	电子设备	在用	专设销售机构	3	0.04	2019-12-04	2022-12-04	年限平均法	15000.77	400.52	6808.84	8191.93
1	1002	会议桌椅	工具器具及家具	在用	办公室	5	0.04	2018-05-05	2023-05-05	年限平均法	25900.90	414.41	14918.76	10982.14
2	1003	办公楼D	房屋及建筑物	在用	采购部门	20	0.04	2018-12-06	2038-12-06	年限平均法	994000.31	3976.00	115304.00	878696.31
3	1004	厂房B	房屋及建筑物	在用	生产车间	20	0.04	2018-12-09	2038-12-09	年限平均法	732230.89	2928.92	84938.68	647292.21
4	1005	机器设备Z	机器设备	在用	生产车间	10	0.04	2019-01-08	2029-01-08	年限平均法	100231.75	801.85	22451.80	77779.95

图 5-44　“固定资产折旧明细表 1”中前 5 行数据

（2）由于固定资产折旧的计算需要用到“开始使用日期”“折旧到期日”,所以需要确保日期的数据类型是 datetime64[ns]。

代码如下：

```
df.dtypes
```

代码执行结果如图 5-45 所示。

```
资产编号          int64
资产名称         object
类别名称         object
使用状况         object
使用部门         object
使用年限          int64
残值率          float64
开始使用日期    datetime64[ns]
折旧到期日      datetime64[ns]
折旧方法         object
原值           float64
月折旧额         float64
累计折旧         float64
净值           float64
dtype: object
```

图 5-45　确定日期数据类型为 datetime64[ns]

(3) 添加“审计年折旧率”“审计月折旧率”“审计月折旧额”列，并对其进行计算。

代码如下：

```
df['审计年折旧率']=df.apply(lambda x:(1-x['残值率'])/x['使用年限'],
  axis=1)
df['审计月折旧率']=round(df['审计年折旧率']/12,4)
df['审计月折旧额']=df.apply(lambda x:round((x['审计月折旧率']* x['原
  值']),2),axis=1)
df.head()
```

代码执行结果如图 5-46 所示。

	资产编号	资产名称	类别名称	使用状况	使用部门	使用年限	残值率	开始使用日期	折旧到期日	折旧方法	原值	月折旧额	累计折旧	净值	审计年折旧率	审计月折旧率	审计月折旧额
0	1001	电脑HP	电子设备	在用	专设销售机构	3	0.04	2019-12-04	2022-12-04	年限平均法	15000.77	400.52	6808.84	8191.93	0.320	0.0267	400.52
1	1002	会议桌椅	工具器具及家具	在用	办公室	5	0.04	2018-05-05	2023-05-05	年限平均法	25900.90	414.41	14918.76	10982.14	0.192	0.0160	414.41
2	1003	办公楼D	房屋及建筑物	在用	采购部门	20	0.04	2018-12-06	2038-12-06	年限平均法	994000.31	3976.00	115304.00	878696.31	0.048	0.0040	3976.00
3	1004	厂房B	房屋及建筑物	在用	生产车间	20	0.04	2018-12-09	2038-12-09	年限平均法	732230.89	2928.92	84938.68	647292.21	0.048	0.0040	2928.92
4	1005	机器设备Z	机器设备	在用	生产车间	10	0.04	2019-01-08	2029-01-08	年限平均法	100231.75	801.85	22451.80	77779.95	0.096	0.0080	801.85

图 5-46 添加 3 列审计折旧率后的前 5 行数据

(4) 指定查询日期为 2020 年 5 月 1 日，添加“查询日期”“查询日期与购入日期差”“使用总月数”“审计累计折旧”列。

代码：

```
enddate=date(2021,5,1)
df['查询日期']=enddate
df['查询日期与购入日期差']=df.apply(lambda x:month_delta(x['开始使
  用日期'],enddate),axis=1)
df['使用总月数']=df.apply(lambda x:month_delta(x['开始使用日期'],
  x['折旧到期日']),axis=1)
df['审计累计折旧']=np.where(df['查询日期与购入日期差']>=df['使用总月
  数'],round(df['使用总月数']* df['月折旧额'],2),round(df['查询日期与
  购入日期差']* df['月折旧额'],2))
df.head()
```

代码执行结果如图 5-47 所示。

	资产编号	资产名称	类别名称	使用状况	使用部门	使用年限	残值率	开始使用日期	折旧到期日	折旧方法	...	月折旧额	累计折旧	净值	审计年折旧率	审计月折旧率	审计月折旧额	查询日期	查询日期与购入日期差	使用总月数	审计累计折旧
0	1001	电脑HP	电子设备	在用	专设销售机构	3	0.04	2019-12-04	2022-12-04	年限平均法	...	400.52	6808.84	8191.93	0.320	0.0267	400.52	2021-05-01	17	36	6808.84
1	1002	会议桌椅	工具器具及家具	在用	办公室	5	0.04	2018-05-05	2023-05-05	年限平均法	...	414.41	14918.76	10982.14	0.192	0.0160	414.41	2021-05-01	36	60	14918.76
2	1003	办公楼D	房屋及建筑物	在用	采购部门	20	0.04	2018-12-06	2038-12-06	年限平均法	...	3976.00	115304.00	878696.31	0.048	0.0040	3976.00	2021-05-01	29	240	115304.00
3	1004	厂房B	房屋及建筑物	在用	生产车间	20	0.04	2018-12-09	2038-12-09	年限平均法	...	2928.92	84938.68	647292.21	0.048	0.0040	2928.92	2021-05-01	29	240	84938.68
4	1005	机器设备Z	机器设备	在用	生产车间	10	0.04	2019-01-08	2029-01-08	年限平均法	...	801.85	22451.80	77779.95	0.096	0.0080	801.85	2021-05-01	28	120	22451.80

5 rows × 21 columns

图 5-47 添加“查询日期”等 4 列后的前 5 行数据

(5) “累计折旧”列保留 2 位小数,添加“差异值”列,当“审计累计折旧”与“累计折旧”存在差额就返回差额,按差异值升序排列。

代码如下:

```
df['累计折旧']=round(df['累计折旧'],2)
df['差异值']=(df['审计累计折旧']-df['累计折旧']).map(lambda x: 0 if
  x==0 else x)
df=df.sort_values('差异值')
df
```

代码执行结果如图 5-48 所示。

	资产编号	资产名称	类别名称	使用状况	使用部门	使用年限	残值率	开始使用日期	折旧到期日	折旧方法	...	累计折旧	净值	审计年折旧率	审计月折旧率	审计月折旧额	查询日期	查询日期与购入日期差	使用总月数	审计累计折旧	差异值
36	1037	联想电脑	电子设备	提足折旧	采购部门	3	0.04	2018-02-07	2021-02-07	年限平均法	...	5801.45	0.00	0.320	0.0267	154.90	2021-05-01	39	36	5576.40	-225.05
14	1015	松下空调	电子设备	在用	采购部门	3	0.04	2018-03-04	2021-03-04	年限平均法	...	5020.90	0.00	0.320	0.0267	134.06	2021-05-01	38	36	4826.16	-194.74
13	1014	美的空调	电子设备	提足折旧	专设销售机构	3	0.04	2018-01-06	2021-01-06	年限平均法	...	4399.56	0.00	0.320	0.0267	117.47	2021-05-01	40	36	4228.92	-170.64
0	1001	电脑HP	电子设备	在用	专设销售机构	3	0.04	2019-12-04	2022-12-04	年限平均法	...	6808.84	8191.93	0.320	0.0267	400.52	2021-05-01	17	36	6808.84	0.00
25	1026	机器设备D	机器设备	在用	机修车间	10	0.04	2019-05-01	2029-05-01	年限平均法	...	460815.12	1939263.77	0.096	0.0080	19200.63	2021-05-01	24	120	460815.12	0.00
26	1027	机器设备E	机器设备	在用	装配车间	10	0.04	2020-04-20	2030-04-20	年限平均法	...	11859.38	102172.55	0.096	0.0080	912.26	2021-05-01	13	120	11859.38	0.00

图 5-48 添加“差异值”列后的数据

(6) 通过查看 df 中的数据,我们发现只有前 3 行有差异。将有差异的那几行数据以表格形式导出。

代码如下:

```
1  df1=df.head(3)
2  df1.to_excel('存在差异的固定资产明细.xlsx')
```

代码详解:

第 1 行: 选取 df 表中的前 3 行数据并赋值给 df1。

第 2 行: 把 df1 中的数据保存到新的 Excel 表。

任务五 Python 在销售管理分析中的应用

案例导入

某商贸店铺是一家线下生活体验店铺,现在体验式商业已经成为零售业的发展方向。仅仅是业态的重新组合已经不能满足消费者的体验需求,该店铺定位的“现代生活体验中

心”是从多角度去思考,运用互联思维、跨界思维、线上线下互动来满足消费者的极致体验需求,给予消费者超值的服务。从设计到后期运营组合,该店铺努力提供更好的体验服务,最大限度地呈现体验店铺带给消费者的极致体验感觉。

随着移动互联网的飞速发展,我们迎来了新零售时代的发展。新零售,就是企业以互联网为依托,通过运用大数据、人工智能等先进技术手段,对商品的生产、流通与销售过程进行升级改造,进而可以重塑业态结构与生态圈,并对线上服务、线下体验进行深度融合的零售新模式。该店铺打造的线下体验中心、智能化门店除了提升消费者互动体验和购物效率之外,还把大数据分析效果应用到实际零售场景中。一般顾客去实体店购物时,会因商品太多导致花费更多挑选时间。当新零售把顾客数字化后,顾客可通过线上店铺购物,选择起来比线下容易得多,从而通过线上购物、线下提取或配送的方式,提高购物效率。

新零售时代的顾客可以在线上随时随地买到自己想要的商品,通过线下配送拿到商品,因此商家也要做好第三方智能配送、物流体系,以此缩短配送周期,去库存化。无论是线上还是线下商家或平台,都可以开展新零售工作,关键是做好线下工作,线上则是辅助。

该店铺的管理层想要了解公司近两年的同期利润是否发生变化。

任务实施

一、任务要求

根据该店铺提供的销售数据表(图 5-49),将该表数据整合清洗,分析出 2019 年、2020 年每月各品类的利润,以便确定同期相比利润的变动情况,为更好地规划下年的销售策略提供数据支持。

客户id	产品id	订单日期	数量	单价
1E+07	10029	2019/1/1	2	1.5
1E+07	10186	2019/1/1	2	6
1E+07	10217	2019/1/1	1	5
1E+07	10253	2019/1/1	1	4
1E+07	10334	2019/1/1	1	5
1E+07	10336	2019/1/1	1	4
1E+07	20023	2019/1/1	1	28
1E+07	20027	2019/1/1	3	9.9
1E+07	20031	2019/1/1	1	16
1E+07	20076	2019/1/1	1	13.8
1E+07	20102	2019/1/1	2	10
1E+07	20131	2019/1/1	1	28
1E+07	20132	2019/1/1	1	26
1E+07	20133	2019/1/1	1	26
1E+07	20150	2019/1/1	4	20
1E+07	20160	2019/1/1	6	10
1E+07	20164	2019/1/1	1	18
1E+07	20184	2019/1/1	4	29
1E+07	20189	2019/1/1	2	6
1E+07	20193	2019/1/1	1	4.5
1E+07	20199	2019/1/1	3	12.8
1E+07	20201	2019/1/1	1	29.8
1E+07	20207	2019/1/1	1	39

2019年1月销售 | 2019年2月销售 | 2019年3月销售 | 2020年1月销售 | 2020年2月销售 | 2020年3月销售 | 产品明细表 | 品类明细表

图 5-49 原始 Excel 数据表(6 张销售数据表和“产品明细表”“品类明细表”)

二、任务操作

1. 读取数据

导入相关库。

代码如下：

```
import pandas as pd
import numpy as np
from openpyxl import load_workbook
from matplotlib import pyplot as plt
```

2. 整合 6 张销售数据表

把分散在 6 张表中的 2019 年 1—3 月、2020 年 1—3 月销售数据整合到一张表中。

(1) 先获取“销售数据 2.xlsx”中的所有工作表。

(2) 找出 6 张表共有的、不同于别的表的特点，即表名都有“销售”两个字。

(3) 先创建一个空的 DataFrame，用于存放数据，然后遍历所有的工作表，判断如果表名中包含“销售”，说明是需要读取的表，读取数据并和已有的 DataFrame 连接起来。

代码如下：

```
wb=load_workbook('销售数据 2.xlsx')
sheet_names=wb.sheetnames
key='销售'
all_sale_data=pd.DataFrame()
for sheet_name in sheet_names:
    if key in sheet_name:
        current_data=pd.read_excel('销售数据 2.xlsx',sheet_name=
          sheet_name)
        all_sale_data=pd.concat([current_data,all_sale_data])
all_sale_data
```

代码执行结果如图 5-50 所示。

	客户id	产品id	订单日期	数量	单价
0	10000748	10006	2020-03-01	1	14.8
1	10000842	10010	2020-03-01	3	4.0
2	10000068	10022	2020-03-01	2	10.0
3	10000332	10029	2020-03-01	8	1.5
4	10000076	10058	2020-03-01	1	2.0
...	...	...	...	...	...
4314	10000370	90238	2019-01-31	2	22.0
4315	10000383	90241	2019-01-31	3	15.0
4316	10000802	90250	2019-01-31	2	14.5
4317	10000414	100024	2019-01-31	1	22.0
4318	10000732	110030	2019-01-31	1	79.0

25306 rows × 5 columns

图 5-50　将 2019 年 1—3 月、2020 年 1—3 月 6 个月数据合并

3. 对新表中的数据进行清洗、整理

(1) 为了确定我们数据源里面是否存在异常值,使用 dataframe.info( ) 快速浏览数据集。

代码如下:

```
all_sale_data.info()
```

代码执行结果如图 5-51 所示。

```
<class 'pandas.core.frame.DataFrame'>
Int64Index: 25306 entries, 0 to 4318
Data columns (total 5 columns):
 #   Column  Non-Null Count  Dtype
---  ------  --------------  -----
 0   客户id   25306 non-null  int64
 1   产品id   25306 non-null  int64
 2   订单日期   25306 non-null  datetime64[ns]
 3   数量     25306 non-null  int64
 4   单价     25277 non-null  float64
dtypes: datetime64[ns](1), float64(1), int64(3)
memory usage: 1.2 MB
```

图 5-51　查看数据帧信息

(2) 通过上述方法发现,存在 29 行空值行,需要把有空值的行直接删除。

代码如下:

```
all_sale_data=all_sale_data.dropna(axis=0)
all_sale_data.head()
```

代码执行结果如图 5-52 所示。

	客户id	产品id	订单日期	数量	单价
0	10000748	10006	2020-03-01	1	14.8
1	10000842	10010	2020-03-01	3	4.0
2	10000068	10022	2020-03-01	2	10.0
3	10000332	10029	2020-03-01	8	1.5
4	10000076	10058	2020-03-01	1	2.0
...	...	...	...	...	...
4314	10000370	90238	2019-01-31	2	22.0
4315	10000383	90241	2019-01-31	3	15.0
4316	10000802	90250	2019-01-31	2	14.5
4317	10000414	100024	2019-01-31	1	22.0
4318	10000732	110030	2019-01-31	1	79.0

25277 rows × 5 columns

图 5-52　删除空值行后的数据

(3) 查看数据中是否有重复行,如果存在重复行,则直接删除。
代码如下:

```
all_sale_data.duplicated().sum()  #结果为 5,说明有 5 行重复值
#"keep='first'"表示选择最前一项保留
all_sale_data=all_sale_data.drop_duplicates(keep='first')
all_sale_data
```

代码执行结果如图 5-53 所示。

	客户id	产品id	订单日期	数量	单价
0	10000748	10006	2020-03-01	1	14.8
1	10000842	10010	2020-03-01	3	4.0
2	10000068	10022	2020-03-01	2	10.0
3	10000332	10029	2020-03-01	8	1.5
4	10000076	10058	2020-03-01	1	2.0
...	...	...	...	...	...
4314	10000370	90238	2019-01-31	2	22.0
4315	10000383	90241	2019-01-31	3	15.0
4316	10000802	90250	2019-01-31	2	14.5
4317	10000414	100024	2019-01-31	1	22.0
4318	10000732	110030	2019-01-31	1	79.0

25272 rows × 5 columns

图 5-53　删除重复行后的数据

(4) 查找异常值,用 describe( )函数对统计字段进行描述性分析。

代码如下:

```
all_sale_data.describe()
```

describe( )函数显示数据的一些描述性统计信息,包含个数、百分位数、均值、标准差、最大值、最小值等一系列数值。

代码执行结果如图 5-54 所示。

	客户id	产品id	数量	单价
count	2.527200e+04	25272.000000	25272.000000	25272.000000
mean	1.000050e+07	30441.371597	1.789965	22.412297
std	2.875990e+02	19626.885478	2.041777	26.812137
min	1.000000e+07	10002.000000	0.000000	0.000000
25%	1.000025e+07	20392.000000	1.000000	7.000000
50%	1.000050e+07	20853.000000	1.000000	13.000000
75%	1.000075e+07	30712.000000	2.000000	28.000000
max	1.000100e+07	110046.000000	61.000000	428.000000

图 5-54　描述性统计信息

(5) 通过上述方法发现,“数量”“单价”列存在 0 值,需要把“数量”“单价”列中等于 0 的行过滤掉。

代码如下:

```
all_sale_data=all_sale_data[all_sale_data['数量']>0]
all_sale_data=all_sale_data[all_sale_data['单价']>0]
all_sale_data
```

代码执行结果如图 5-55 所示。

	客户id	产品id	订单日期	数量	单价
0	10000748	10006	2020-03-01	1	14.8
1	10000842	10010	2020-03-01	3	4.0
2	10000068	10022	2020-03-01	2	10.0
3	10000332	10029	2020-03-01	8	1.5
4	10000076	10058	2020-03-01	1	2.0
...	...	...	...	...	...
4314	10000370	90238	2019-01-31	2	22.0
4315	10000383	90241	2019-01-31	3	15.0
4316	10000802	90250	2019-01-31	2	14.5
4317	10000414	100024	2019-01-31	1	22.0
4318	10000732	110030	2019-01-31	1	79.0

25237 rows × 5 columns

图 5-55　过滤掉数量、单价为 0 的行后的数据

4. 读取“产品明细表”“品类明细表”数据，把它们与销售数据合并

（1）读取“产品明细表.xlsx”工作簿中的工作表内容并赋值给变量 df，读取“品类明细表.xlsx”工作簿中的工作表内容并赋值给变量 df1，根据“品类 id”将 df 与 df1 拼接后赋值给变量 df2。

代码如下：

```
df=pd.read_excel('销售数据 2.xlsx',sheet_name='产品明细表')
df1=pd.read_excel('销售数据 2.xlsx',sheet_name='品类明细表')
df2=pd.merge(df,df1,on=['品类 id'],how='left')
df2
```

代码执行结果如图 5-56 所示。

	产品id	产品名称	品类id	成本价	品类名称
0	10001	牛皮纸笔记本	1	2.30	文具
1	10002	牛皮纸便签本	1	1.20	文具
2	10003	牛皮纸记事本	1	1.45	文具
3	10004	树叶日记本	1	9.70	文具
4	10005	手工相册小	1	6.50	文具
...	...	...	...	...	...
3309	21078	泰国Sivanna粉饼	2	26.00	个人保养用品
3310	21079	麦迪安93牙膏	2	10.00	个人保养用品
3311	21080	良品睫毛夹	2	8.00	个人保养用品
3312	21081	韩国爱敬北欧Smaland牙膏	2	9.50	个人保养用品
3313	21082	片仔癀皇后洗发水	2	25.00	个人保养用品

3314 rows × 5 columns

图 5-56　读取产品明细表、品类明细表并拼接后的数据

（2）根据“产品 id”将 all_sale_data 数据帧和 df2 数据帧连接并赋值给变量 all_sale_data。代码如下：

```
all_sale_data=pd.merge(all_sale_data,df2,on=['产品 id'],how=
  'left')
all_sale_data
```

代码执行结果如图 5-57 所示。

	客户id	产品id	订单日期	数量	单价	产品名称	品类id	成本价	品类名称
0	10000748	10006	2020-03-01	1	14.8	手工相册中	1	7.0	文具
1	10000842	10010	2020-03-01	3	4.0	信封	1	2.0	文具
2	10000068	10022	2020-03-01	2	10.0	韩国创意眼镜盒	1	6.9	文具
3	10000332	10029	2020-03-01	8	1.5	创意中性笔	1	0.7	文具
4	10000076	10058	2020-03-01	1	2.0	裁纸刀	1	1.0	文具
...	...	...	...	...	...	...	...	...	...
25232	10000370	90238	2019-01-31	2	22.0	zakka许愿风铃	9	11.0	家居装饰摆设
25233	10000383	90241	2019-01-31	3	15.0	香炉	9	7.0	家居装饰摆设
25234	10000802	90250	2019-01-31	2	14.5	摆件套装	9	14.5	家居装饰摆设
25235	10000414	100024	2019-01-31	1	22.0	复古时装手表	10	10.0	首饰饰品
25236	10000732	110030	2019-01-31	1	79.0	德运奶粉	11	57.0	食品饮料

25237 rows × 9 columns

图 5-57　df2 与 all_sale_data 拼接后的数据

5. 汇总 2019 年 1—3 月、2020 年 1—3 月每月各品类的利润

(1) 添加“利润”“年”“月”列(根据订单日期提取)。

代码如下:

```
all_sale_data['利润']=all_sale_data['数量']* (all_sale_data['单
  价']-all_sale_data['成本价'])
all_sale_data['年']=(pd.to_datetime(all_sale_data['订单日期']).
  dt.year).astype(str)+'年'
all_sale_data['月']=(pd.to_datetime(all_sale_data['订单日期']).
  dt.month).astype(str)+'月'
all_sale_data.head()
```

代码执行结果如图 5-58 所示。

	客户id	产品id	订单日期	数量	单价	产品名称	品类id	成本价	品类名称	利润	年	月
0	10000748	10006	2020-03-01	1	14.8	手工相册中	1	7.0	文具	7.8	2020年	3月
1	10000842	10010	2020-03-01	3	4.0	信封	1	2.0	文具	6.0	2020年	3月
2	10000068	10022	2020-03-01	2	10.0	韩国创意眼镜盒	1	6.9	文具	6.2	2020年	3月
3	10000332	10029	2020-03-01	8	1.5	创意中性笔	1	0.7	文具	6.4	2020年	3月
4	10000076	10058	2020-03-01	1	2.0	裁纸刀	1	1.0	文具	1.0	2020年	3月

图 5-58　添加“利润”“年”“月”列后的数据

(2) 按照年、月进行分组,分别汇总 2019 年 1—3 月、2020 年 1—3 月每月各品类的利润。

代码如下:

```
df_new=all_sale_data.pivot_table(index=['年','月'],columns=['品
  类名称'],values='利润',aggfunc=np.sum,fill_value=0,margins=
  True,margins_name='合计')
df_new.columns.name=''
df_new.head()
```

代码执行结果如图 5-59 所示。

年	月	个人保养用品	厨房用品	家居装饰摆设	家纺	文具	服装服饰	生活日用品	电子数码及配件	绿植	食品饮料	首饰饰品	合计
2019年	1月	39698.07	760.00	1339.90	1210.04	2177.47	8643.43	8096.41	1041.60	24.4	760.0	141.5	63892.82
	2月	32004.57	526.70	1314.90	571.40	1903.73	5686.27	7647.54	838.60	36.6	860.0	87.0	51477.31
	3月	28551.54	975.21	1195.15	804.06	1514.14	6843.10	7009.73	842.81	36.6	441.2	99.2	48312.74
2020年	1月	28993.30	1792.90	1388.40	817.40	2472.79	11742.80	6601.29	1764.60	2.3	873.0	13.2	56461.98
	2月	38036.22	1207.50	1066.50	1090.00	3351.52	8982.50	7501.84	1471.50	9.2	605.0	30.0	63351.78

图 5-59　按年、月汇总各品类的利润

6. 利用柱形图显示各产品类别利润

用柱形图的形式反映 2019 年 1—3 月、2020 年 1—3 月每月各品类的利润。

代码如下：

```
plt.rcParams['font.family']='SimHei' #设置中文显示字体为黑体
plt.rcParams['axes.unicode_minus']=False #正常显示负号
#绘制各年各公司收入的条形图
df_new[['个人保养用品','厨房用品','家居装饰摆设','家纺','文具','服装服
  饰','生活日用品','电子数码及配件','绿植','食品饮料','首饰饰品']].drop
  ('合计').plot(kind='bar',figsize=(18,6),title='2019 年、2020 年每
  月各品类的利润',rot=0) #rot 参数表示轴标签(轴刻度)的显示旋转度数
```

代码执行结果如图 5-60 所示。

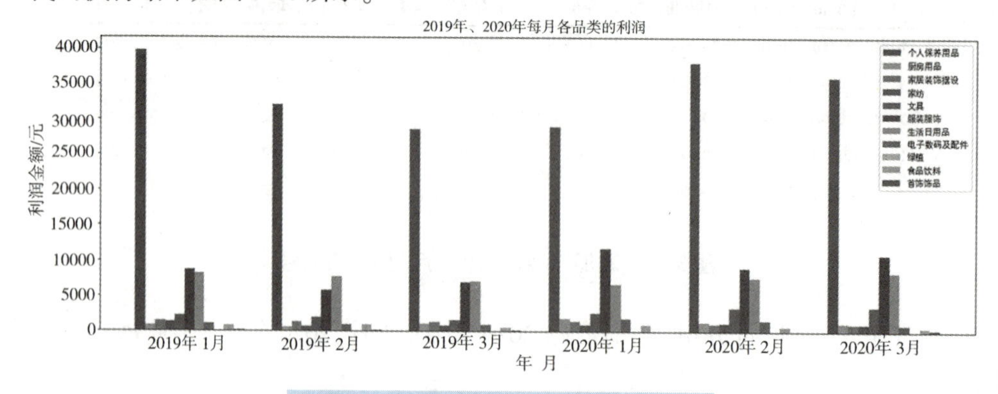

图 5-60　各品类利润的柱形图显示

7. 利用柱形图显示 2019 年 1—3 月、2020 年 1—3 月各月份利润的对比

用柱形图的形式展示 2019 年、2020 年同期相比利润是增加还是减少。

代码如下：

```
df_new=all_sale_data.pivot_table(index=['月'],columns=['年'],
  values='利润',aggfunc=np.sum,fill_value=0)
df_new.columns.name=''  #设置所有列名为空
df_new.head()
```

代码执行结果如图 5-61 所示。

月	2019年	2020年
1月	63892.82	56461.98
2月	51477.31	63351.78
3月	48312.74	63351.16

图 5-61　2019 年 1—3 月、2020 年 1—3 月各月份利润汇总

代码如下：

```
plt.rcParams['font.family']='SimHei'
plt.rcParams['axes.unicode_minus']=False
df_new.plot(kind='bar',figsize=(15,6),title='2019 年、2020 年同期
  1—3 月利润相比',rot=0)
```

代码执行结果如图 5-62 所示。

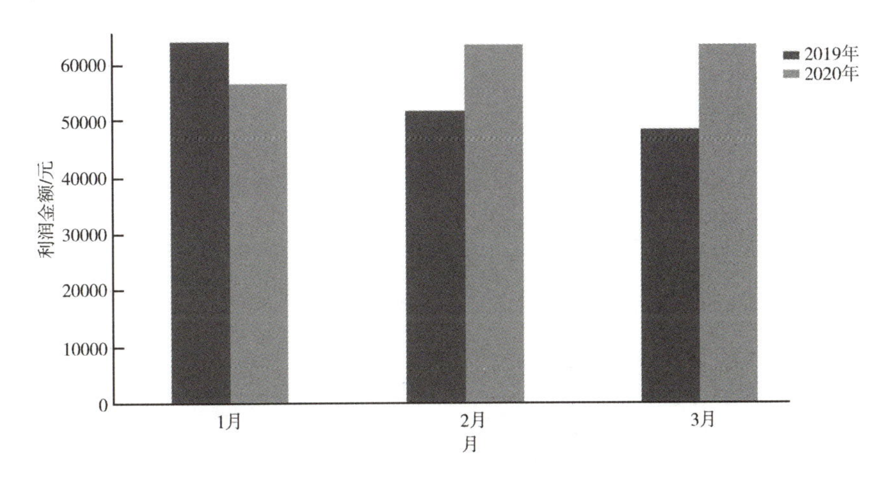

图 5-62　2019 年、2020 年同期 1—3 月利润对比的柱形图显示